华 章 经 典 · 管 理

马斯洛论管理

MASLOW ON
MANAGEMENT

[美] 亚伯拉罕·马斯洛 德博拉·C.斯蒂芬斯 加里·海尔 著
Abraham H. Maslow　　Deborah C.Stephens　　Gary Heil

邵冲 苏曼 译

机械工业出版社
CHINA MACHINE PRESS

图书在版编目（CIP）数据

马斯洛论管理：典藏版 /（美）亚伯拉罕·马斯洛（Abraham H. Maslow），（美）德博拉·C. 斯蒂芬斯（Deborah C. Stephens），（美）加里·海尔（Gary Heil）著；邵冲，苏曼译 . —北京：机械工业出版社，2024.3

书名原文：Maslow on Management

ISBN 978-7-111-74987-5

Ⅰ. ①马…　Ⅱ. ①亚…②德…③加…④邵…⑤苏…　Ⅲ. ①管理学　Ⅳ. ①C93

中国国家版本馆CIP数据核字（2024）第046443号

机械工业出版社（北京市百万庄大街22号　邮政编码100037）

策划编辑：华　蕾　　　　　　责任编辑：华　蕾　　崔晨芳
责任校对：张爱妮　　陈立辉　　责任印制：任维东
天津嘉恒印务有限公司印刷
2024 年 6 月第 1 版第 1 次印刷
170mm × 240mm · 24印张 · 1插页 · 318千字
标准书号：ISBN 978-7-111-74987-5
定价：79.00元

电话服务　　　　　　　　　网络服务
客服电话：010-88361066　　机 工 官 网：www.cmpbook.com
　　　　　010-88379833　　机 工 官 博：weibo.com/cmp1952
　　　　　010-68326294　　金 书 网：www.golden-book.com
封底无防伪标均为盗版　　机工教育服务网：www.cmpedu.com

丛书赞誉

任何一门学问，如果割断了与自身历史的联系，就只能成为一个临时的避难所，而不再是一座宏伟的城堡。在这套管理经典里，我们可以追本溯源，欣赏到对现代管理有着基础支撑作用的管理思想、智慧和理论。大师的伟大、经典的重要均无须介绍，而我们面对的经典内容如此丰富多彩，再美的语言也难以精确刻画，只有靠读者自己去学习、去感悟、去思考、去探寻其中的真谛和智慧。

西交利物浦大学执行校长◎席酉民

当企业在强调细节管理、有效执行的时候，实际上也是在强调对工作的分析和研究。当我们在强调劳资合作的时候，也就是在强调用科学的方法研究工作，将蛋糕做大，从而使双方都能获益。最原始的思想往往也是最充满智慧的、纯粹的、核心的思想。

南京大学人文社会科学资深教授、商学院名誉院长、

行知书院院长◎赵曙明

现代管理学的形成和发展源于相关人文社会科学学者对组织、组织中的人和组织管理实践的研究。如果我们能够转过身去，打开书柜，重新看看这些著名学者的经典作品，就会发现摆在我们面前的多数当代管理图书好像遗

失了点什么——对管理本质和实践的理解，就会感叹它们的作者好像缺少了点什么——扎实的理论功底和丰富的实践经验。

华南理工大学工商管理学院前院长◎蓝海林

把管理作为一门可以实验的科学，是具有开拓性的思考者和实践者留下的宝贵精神财富。伴随着科技进步和生产工具手段的变化，追求管理科学性的努力生生不息，成为人类文明的一道亮丽风景线。

复旦大学企业研究所所长◎张晖明

管理百年，经典有限，思想无疆，指引永远。经典，是经过历史检验的学术精华，是人类精神理性的科学凝练，是大师级学者回应重大现实问题的智慧结晶。希望青年学子能够积淀历史，直面现实读经典；希望年轻学者戒骄戒躁，像大师一样做真学问，代代传承出经典。

北京师范大学人本发展与管理研究中心主任◎李宝元

该丛书是管理学科的经典著作，可为读者提供系统的管理基础理论和方法。

武汉理工大学管理学院教授◎云俊

自 1911 年弗雷德里克·泰勒的《科学管理原理》出版至今，漫长的管理历程中不断涌现灿若星河的经典之作。它们在管理的天空中辉映着耀眼的光芒，如北极星般指引着管理者们不断前行。这些图书之所以被称为管理经典，是因为在约百年的管理实践中，不管外界环境如何变迁，科学技术生产力如何发展，它们提出的管理问题依然存在，它们总结的管理经验依然有益，它们研究的管理逻辑依然普遍，它们创造的管理方法依然有效。

中国的管理学习者对于管理经典可以说是耳熟能详，但鉴于出版时间久远、零乱和翻译的局限，很多时候只能望书名而兴叹。"华章经典·管理"丛书的推出，不仅进行了系列的出版安排，而且全部重新翻译，并统一装帧设计，望能为管理学界提供一套便于学习的精良读本。

中国的管理实践者身处的内外环境是变化的，面对的技术工具是先进的，接触的理论方法是多样的，面临的企业增长是快速的，他们几乎没有试错的时间。那么他们要如何提升自己的管理水平，才能使自己在竞争中立于不败之地？最好的方法就是找到基本的管理理论。管理经典就如一盏盏明灯，既是最基本的管理，又是更高明的管理。因此，对管理实践者来说，阅读这套丛书将受益良多。

　　"华章经典·管理"丛书追求与时俱进。一方面，从古典管理理论起，至当代管理思想止，我们选取对中国的管理实践者和学习者仍然有益的著作，进行原汁原味的翻译，并请专业译者加强对管理术语的关注，确保译文的流畅性和专业性。另一方面，结合中国的管理现状，我们邀请来自企业界、教育界、传媒界的专家对这些著作进行最新的解读。

　　这些工作远非机械工业出版社凭一己之力可以完成，得到了各界专家的支持与帮助，在此一并感谢：

包　政　陈佳贵　陈春花　黄群慧　蓝海林　李宝元

李新春　马风才　彭志强　施　炜　王方华　王以华

王永贵　魏　江　吴伯凡　吴晓波　席酉民　肖知兴

邢以群　颜杰华　杨　斌　云　俊　张晖明　张瑞敏

赵曙明

　　"华章经典·管理"丛书秉承"为中国读者提供世界管理经典的阅读价值，以知识促进中国企业的成长"这一理念，精心编辑，诚意打造。仅盼这套丛书能借大师经典之作，为更多管理实践者和学习者创造出更为有效的价值。

学习管理　感悟管理　演练管理　享受管理

如今，市场上经管类图书可以说是琳琅满目、鱼龙混杂，时髦的名词和概念一浪接一浪滚滚而来，不断从一个新理念转到另一个新理念，传播给大众的管理概念和口号不断翻新，读者的阅读成本和选择成本不断上升。在这个浮躁的社会时期，出版商有时提供给读者的不再是精神食粮，而是噪声和思维杂质，常常使希望阅读、学习和提升的管理者无所适从，找不到精神归依。任何一门学问，如果割断了与自身历史的联系，就只能成为一个临时的避难所，而不再是一座宏伟的城堡。

针对这种情况，机械工业出版社号召大家回归经典，阅读经典，并以身作则，出版了这套"华章经典"，分设3个子系——管理、金融投资和经济。

"华章经典·管理"系列第一批将推出泰勒、法约尔和福列特的作品，后续将穿越现代管理丛林，收录巴纳德、马斯洛、西蒙、马奇、安索夫等各种流派的管理大师的作品。同时，将收录少量对管理实践有过重要推动作用的实用管理方法。

作为管理研究战线的一员，我为此而感到高兴，也为受邀给该系列作序而感到荣幸！随着经济全球化和知识经济的到来，知识的更新速度迅速提升，特别地，管理知识更是日新月异，丰富多彩。我们知道，大部分自然科学的原理不会随时间变化而失效，但管理的许多知识与环境和管理情境有关，可能会随着时间和管理情境的变迁而失去价值。于是，人们不禁要问：管理经典系列的出版是否还有现实意义？坦率地讲，许多贴有流行标签的管理理论或方法，可能因时间和环境的变化而失去现实价值，但类似于自然科学和经济学，管理的知识也有其基本原理和经典理论，这些东西并不会随时间的流逝而失效。另外，正是由于管理有许多与情境和人有关的理论、感悟、智慧的结晶、哲学的思考，一些管理知识反倒会随着历史的积淀和经历的丰富而不断发展与深化，绽放出更富历史感、更富真知的光彩。换句话说，不少创造经典的大师可能已经走了，但其思想和智慧还活着！不少浮华的流行概念和观点已经死了，但其背后的经典还闪闪发光！在这套管理经典里，我们可以追本溯源，欣赏到对现代管理有着基础支撑作用的管理思想、智慧和理论。

观察丰富多彩的管理实践，不难发现：有的企业家、管理者忙得焦头烂额，被事务困扰得痛苦不堪，结果事业做得还不好；有的企业家、管理者却显得轻松自如、潇洒飘逸、举重若轻，但事业红红火火、蒸蒸日上。是什么使他们的行为大相径庭，结果有天壤之别？一般的回答是能力差异。我不否认人和人之间的能力有差别，但更想强调能力背后的心态、思维方式和理念，即怎样看待管理，怎样面对问题，怎样定位人生。管理因与人有关，始终处于一种动态的竞争和博弈的环境下，因而永远都是复杂的、富于挑战的活动。要做好管理，成为优秀的企业家和管理者，除了要具备我们经常挂在嘴边的许多素质和技能，我认为最重要的是要具备管理的热情，即首先要热爱管理，将管理视为自己生存和生活不可分割的一部分，愿意体验管理和享受管理。此外，管理永远与问题和挑战相伴。我经常讲，没有一个企业或单位没有问题，管理问题就像海边的礁石，企业运行状况良好时，问题被掩盖了；企业运行状况恶化时，所有的问题就会暴露出来。实际上，涨潮时最容易解决问题，但此时也最容易忽视问题，退潮时问题都出来了，解决问题的最好时机也过去了。面对管理问题，高手似乎总能抓住少数几个关键问题，显得举重若轻，大量小问题也会随着大问题的解决而消失。而菜鸟经常认认真真地面对所有问题，深陷问题网之中，结果耽误了大事。人生的价值在于不断战胜自我，征服一个个管理难题，这实际上不仅是人生的体验，更是对自己能力的检验。若能这样看问题，迎接管理挑战就不再是一种痛苦，而会成为一种愉悦的人生享受。由此，从管理现实中我们能体会到，真正驾驭管理需要对管理知识、艺术、经验和智慧的综合运用。

高水平的管理有点像表演杂技，杂技演员高难度的技艺在常人看来很神奇，但这些令人眼花缭乱的表演实际上是建立在科学规律和演员根据自身特点及能力对其创造性运用之上的。管理的神奇也主要体现在管理者根据自身特点、能力以及组织和环境的情况，对基本管理原理的创造性应用之上。

因为"管理是管理者的生活"，我经常劝告管理者要"享受管理"，而要想真正做到这一点，除了拥有正确的态度和高尚的境界外，管理者还需要领悟管理的真谛；而要真正领悟管理的真谛，管理者就需要学习掌握管理的基本知识和基本技能。当然，管理知识的来源有直接和间接之分，直接知识是通过自己亲身体验领悟而来，这样过程太长；间接知识是通过学习或培训取得，这样过程较短，成效较快——两者相辅相成。

管理知识浩如烟海，管理技术和技能多如牛毛，而且随着时代、环境以及文化的变化而变化，同一种知识和技能的应用还有很强的环境依赖性，这就使管理的学习变得很难把握。许多人不知道看什么样的书，有的人看完书或听完课后的体会是当时明白了，也听懂了，但仍不知道怎样管理！实际上，管理的学习同经济学、自然科学等一样，首先在于掌握基本的思想和方法论。管理面对的是实际的企业、组织和人，一般规律对他们有用，但他们往往也有独特性，这使管理具有科学、艺术、实务、思想等多种属性，所以不能僵化地看待管理知识，在理解和运用管理知识时一定要注意其使用对象的特殊性。其次，管理者手中能够应用的武器有两种：科学的、带有普遍性的技术、方法，以及与人有关的、随情况变化的、涉及心理和行为的具有艺术特色的知识和经验。前者容易通过书本学习，后者则要通过实践或案例教学学习和体会。再次，管理重在明确目标以及其后围绕目标选择最佳或最满意的路径，而完成这一任务除了要拥有高瞻远瞩、运筹帷幄的能力以及丰富的知识和经验外，最基本的是要学会和善用成本效益分析工具。最后，所谓"三人行必有我师"，无论成功与失败，任何管理实践中都蕴含着知识和经验，所以，对管理来说，处处留心皆学问。若管理者要增加自己的管理知识并丰富自己的管理经验，就要善于观察组织及人的行为和实践活动，勤于思考和提炼，日积月累。

有人形象地比喻，管理类似于下棋，基本的管理知识类似于对弈的基本规则，各种管理技能和成功的管理实践类似于人们总结出的各种棋谱，实际的管理则由这些基本规则、各种棋谱演变出更加丰富多彩、变幻莫测的局势。水平接近者的比赛，赛前谁都难以确定局势的变化和输赢的结果。类似地，管理的学习始于基本知识和基本技能，而要演化出神奇的管理实践需在此基础上去感悟、去享受！

实际上，管理活动本身犹如一匹烈马或一架难以控制的飞机，要想驰向发展的愿景或飞向辉煌的未来，不仅要享受奔驰中飘逸的快感或飞翔时鸟瞰世界的心旷神怡，还要享受成功后的收获，因此，必须设法"驾驭"好管理。

我陪人练习驾车时曾深有体会地告诉驾驶者：开车的最高境界是用心，而不是用身体，要把车当作你身体功能的一种延伸，使车与你融为一体，然后在你心神的指挥下，心到车到。"管理"这匹烈马或这架复杂难控的飞机何尝不是如此，它也是人类、领导者、管理者的功能的一种延伸、一种放大器，而要真正享受它带来的感受并使它发挥功效，必须娴熟且到位地驾驭它。面对种种复杂的管理，更需要用心驾驭。

在这里，我没有对经典系列本身给予太多介绍，只重点谈了如何学习管理，提升管理水平，最后达到享受管理。这是因为，大师的伟大、经典的重要均无须介绍，而我们面对的经典内容如此丰富多彩，再美的语言也难以精确刻画，只有靠读者自己去学习、去感悟、去思考、去探寻其中的真谛和智慧，我只是提供了我自认为可以研究和实践管理的途径，希望这些文字有助于读者对管理的阅读、理解和思考！

席酉民

西交利物浦大学执行校长

37 年之后

太让人惊讶了，一本刚卖完首印数就踪影全无的书，在销声匿迹了 37 年后，不声不响地又闯入了人们的视野，引起了几乎所有人的关注，这些人中有众多的马斯洛迷，也有一些恍惚记得在研究生课上听说过这个名字的人，以及那些在电脑屏幕上看见或脑海中闪过自我实现、高峰体验、需求层次等术语时才依稀想起这个名字的人。

这本书为什么会消失，这个问题一直让我困惑不解。也许是书名的原因吧。我曾恳请阿贝⊖起一个更易被读者接受的名字，可我哪有资格挑战其充满诱惑与魅力的作品呢？虽然原出版商也煞费苦心，但是阿贝还是固执己见地把书命名为《优心管理》⊜（*Eupsychian Management*）。

事实上，我认为更主要的原因还是时机不对。工业化的美国自第二次世界大战以来就一直有强烈的优越感，美国人对商业书籍本无多大兴趣，何况是由毫无商业经验的心理学家撰写的商业理论。除了让人敬而远之的书名外，阿贝的写作风格也显得比较散漫，作品里都是些随意组合的思想片段和理念轮廓，就像画家的草稿或小提琴手的指法练习曲。

⊖ 阿贝（Abe）是 Abraham 的昵称，指马斯洛。——译者注
⊜ 本书又译作《优化心理管理》。——译者注

本书的内容是从他的日记逐字转录而来的。阿贝第一次把日记给我看的时候，我就果断地说："你得拿去发表。"阿贝以各种理由拒绝了，说这些内容只是"半成品、草稿、非学术作品"以及"我对这行还不了解"等，但最后理性发挥了作用，我终于说服了他发表日记内容。随后，我找了一家出版商。不过，我敢肯定这家出版商的主编并没有真正意识到这本书的意义，因为他竟自以为是地和我谈论英语是不是阿贝的第二语言。

这本书有些部分的内容非常天真，有些部分又极具预见性和洞察性，但文章丝毫不落窠臼，也没有诸如"有效完成某事的19条原则"之类的内容。你在这本精彩的著作中，将感受到一位天才的活跃思维及精深思想，了解到一位思想家如何终其一生启迪激励新理念。正如他在前言中所说的："新手有时会发现一些被行家忽略的事情。"

阿贝决定挑战那些20世纪60年代的管理大师，他们当时正热衷于宣扬工业化组织环境理论，其中有大名鼎鼎的德鲁克、麦格雷戈、罗杰斯和利克特等。阿贝探讨问题的态度总是友好的、毫无敌意的，且总能让那些大师"刮目相看"。德鲁克指责阿贝写这本书是为了挑战他和麦格雷戈的权威地位。我怀疑这并不是阿贝的最初动机，但他的确对这些大师的理念提出了质疑。我倒希望读者在深入了解这本书时还会有其他方面的发现，也许有许多内容是我在35年前错过的或未能完全理解的。

例如，阿贝是最早意识到以下问题的人之一。他认为："工业领域也许能成为研究心理动力、人类高层次发展及理想生态环境的实验基地。"此外，他还颇具先见之明。例如，在最后一篇日记中，他极准确地预言了苏联逐步衰落与美国成功在即的原因："如果美国人能够培养出比苏联人更优秀的人，那么，美国最终将取得成功，美国人将更受人爱戴，更受人尊敬，更受人信任……"

对于这本书，我认为还要关注阿贝那些用如今的政治眼光来看十分不恰当的言论以及他非凡的勇气。请看其论述阿格里丹人的日记，他在这篇日记中讨论了民主的两难困境：我们应如何对待出类拔萃的个人？又应如何处理个人禀赋迥异的问题？他试图解决的是 20 世纪 60 年代乃至今天的人们一直想回避的问题。阿贝总是提出非常尖锐的问题。贯穿本书的值得一再重申的两个主要问题或道德难题是：人性能容忍怎样的社会？社会能容忍怎样的人性？

也许这有助于解释我在开篇时提出的问题：为什么此书再版的消息会如此引人注目？为什么此书再版不久就毫不费劲地占据了书架上剩余的空间？第一个问题比较容易解释，各种组织如今面临的问题比它们在 20 世纪 60 年代所要应付的问题复杂烦琐得多，如全球化、激烈的竞争、突飞猛进的技术以及瞬息万变的环境等。至于第二个问题，在我重读此书之后，答案也变得很明显了。这本书提出了一些让人感到震撼的问题，而且，阿贝总是认为科学的基本目标是"把真理灌输给不愿接受它的人"。或许我们现在已经准备好接受阿贝的"灵丹妙药"了。

阿贝的为人不需要解释与描绘。他像一本敞开的书，他所说的话及所看重的人都能让你清楚地了解他。1962 年出版的《存在心理学探索》（*Toward a Psychology of Being*）是他最重要的著作之一，这本书的第一句话是：

> 冥冥中忽然冒出了人类疾病或人类健康这样的概念，心理学这门学科让我觉得神奇和兴奋，它充满诱惑，使我禁不住要在它得到检验、证实并被称为确凿的科学知识之前就将它公之于众。

一切都包含在这句话里了：他让心理学获得了新生，他揭示了心理学的本质，或者更确切地说，他使心理学研究更趋于本质，即从个体经验中寻求真理，使人们成为"勇于探索的人"。

科学对于阿贝来说是一种生活和爱的方式——创作"诗歌"及移风易俗是他的目标（或用他喜爱的方式来说，就是"使诗歌重获圣灵"）。阿贝是无畏的征服者——多年来他独自前行，气魄非凡，就像那最具魅力的东征勇士。

他在最后一本著作《科学心理学》(*The Psychology of Science*)中写道:

> 对于科学而言,其先驱者比军队重要得多。虽然这些先驱者更容易受到伤害并因此付出高昂的代价,但总得有人先涉足雷区。

科学就是他的诗歌,是他的信仰和他的奇迹。在《科学心理学》中,他还写了这么一段话:

> 科学可以成为无宗教信仰者的信仰、非诗人的诗、非绘画者的画、古板者的幽默以及内向羞怯者的爱。科学不仅始于奇迹,而且终于奇迹。

我之所以大量引述阿贝的原著,是因为他的作品就是他的生活,知此便可及彼。我初识阿贝——或者说邂逅他(跟许多人一样)是通过他的著作。那时我在安提亚克学院(Antioch College)读四年级,师从当时的院长麦格雷戈,他建议我读一本由阿贝和麦特曼(Mittelmann)撰写的关于心理学的书。

这本书让我耳目一新,它像无法抗拒的召唤把我真正引入了心理学领域。我永远不会忘记在这本书的扉页上看到的两幅插画:其中一幅画的是一所儿童医院的育婴室,里面是一群幸福甜蜜、咯咯欢笑的新生婴儿;其下方的另一幅画的是形容枯槁、疲惫不堪的人,他们挤在纽约的一趟地铁里,痛苦无奈地看着在头顶晃动的扶手拉环,透过车厢窗口可以看见他们发黄黯淡的脸。这两幅画下面的批注是:"这是怎么了?"这就是阿贝大半生都在试图回答的问题。

这是我与阿贝的第一次接触,而最后一次是1968年春天在布法罗,那时他正要去俄亥俄州哥伦布市看望他刚出生的孙女并庆祝她的诞生。在布法罗,我对他进行了一次长时间的采访并录了像。采访刚结束,他就对我说:"我得做出一项重要决定了。"他知道写作会耗费他所有的精力,但他又在思考:"我在心理学研究方面已经竭尽所能了吗?"激发他产生这种念头的是萨迦食品公司（Saga Foods）主席和首席执行官比尔·劳克林（Bill Laughlin）的高明举措，他力邀阿贝去加利福尼亚州与他合作。阿贝说："我犹豫了几天，后来贝莎[⊖]同意了，于是我放弃了各重点大学提供的机会，来到西部，把所有的时间都用于写作。"他说："我决心切断与外界的所有联系——不再去哈佛，不再去布兰迪斯，我要谱写一曲让人心旷神怡的绝唱。"

从最初在安提亚克"邂逅"阿贝与麦特曼，到最后在布法罗相聚，在这段时间里，我与阿贝一家往来频繁，我们一起度过了许多美好时光。每次的造访，都因贝莎娴雅自然的招待（自然得就像在牛顿家的小木屋外面缓缓流淌的小河）以及她那塞满美味佳肴的冰箱而变得温馨美妙、令人陶醉。阿贝则总是以异常柔和、害羞和缓慢的声音说出一些骇人的见解。与阿贝一家共进早餐是一种对智力的升华（无尽的美食、无尽的妙语），可让我精力倍增，飘然欲仙。

弗兰克（Franck）是诺贝尔物理学奖获得者，他曾说："我总能识别出那些非凡之见，因为它们往往骇人听闻。"据此而论，阿贝的确惊世骇俗——他总爱冲破传统智慧的藩篱，并且大大超越现行的经典规范。

我向来觉得跟阿贝在一起的时候，自己能感觉到一种孩子般天真迷人的气息——他老爱凝眉蹙额［像托马斯·曼（Thomas Mann）笔下的弗洛伊德］，并爱不时扬起眉毛，露出一种常有的敬畏神情。我认为，阿贝对奥尔德斯·赫胥黎（Aldous Huxley）的描写实际上就是他自己的真实写照：

或许我还应该说一说另一种在奥尔德斯·赫胥黎身上表现得最突出的能力——了解并充分利用自己的天赋，他实在是一位伟人。他之所以能如此，是因为他对世界的神奇与精彩始终保持着赞美之心，他常感叹："了不起，了不起啊！"他瞪大眼睛看着世界，那么天真无邪，那么虔诚迷恋（那是一种对细微事物的关注，是一种谦逊的体现）。他总是镇静从容地朝着自己确定的方向前进，毫无畏惧。

⊖ 即马斯洛的夫人。——译者注

在这段时间里，阿贝重塑了心理学，从而再造了历史。许多如今已广为人知甚至脍炙人口的术语、词汇、概念都来自阿贝：需求层次、自我实现、高峰体验，它们掀起了第三势力心理学思潮，人本心理学由此诞生。

安东尼·苏蒂奇（Anthony Sutich）不久前说："亚伯拉罕·马斯洛是自弗洛伊德以来最伟大的心理学家，20 世纪的下半叶是属于他的。"

如果说现代心理学在 20 世纪的上半叶挖掘了心理学的灵魂，阿贝的壮举则使它们更加暴露无遗了。他写道：

> 与弗洛伊德、阿德勒、荣格、弗洛姆和霍尼不同的是，我们面对的是已圆满完成的严谨、温和的实验。这些实验至少有一半与那些永恒的人类问题无关，它们主要是为研究同类内部的另一部分成员而设计的。这让人想起一种情形，当一位女士在动物园里问饲养员某只河马的性别时，饲养员回答说："太太，在我看来，只有另一只河马才会对这个问题感兴趣。"

对于我而言（也许对于所有人本主义学者而言），阿贝的主要贡献在于提出了全部人类经验都具有可研究性的观点，从而使人性得以在科学中重现。他在《存在心理学探索》的最后几页中写道：

> 整个世界及所有经验都应该成为研究对象。无论什么，即使是所谓的"私人"问题也不应被排斥在人类研究范围之外。否则，我们就会像某些工会那样使自己陷入窘境：只有工人才能加工木头，而且他们也只能与木头打交道。在这种环境下，新材料和新方法肯定会被视为干扰甚或可能造成重大危害的灾难性因素，而不会被视为机会。另外，某些原始部落中的情形也值得一提，它们的每个成员都必须认祖归宗，如果哪个新成员无"家"可归，那么除了毁掉他之外便别无他法了。

阿贝认为，每个人的任务都是塑造最佳的"自我"。乔·多克斯（Joe Doakes）肯定不会试图模仿亚伯拉罕·林肯、托马斯·杰斐逊或其他任何偶像及英雄人物，他必须成为世界上最出色的乔·多克斯。他能做到这点，而且只有这么做才是有必要和有可能的。他在这方面不会遇到任何竞争。

阿贝所做的事是把那些具有宗教、神秘或超自然色彩的现象自然化——使人得以发挥自己的个人潜力，从而不致被一些临时的非人性"机构"操控，科学、商业和教会等就往往属于这类"机构"。他引述赖内·马利亚·里尔克（Rainer Maria Rilke）的话说："如果你认为自己生活贫困，那么你不该责备生活，而应责备自己，你该告诉自己，是自己没有足够的诗意去发掘丰富的人生，因为对于造物主而言，既不存在贫困，也不存在什么落后或次要地区。"

阿贝送给我们两份厚礼：更趋人性化的艺术与科学，以及灵魂的民主与自由。在这方面，我们永远无法报答他。

沃伦·本尼斯

南加利福尼亚大学马歇尔商学院工商管理教授

译者序

亚伯拉罕·马斯洛（Abraham H. Maslow，1908—1970）是西方人本主义心理学的主要创始人，被誉为"人本主义心理学之父"。作为行为心理学家，马斯洛在动机理论的发展方面有重大影响。1943年，他提出了著名的需求层次理论，他认为人类的需求可以分为五个层次，即生理需求、安全需求、社交需求、尊重需求和自我实现需求。马斯洛的这一观点使动机理论超越了科学管理的简单模式。麦格雷戈、赫茨伯格、奥尔德弗等的动机理论都受到了马斯洛理论的直接影响。之后，马斯洛对自我实现进行了深入研究，他相信人类都渴望自我实现。

1908年，马斯洛生于美国纽约布鲁克林郊区，其父母是从俄国移民到美国的犹太人。1934年，马斯洛获威斯康星大学哲学博士学位。1936年，他到布鲁克林学院任教。20世纪30年代末到40年代，马斯洛在纽约遇到了一批为逃离纳粹血腥统治而被迫移民美国的心理学家，其中包括弗洛姆、霍尼、阿德勒、韦特海默、考夫卡、本尼迪克特等，由此他受到了深刻的学术熏陶。珍珠港事件和美国参加第二次世界大战给马斯洛以极大震撼，他决定探索人类的天性和潜能，并证明人类能够超越战争、偏见、仇恨而达到完善的境界。1945～1947年，马斯洛在加利福尼亚管理一家工厂。1951年，马斯洛到布兰迪斯大学担任心理学系主任和心理学教授。此后，他集中精力研究健康人和自我实现者的心理，并成为美国人本主义心理学运动的领导者。1967～1968 年，马斯洛被选举为美国心理学会主席。1970 年 6 月 8 日，马斯洛因心脏病突发去世，享年 62 岁。

《马斯洛论管理》写于马斯洛提出人本主义心理学之后，这本书的写作和出版过程颇具戏剧性。这里不能不提到一个人，他就是美国非线性系统公司的总裁安德鲁·凯。他看了马斯洛的著作《动机与人格》，也看了彼得·德鲁克和麦格雷戈的著作，接受了他们的一些思想，并在工厂里应用了。他要求雇员"像老板那样思考"并参与公司的所有决策制定。他拆除了装配线，代之以 6～8 人的小组。小组成员实行自我管理，自主决定工作时间、休息时间，甚至安排工作日程。他取消了考勤卡，他支付给雇员高于市场水平 25% 的工资，并向雇员提供股票期权，甚至还设置了创新副总裁的职位。安德鲁·凯认为应该邀请马斯洛到他的公司来做研究，看看他根据马斯洛和德鲁克的思想所进行的试验。1962 年夏天，马斯洛应邀到该公司访问。马斯洛去那里本无特别任务，但那里发生的一切让他很感兴趣，促使他思考和研究，并写下了这本日记。在读过德鲁克和麦格雷戈的著作后，普通心理学的广泛适用性让从未接触过工业和管理心理学的马斯洛大受震撼。

这本日记最早是油印本，取名为《夏日随笔》。马斯洛将其拿给好友沃伦·本尼斯看，本尼斯建议他拿去发表。马斯洛起初不同意，但最终还是被说服了。经过简单的整理和编辑，这本日记在 1965 年出版了，在马斯洛的坚持下，书名改为《优心管理》。客观地说，这本书在当时并没有什么影响，卖完首印数后很快就"踪影全无"了，只有少数学者和研究企业的理论工作者对此书略知一二。这种情况一直让沃伦·本尼斯困惑不解，后来据他分析，这本书的很快消失固然有书名的原因（不易为读者接受），有写作风格的原因（散漫而缺乏系统性），但更重要的原因是出版时机不对——美国人当时对商业书籍缺乏兴趣。37 年后，马斯洛的大女儿安·卡普兰向美国一家培训机构——创新领导力中心建议重新出版该书。一本 37 年前的日记对今天的人们能有什么启示？该机构的两位创建人带着这个疑问访问了 20

余位企业的领导者和专家，请他们发表对马斯洛这本日记的看法，并介绍他们的创业经历和成功经验，结果发现马斯洛的日记中有许多超前的研究、思想和意识。1998年，这本日记以《马斯洛论管理》为书名在美国重新出版，"引起了几乎所有人的关注"。

马斯洛认为，写作这本日记是对他一直努力研究的规范或理想社会心理学所做的一次总结。他要探讨的主要问题是：人性能容忍怎样的社会？社会能容忍怎样的人性？社会的本性能容忍怎样的社会？马斯洛认为，人际关系和组织形式所能达到的"更高"境界，原则上是以"更高"境界的人性为基础的，既然我们已经知道人性所能达到的"高度"，据此应该能推断出人际关系和组织形式所能达到的"更高"境界。他杜撰了"优心"一词来描述这种理想的"更高"境界。什么是"优心"？他把"优心"定义为1000名已臻于自我实现之境的人在能遮风蔽雨又与世隔绝的某个小岛上共同塑造出来的文化，并且对"优心"一词给出了多种解释，它可以表示"朝着心理健康的方向发展"，可以指为支持或鼓励这种发展而采取的各种行动，可以指有助于达到健康状态的精神或社会条件，甚至可以解释为一种理想境界或长远目标。在多数情形下，马斯洛用"开明"一词代替"优心"（可能是马斯洛认为"开明"一词最接近"优心"的本意而又不会让人敬而远之），把其理论称为"优心"理论或开明理论，把理想的组织称为开明组织或开明企业，把理想的管理称为"优心"管理或开明管理，把理想的社会称为"优心"社会或开明社会，把理想的经济称为开明经济。

《马斯洛论管理》是马斯洛的主要著作之一，也是论述马斯洛开明管理思想的唯一著作。这本著作主要由37篇日记组成，有些是马斯洛在思考时自由联想或即兴发挥写下的，有些是他在阅读时作为随笔或纲要写下的。总体来看，这些日记的内容都是些"随意组合的思想片段和理念轮廓，就像画家的草稿或小提琴手的指法练习曲"。大致来说，马斯洛的这本日记可以分为前后两部分，前半部分主要是提出假设，后半部分是对其中部分假设的论述和讨论。为了帮助读者阅读和理解，下面我对马斯洛日记的主要观点略做介绍。

人性假设

马斯洛的分析是从关于人类本性（人性）的假设开始的。他认为，新管理原则的建立基础是对人性潜在价值的理解。马斯洛第一次接触管理文献和开明管理政策时，就发现管理已经进入发展的高级阶段，呈现出开明的趋势，这与他倡导的人本主义心理学所持的观点非常相似。马斯洛还惊奇地发现，得出"重要而有意义的工作（包括事业、责任、义务、使命、任务等）是达到自我实现的唯一真正有效途径"这一结论的彼得·德鲁克，竟然对心理学一无所知，他完全是凭直觉和观察得出关于人类本性的这一结论的。马斯洛很早就放弃了通过个体心理治疗来完善世界的希望，因为这个办法行不通（许多人不适宜接受个体心理治疗）。为了实现自己的理想目标，马斯洛转向把教育作为改善全人类的途径，他希望通过教育机构的优心改造，提高人类的整体素质。德鲁克的观点使他找到了一条思考问题的新途径，使他领悟到工作生涯与教育同样重要，甚至比教育更重要，因为人人都要工作。马斯洛发现，让人产生自我实现感的工作（S-A 工作）既能让人追求和实现自我，又能让人获得彻底体现真我的忘我状态——它调和了自私与无私之间的矛盾关系，调和了内心世界与外部世界的关系。在 S-A 工作中，人们工作的动力源自内心需要，使内心世界与外部世界相互融合，合二为一，主体与客体之间的关系也不再是相互对立的了。

尽管德鲁克的结论与人本主义心理学的观点十分接近，但马斯洛发现两者有不一致的方面，有些方面是德鲁克本人缺乏充分认识的（例证之一是德鲁克最早提出了目标管理的思想，但人们为什么能够做到自我管理和自我控制，德鲁克在理论上无法做出解释。直到麦格雷戈提出 Y 理论，目标管理才有了理论基础），因为德鲁克忽略了科学心理学（麦格雷戈在发展 Y 理论假设时，大量借鉴了马斯洛在需求层次方面的研究成果）。马斯洛认为，科学心理学丰富宝贵的数据资源可供工业心理学家和管理学家应用于经济领域。他希望在将研究心理学等领域的知识应用于人类经济生活方面有一个明确的发展方向。

马斯洛认为，对处于较低需求层次的人，没有必要花费太多精力制定相应的管理方针，他的目的是在德鲁克的管理原则（这些原则只适用于人类发展的最高阶段）的基础上，进一步明确由人类天性所决定的个人发展过程中的高层次需求。马斯洛在综合自己以及德鲁克、利克特、麦格雷戈和阿吉里斯等的相关理论的基础上，列举了代表开明管理理论主要思想的 36 项假设。依笔者的理解，这些假设主要是对人类本性的假设，而且应该就是马斯洛所说的人性能达到的"更高"境界。

开明管理与组织理论的目标

马斯洛认为，讨论开明管理理论首先要讨论目标（或方向、宗旨、目的、愿景、意图）。这是因为，如果每个人都能考虑组织的发展目标，所有其他问题都会变成考虑以何种适当手段实现目标的简单技术问题。如果长远目标含混不清或让人难以理解，谈论技术或手段就没有任何意义。马斯洛特别强调，开明管理与组织理论的目标是长期的（是指一个世纪，而不是三五年）。他说，向自我实现的方向发展、培养自我实现的潜在动机，是任何开明企业乃至一般组织理论的宗旨。

在马斯洛看来，指出开明管理与组织理论的目标并不困难，关键是如何"尽量清楚地阐述"，让那些对开明管理理论一无所知、表示怀疑、持敌视态度的人能够理解并最终接受。马斯洛主张对不同类型的人采取不同的交流方式——视他们的价值观念而定。对爱国人士要强调开明管理是一种爱国主义，是应用于工作情形的民主哲学；对信仰宗教的人士要强调开明管理是一种严肃对待宗教的方式，是在地球上建立人间天堂的方式；对社会心理学家和社会理论家要强调开明管理是对"乌托邦"和"乌托邦思想"的改良，是工业条件下的"乌托邦思想"；对军队要强调民主军队，强调民主社会向"人人都是将军"发展的情形；对教育家和教育行政管理人员要强调教育的目标是向心理健康方向发展。不过，马斯洛认为，在交流开明管理最终目标的各种方式中，最有效的还是强调合伙关系。

马斯洛是这样解释合伙关系的：如果在一个由 100 人组成的集体内，大家成为合伙人并将自己的积蓄投资于一项事业，投票时每人各有一票，因为他们认为每个人既是工人又是老板，那么每个人与企业的关系及其相互关系，就与老板雇用帮手和工人的经典模式是完全不一样的。马斯洛认为合伙关系的关键是，在这种情形下，每个人都会成为合伙人而不是员工：他会像合伙人那样思考，像合伙人那样采取行动；他会承担起整个企业的所有责任；他会自愿、自动地承担起出现紧急情况时要承担的责任。合伙关系承认其他人的利益与一个人自己的利益是融合的、共同的、一体的，而不是分离的、对立的、相互排斥的。马斯洛强调，开明管理和人本管理的所有实验都来自合伙关系这一观点。

开明管理政策与环境的关系

马斯洛分析了两种环境对开明管理政策的影响，即心理健康和相互关系网络，后者是由前者引申出来的。开明管理政策与环境的关系这一命题与利克特的研究有关。利克特的研究使马斯洛产生了许多联想。利克特根据生产率、流动率等指标对优秀经理和平庸经理进行了比较，前者是集体生产率更高（或工人流动率更低等）的经理。马斯洛提出，也可以根据心理健康状况对优秀经理和平庸经理进行比较，并假设优秀经理心理健康。这样提出假设后，"事情变得有点不同"了，马斯洛将相应的发现概括为"两种产品、两种结果"：一种是经济生产率、产品品质、利润创造等；另一种是工人的心理健康、他们的自我实现的发展，以及他们的安全感、归属感、忠诚度、爱的能力、自尊等的提高。利克特只看到了经济产品、经济结果，马斯洛还看到了人的产品、人的结果。马斯洛预计后者的重要性会越来越突出。

马斯洛在思考这些问题时发现，对优秀经理的讨论必须要有整体思维或有机思维，即认为一切事物都是相互联系的，把整个事情看作一个大统一体，每个部分与其他部分都是关联的。只有在条件良好的情况下，优秀经理才有可能存在，心理健康才有可能存在，开明管理政策才有可能存在。在马斯洛的心目中，对管理政策所有标准的表述是"符合客观环境的客观要求"。通过运用整体思维，马斯洛提出了关于优秀经理、心理健康和管理政策之间关系（马斯洛称之为相关性网络）的 11 项假设。其中，马斯洛强调了协同作用和共存物动力学两个概念。马斯洛认为，建立协同作用与共存物动力学之间的明确联系是必要的，但两者只是部分相同，并不完全相同，每个概念都需要进行专门的讨论和解释。

协同作用与共存物动力学

社会协同或协同作用的概念来自鲁思·本尼迪克特对原始文化健康程度的研究。她的基本观点是，自私与无私的对立是文化发展不充分的后果；有协同作用的机构能够超越自私与无私的对立，即能使自私的人无意识地帮助其他人，使无私的人无意识地得到自私的好处。马斯洛完全接受了这个理念，他说，在理想的组织环境中，一个人在寻求自身利益时也会为他人带来利益，一个人在帮助别人时也会从中受益。可以看出，他同样把协同作用视为调和或解决自私与无私、利己与利他之间矛盾的办法。

协同作用理念在马斯洛的组织理论中占有重要地位。因为"开明经济必然假设组织中存在协同作用"，组织可以根据这个原则判断哪些机制更有助于产生协同作用，哪些会与之背道而驰。协同作用如此重要，以至于马斯洛一再表示"我该用单独的篇幅来详细论述这一问题"，对协同作用进行"全面论述"。马斯洛在检验协同作用的定义时提出了关于良好社会及其与人性之间关系的 12 项假设。依笔者的理解，这 12 项假设和前述 11 项假设应该就是马斯洛想要证明的人际关系和组织形式会达到的"更高"境界。

共存物动力学（整体思维、有机思维）是有关整体与层次性整合的理论。该理论认为，企业是一个可以进行所有相互分析的共存物（有机体），它被包含在一个更大的共存物之中，后者又被包含在另一个更大的共存物之中，依此类推；企业与包含它的共存物之间是相互影响的，这些影响随着共存物越来越大而逐渐减弱——它们越是整合，积极影响越大；越是分化，积极影响越小。共存物的发展会越来越整合，越来越一致。

根据该理论可以推导出一个相互关系网络：社会更好，生产率更高；经理更好，员工心理更健康；领导者更好，经理更好；员工更好，企业更好。这些因素中的每个因素变得更好都会使其他因素更好。例如，能够提高一个人心理健康的一切，都有助于经理、领导者、企业、社会、生产率的进步。

领导

马斯洛直言，他对管理文献中论述领导的材料是不满意的，原因是这些文献没有把环境的客观要求作为领导或组织观点的中心。他认为，在开明的情形下，环境的客观要求、任务的客观要求、问题的客观要求、集体的客观要求绝对起支配作用，不存在其他决定性因素。只有在这种开明的情形下，人们才能知道谁是最佳领导者。当然，这是有前提的。马斯洛提出了 4 项假定：对集体中每个人的能力要非常清楚；对问题的所有相关细节要完全了解；所有人都是健康的；每个人的任务、问题和目的完全被融合了。马斯洛的这些看法看起来像"老生常谈"。

马斯洛将其领导理论称为 B- 领导或功能性领导。简单地讲，B- 领导就是：①让不同的领导者掌管不同的功能，而不是只有一个总领导者；②选择最适合完成任务的人当领导者，而不是选择"完人"；③领导者的作用是使集体协同以达到共同目标，而不是发号施令；④ B- 领导者是被集体挑选出来的，而不是竞选出来的。

马斯洛重点论述了他在前面提到的一个假设，即"在良好的条件下，成功人士受人爱戴而不是令人憎恨、令人恐惧、让人怀恨"。马斯洛引述达夫的阿格里丹鸡实验，提出两个问题。第一，有些人在出生时就是生物有机体的出类拔萃者，而且出类拔萃者往往在一切方面都出类拔萃，而这与前述功能性领导的概念有矛盾。第二，这些出类拔萃者进入上流社会就像奶油会浮到牛奶的表层一样自然，社会应该如何对待他们，是钦佩还是憎恨？马斯洛承认这是一个棘手的问题。在现实世界中，优秀人物会受到人们的爱戴和钦佩，但也会遭受人们的憎恨和畏惧。马斯洛坚持认为，除非我们培养钦佩出类拔萃者的能力，否则不可能有良好的社会。

马斯洛还探讨和论述了领导者的心理素质、领导者与下属的关系、领导者的责任、领导者和参与管理等问题。

创造力

马斯洛的假设中与创造力有关的仅有一项，而且也不显眼：他假设心理健全的人创造欲望强于破坏欲望。表面看来，马斯洛对创造力并不重视，对其也缺乏研究，其实则不然。马斯洛研究过他认为属于自我实现类型的 48 个人（其中有托马斯·杰斐逊、阿尔伯特·爱因斯坦、亚伯拉罕·林肯、西奥多·罗斯福），发现了 12 种特征，其中就有创造力。在这本日记里，吸引马斯洛关注创造力的是他对 T- 小组的观察。1962 年夏天，马斯洛应坦南鲍姆的邀请，在加利福尼亚大学的阿罗海德湖会议中心参与了为期两天的 T- 小组训练。马斯洛记下了此行的感想，详细分析并概括了 T- 小组训练的原则、技术和目标等。T- 小组的无结构特征使他联想到了一些其他关联问题，如领导者的作用和责任、隐私（健康隐私与神经质隐私）、防卫（健康防卫与神经质防卫）、群体动力学以及创造力等。

根据 T- 小组的经验，马斯洛认为无结构是创造（力）的本质。他说，人的创造力取决于对无结构的承受能力，取决于对无计划的容忍力，取决于忘记未来的能力、临机处置的能力和关注现在的能力，取决于专心倾听和观察的能力。马斯洛比较了自我实现的人和神经症患者，前者喜欢无结构，后者则对结构、法规、控制和计划等有强烈的需求。当然，要把神经症患者的需求与正常人的需求区分开来，不能一概否定结构、法规、控制和计划。马斯洛强调，创造力是一种成熟的人格能力。

马斯洛认为，企业家的作用被大大地贬低和低估，这在一定程度上是误解创造本质的结果。他说，任何创造都有一个发展过程，没有无中生有的创造；创造不是顿然醒悟的结果，是已有零散知识突然整合的结果。与技术发明不同，企业家的创造在于企业家的远见，即对没有获得满足的、有利可图且对每个人都有好处的需求（机会）的识别。马斯洛特别指出，企业家的创造力影响着社会的进步与繁荣。

会计制度

会计制度的相关内容与马斯洛提出的"两种产品、两种结果"论有关。马斯洛认为现行的会计制度是非常愚蠢的，因为它几乎排除了所有重要的人事、心理、政治和教育等无形因素。虽然实验证明，专制管理确实在一定程度上提高了生产率，但其付出了巨大的长期人力成本，甚至付出了长期生产力成本和所有政治因素成本，合理的会计制度应该指出专制管理的这种荒唐性和劣等性；应该将改进工人的人格水平、使他们成为优秀的公民等无形的人员价值列入资产负债表，以反映企业为全社会的进步做出的贡献。

马斯洛进一步考察了经济理论。他发现古典经济理论几乎完全是以低层次需求的动机理论为基础的，它暗示任何会计纯粹是处理可以用金额表示的物，因此只有能用金额表示的物才能列入资产负债表。马斯洛认为这套理论在今天已经过时了，经济学应该以高层次需求和超越性需求的动机理论为基础。因为在富裕的社会，基本需求不再是重要的激励因素了，金钱不再是重要的动机了。除非满足所有高层次需求和超越性需求，否则许多人是不会被激励的，而这些需求的满足大部分完全超出了金钱经济的范围。

经济理论的改变需要重新定义利润、成本、税收等概念，需要考虑如何将人力资产纳入资产负债表与会计制度。马斯洛对此做了一些初步分析，但主要是提出问题，他认为所有这些问题的解决最终需要会计师发挥创造力。

商业道德

善有善报吗？奸商与诚商谁会最终获得成功？马斯洛的假设是："在良好的条件下，道德高尚的商人最终更容易获得成功。"马斯洛假设的"良好的条件"是：①企业的目标是长期存续并保持稳定与成长；②企业具备使其保持兴旺所需的一切条件。后者基于这样的假设：①市场是开放的、自由的，企业能够也必须参与竞争；②企业的产品是优质的。在此种条件下，诚实的企业最终会胜出。

马斯洛指出上述假设势必会影响对推销员和客户的定义。他分析了人们对推销员和客户的刻板印象。流行的概念是，推销员是目光短浅的人，他们急功近利，靠操纵和隐瞒真实信息、贿赂和拍马屁推销劣质产品；客户是容易受骗的人，他们不在乎更好、更便宜的产品，他们喜欢上当受骗，情愿被诱入歧途，情愿被收买。因此，推销员与客户的关系是行骗与受骗的关系。

马斯洛认为，开明管理和兴旺的企业需要新型的推销员和客户，需要新型的推销员与客户的关系。开明的推销员必须目光远大、视野开阔，能够从整体出发思考问题，是诚实的人、值得信赖的人、说话算数的人、讲信誉的人。开明的客户应该是希望得到最好产品的人，是聪颖的、务实的、理性的、道德高尚的、品行端正的人。推销员与客户的关系应该是友善的、诚实的和坦诚的。

马斯洛还比较分析了老式推销员与开明推销员的作用和特性。

开明管理与竞争优势和社会变革

机器陈旧会使企业过时并在竞争中处于不利地位，管理方式僵化和陈旧同样会使企业过时，并在竞争中处于不利地位。根据美国的竞争环境和人格发展水平，马斯洛认为开明管理已经成为一种竞争因素。老式的专制管理已经僵化和过时了，采用这种管理方式的企业，在与采用开明管理的企业的竞争中，越来越没有竞争优势了。导致这种情况发生的原因是人的发展：人的发展越充分，人的心理越健康，专制管理的效果越差，人在专制管理下越难发挥作用，采取专制管理政策越不利，采取开明管理政策越必要。

如何衡量人的发展水平？如何衡量组织的健康水平？马斯洛列举了多种方法，如观察一个人欣赏的幽默类型或进行投射测试等。他认为，抱怨的层次也可以用来衡量人的生活动机水平，如果样本足够多，也可以用来衡量整个组织的健康水平。人总是有抱怨的，但人的生活动机水平不同，抱怨也不同。例如，如果基本需求没有获得满足，人的抱怨常与寒冷、潮湿、危险、疲劳、住房等关乎基本生理需求的因素有关。马斯洛将抱怨分为低层次抱怨、高层次抱怨和超越性抱怨，分别对应低层次需求、高层次需求和超越性需求。

马斯洛把从专制管理转向开明管理看作一场社会变革，它不但与个体有关，与社会和文化有关，而且与其他所有有机体有关。由此，他认为社会改良的理论必须是整体理论。他提出了社会改良理论的 13 项信条，主张社会变革要全面发动、缓慢推进和依靠科学等。

需要补充说明的是，马斯洛在其日记中再三强调，开明管理主要适用于条件良好的环境，而非条件恶劣的环境。如果出现食物严重匮乏的情形，如果退回到丛林狩猎时代，如果管理对象是停留在安全需求层次的人，如果人们之间缺乏信任，如果是在美国以外的地方，开明管理的理论是无法应用的。他认为，开明管理的应用取决于所有使其有可能的先决条件，必须认真对待这些先决条件。这些先决条件不仅可能包括导致进步的条件，也包括可能导致退步的条件。这样，我们对问题的认识才会更清醒、更现实，我们的思想才会更接近科学家实事求是的思维。

马斯洛在日记中还再三强调，开明管理是"一项心理实验"，因为由这项实验证明的数据绝对不是最终的数据，对开明管理的研究仍旧需要大量数据，需要对尚未出现的许多问题准备好大量答案。他举例说，我们不知道占工作人口多大比例的人更喜欢参与管理决策，不知道占工作人口多大比例的人只是为了谋生而工作。由于对实施开明管理政策所需要完全掌握的关键信息"一无所知"，开明管理的许多假设还没有得到充分的证明，只能称它们是"科学事实"——它们是有某些根据的"信任契约"，而不是最终的"知识契约"。他认为，对科学事实的最终检验是说服在性格上反对这些"信任契约"的人接受它是事实。马斯洛因而担心他的研究结论被各种"热心人"轻易接受。他说："我们必须强调进行更多、更多、更多研究的必要性。"

沃伦·本尼斯对马斯洛日记的评价是：有些部分的内容非常天真，有些部分又极具预见性和洞察性。为什么会出现这种情况？马斯洛自己给出了答案。他说，这本日记的内容应当看作他在初次接触管理领域的知识并意识到该领域的知识体系对他所关注的各种理论研究意义重大时产生的"第一印象和原始反应"。作为心理学家，他从完全不同的角度观察管理领域，的确能发现一些被行家忽略的事情。作为新手，他的有些观点又让行家觉得幼稚。尽管如此，《马斯洛论管理》依然不愧为一本闪耀着作者活跃思维和精深思想的精彩著作。

读者可能会发现，在《马斯洛论管理》这本书中，除了马斯洛的日记，还有一些是本书的另外两位编者对企业家和专家学者的访谈或他们对马斯洛思想的评述。笔者认为这些补充资料对认识马斯洛管理思想的时代价值十分有意义。那些（不管是有意识还是无意识）成功采用开明管理原则的企业的实践，证明了马斯洛主张的开明管理是行得通的，开明组织和开明社会是有可能建立的，开明管理并不全是数字时代的"乌托邦思想"。

以上是我学习《马斯洛论管理》的一些粗浅认识和体会，冒昧地提出来，欢迎广大读者和专家学者指正。

邵冲

于中山大学管理学院

2020 年 6 月 3 日

序　言

　　本书要讲述的不是如何更有效地控制别人的最新管理技巧、伎俩或表面功夫。相反，它公然以另一套更有效、更真实的价值观念与原有的正统价值观念对抗。它的观点与人性被低估这一具有真正变革意义的发现已相去不远了。

——亚伯拉罕·马斯洛

亚伯拉罕·马斯洛

　　一本已出版了37年的日记所记载的内容，今天能在管理方面给我们带来什么启示？当马斯洛的女儿安·卡普兰联系我们提议重新出版该书时，我们就提出了这个疑问。我们的答案是，马斯洛关于在建设"良好社会"过程中的工作、自我实现以及商业影响等方面的观点是我们研究领导者近20年来发现的最为深刻的思想。

　　于是，我们埋头研究马斯洛的著作，包括他出版过的书籍、发表过的文章和个人随笔。虽然我们已将马斯洛其名与需求层次理论等同起来，但我们在其著作中发现了许多其他与其所处时代相比大为超前的研究、思考与意识。他在管理、创造力及变革等领域的率先探索，仍会让我们觉得现有的工作实践与思维方式黯然失色。马斯洛关于自我实现与工作、顾客忠诚度、领导能力以及不确定性是创造力源泉等方面的理论，描绘出一幅对今天的生活产生深刻影响的数字化时代的景象。

马斯洛在日记中描绘了我们今天的生活环境——数字化时代，在这种环境里，人的潜力几乎是各行业、组织和机构获得竞争优势的基本来源。马斯洛的探索使我们怀疑自己是否清楚所面临的十字路口——要在这个路口尽力保持发展节奏，组织的各个层次都需要更有责任感、更训练有素及更有上进心的雇员；妥协或专权的领导行为已不再奏效；社会需求与商业需求密切相关，一方"失职"会导致另一方遭受损失。

可是，我们是否已做好了向前发展的准备呢？虽然我们说的是这一领域的最新用语，但其内涵仍有待领悟。且看那些我们对大众宣扬的新术语——智能资本、人力资源、知识工作者及其他新造词语，这些新术语的出现无非只是为了"润饰"我们在谈论人及其未开发潜能的事实。

人们为那些不能让他们真正发挥自己特有潜力的组织和机构花费了太多时间。我们相信发挥个人潜能所产生的动力并不亚于财务管理、产品开发、投资回报及其他各种用于衡量成功与否的指标所起的作用。如果没有来自这方面的动力，我们的成功就无法长久，计划也只能是短期的，并且我们继续参与全球竞争的能力也会严重受限。也许我们是时候深入领会马斯洛理论的含义了，而且应该相信，我们可以创建出能充分挖掘人的真正潜力的崭新组织。

缔造伟大的组织

在重温马斯洛日记内容的同时，我们着手证明其理论与观点的可行性。为此，我们访问了各种不同企业的领导者，请他们对马斯洛的论述发表看法，并介绍他们在创建新型组织过程中经历的艰辛与获得的成功。

众多领导者为阅读该日记以及让我们了解他们的思想而花费了许多宝贵时间，我们对此深表谢意。以下机构及个人为我们提供了热情的帮助：

佩罗系统公司前任主席莫特·迈耶森

南加利福尼亚大学沃伦·本尼斯

麦考恩－德·莱乌公司主席乔治·麦考恩

安达尔公司首席执行官戴维·赖特

Pebblesoft Learning 公司首席执行官琳达·阿莱平

乡村企业信托基金联合发起人布赖恩·莱恩

苹果大学前校长谢莉·罗斯

斯坦福商学研究生院的迈克尔·雷

Insight Out Collaborations 的杰基·麦格拉斯

温德姆－希尔唱片公司前任主席及合伙人安妮·鲁滨孙

伊萨兰学院合伙人迈克尔·墨菲

凯普洛计算机公司创建人安德鲁·凯

斯坦福大学工程及全球营销教授汤姆·科斯尼克

斯坦福工程系 IE292 班

阿斯彭滑雪公司

阿斯彭滑雪公司首席执行官帕特·奥唐奈尔

Fifth Discipline Handbook 合著者，Learning Org. Dialogue 创始人理查德·克莱什

Fifth Discipline Handbook 合著者，*Age of Heretics* 作者阿特·克雷纳

《快公司》(*Fast Company*) 杂志合伙人及主编艾伦·韦伯

PeopleSoft 共同发起人肯·莫里斯

阿克农大学美国心理学史博士约翰·波普斯通

《做人的权利：亚伯拉罕·马斯洛传》(*The Right to Be Human: A Biography of Abraham Maslow*) 作者爱德华·霍夫曼博士

俄亥俄州哥伦比亚的律师艾伦·沃尼克

约翰·威利父子公司珍妮·格拉斯尔

此外，我们要感谢安·卡普兰和艾伦·马斯洛坚持不懈地将其父的论著介绍给新一代领导者和经理。她们的"礼物"意义重大：在把她们父亲的日记重新公之于世的过程中，我们自己也成了更好的企业教育家、更出色的领导者、更称职的父母以及更优秀的人。

德博拉·C. 斯蒂芬斯

加里·海尔

1998 年 7 月

于创新领导力中心，加利福尼亚圣马迪奥

前　言

　　我没有刻意去纠正什么或弥补什么，没有掩饰自己的偏见或企图让自己显得比 1962 年夏天时更具真知灼见。

　　这本日记是我于 1962 年夏天应非线性系统公司（Non-Linear Systems，NLS）总裁安德鲁·凯（Andrew Kay）之邀，以调研者的身份在该公司考察期间写下的。

　　本来我去那儿并没有什么特别的任务或目的，但那里发生的一切让我很感兴趣，其原因在日记中有清晰记载。

　　但是，这本日记的内容绝不是针对这家公司进行的研究——这家公司的运作展示出一种对我而言崭新的理论和研究体系，促使我开始思考并进行理论方面的探索。

　　以前，我从未接触过工业和管理心理学，因此，当我第一次读到由德鲁克和麦格雷戈撰写的，在非线性系统公司被当作"教科书"的那些著作⊖时，普通心理学的广泛适用性让我大受震撼。我逐渐明白安德鲁·凯到底想做什么，然后开始大量阅读有关社会心理学这一迷人的新领域的信息资料。

　　⊖　P. Drucker, *The Practice of Management* (New York: Harper & Row, 1954). D. McGregor, *The Human Side of Enterprise* (New York: McGraw-Hill Book Co., Inc., 1960).

这些年来，我总是习惯在日记中与自己交流，边写边思考，思考内容有时是自由联想和即兴发挥，有时是整理以往的随笔或纲要。但这本日记不是像往常那样以手写方式记录的，而是对着录音机以口述方式记录的，因为当时我有幸得到几位非常优秀的秘书，他们几乎在听录音带内容的同时就能用打字机把它们打出来。这种情形对于一名教授来说实属罕见，而且这也是日记中出现相当数量打字稿的部分原因。

这些笔记全被收进一本油印书里，除纠正了一些打字或语法错误外，没有进行过编辑、增删或其他方面的更改。此次出版时虽进行了进一步整理，但也只是把那些零零散散的同类记录归纳起来，删去不当词语，澄清意义模糊的语句，加入参考资料，并对某些措辞进行修饰，使其听起来不至于像私人密谈而已。除此之外，我没有刻意去纠正什么或弥补什么，没有掩饰自己的偏见或企图让自己显得比 1962 年夏天时更具真知灼见，也没有进行太多的增删。这是因为那样做与出版此日记的意图是完全相违背的。

这本日记的内容应当被看作一名理论心理学家在初次接触某一新领域的知识，并意识到该领域的知识架构对其所关注的各种理论研究意义重大（反之亦然）时，所产生的第一印象和原始反应。我从其他一些类似经验中体会到这样一点，即新手有时会发现一些被行家忽略的事情，只要他不怕犯错误或让人觉得幼稚。

我在书后附上了完整的参考文献，包括重印本、翻译作品等，这么做是为了方便自己和读者在需要时查阅。文章中括号里的数字是指文献在参考文献中的相应编号。

本书中追求完美与规范的思想现在已经很少见了，即使有也会为众人所不齿，因为它不属于被认可、接受的知识范畴，更不属于科学范畴。科学，即使是社会和人文科学，应该是不受价值观约束的，虽然我一向认为这是不可能的（95）[⊖]。不论怎样，这本日记是我对一直努力研究的规范或理想社

⊖　括号中的数字是指相应文献在参考文献中的序号。——译者注

会心理学所做的一次总结反思。我杜撰了"优心"（Eupsychia）一词（81），并将它定义为由1000名已臻于自我实现之境的人在能遮风蔽雨又与世隔绝的某个小岛上共同塑造出来的文化（57，79，81）。与古典乌托邦或其他虚无的幻想进行对比，就会发现，"优心"理论探讨了一些很现实的问题，如：人性能容忍怎样的社会？社会能容忍怎样的人性？社会的本性能容忍怎样的社会？既然已经知道人性所能达到的"高度"，我们就应该能据此推断人际关系及组织形式所能达到的"更高"境界，它们原则上是以"更高"境界的人性为基础的。如果我们喜欢，或许可以简单地将其称为"蓝图"，或美其名曰"未来史"，当然，也可以借用新生词"塑造文化"来描述它。但我更喜欢"优心"一词，因为它**只涉及现实中存在的可能性或改进机会**，而不谈论确定性、预见性、必然性、必要过程、完善性或对未来的信心预测等问题。我很清楚人类有可能灭绝，但也可能不灭绝，因此，考虑乃至憧憬一下未来仍不失为明智之举。而在快速实现自动化的年代，这甚至是一项必要工作。

不过，"优心"一词还可以有别的解释。它可以代表"朝着心理健康的方向发展"或"健康方向"；可以指为支持或鼓励这种发展而采取的各种行动（采取这些行动的人可以是心理医生，也可以是教师）；可以指更有助于达到健康状态的精神或社会条件；甚至可以指一种理想境界，即治疗、教育或工作的长远目标。

这本日记⊖是从1962年开始写的，非线性系统公司当时正在设法渡过激烈竞争带来的市场萎缩而导致的其产品需求下降的难关。但我的日记描述的并不仅仅是这家公司的状况，所以我不必对日记中阐述的那些原理进行更改。值得重申的是，我在本日记中再三强调的一点——这些原理**主要适用于条件良好的环境，而非条件恶劣的环境**。在人的各种动机中，发展动机与防御动机（即心理平衡、安全需求、痛苦与失落感的舒缓等）之间存在着一种

⊖ *Summer Notes on Social Psychology of Industry and Management.*

抗衡关系。我们认为心理健康的人会更灵活与现实，或者说，他们能根据环境需要将发展动机转变为防御动机。据此可以得出一项有趣的推论：对于组织而言，健康的组织也应该能灵活地从适应良好环境的工作状态转入适应恶劣环境的工作状态。我觉得这种情形确实是存在的，非线性系统公司恰好处于这种状态中。当然，这一结论仍有待研究证实。

第 1 章

自我实现者对责任、工作
与使命的态度

这是一种最简练的表述，它旨在说明，对人的工作生涯和谋生途径进行适当管理，能让他们乃至世界变得更完善，而适当管理在此应被视为一种理想状态或革新技术。

——亚伯拉罕·马斯洛

从对自我实现者的研究中，我们可以看到在最佳工作环境下应有的理想工作态度。那些高素质的人们把工作同化为自我认可的部分内容，即工作成了他们进行自我界定的组成部分。工作可以起到心理治疗和其他心理学方面的作用（使人们顺利地向自我实现的方向发展）。当然，这在一定程度上是一种循环关系，也就是说，如果一开始就让素质较高的人在较好的组织中工作，那么工作往往会让人进步，而人的进步又会促进行业的改进，进而推动人的发展，如此不断循环往复。这是一种最简练的表述，它旨在说明，对人的工作生涯和谋生途径进行适当管理，能让他们乃至世界变得更完善，而适当管理在此应被视为一种理想状态或革新技术。

我很早就放弃了通过个体心理治疗来完善世界的希望，我认为这是行不通的。确切地说，这种方法在数量上是不可能的（尤其是考虑到许多人并不适宜接受个体心理治疗的实际情况）。后来，为了实现我的理想目标（81），我转向了教育，我把它作为改善全人类的途径。接着，我想到了应该把那些从个体心理治疗中获得的经验作为必要的研究数据，这些数据最重要的作用是它们可用于对教育机构的优心改造，进而提高人们的整体素质。直到最近，我才领悟到，工作生涯与教育同样重要，甚至比教育更重要，因为每个人都得工作。如果心理学、个体心理治疗、社会心理学等领域的知识可以应用于人类经济生活，那么我希望这方面的研究能有一个明确的发展方向，从而对全人类产生根本性的影响。

这显然是有可能的。我第一次接触管理文献和开明管理政策时就发觉，管理已处于其高级阶段，表现出开明、协同的发展趋势。许多人仅从改进生产、改进质量控制、改进劳动关系、改进创造性人员管理等方面就能发现，第三势力心理学（third force psychology）似乎是行之有效的。

比如，彼得·德鲁克凭直觉得出的关于人类本性的结论，就与第三势力心理学家（86，前言）所持的观点非常相似。然而，他只是通过观察工业及管理领域中的现象就得出了这些结论，而且，他显然对科学心理学、临床心理学或职业社会心理学等一无所知。（德鲁克对人类本性的认识与卡尔·罗杰斯或艾里希·弗洛姆等在这方面的理解非常接近，这一事实有力地证明了工业领域有望成为新的心理动力学、人类高级阶段发展及理想社会生态学的研究实验基地这一观点。）这些结论与我以前的错误观点是大不相同的，我曾认为工业心理学是对科学心理学的不自觉应用，但事实并非如此。工业心理学是知识的**来源**，它取代了实验室，而且常常比实验室有用得多。

当然，两者也有不一致的方面，而且德鲁克至少在有些方面是缺乏充分认识的。科学心理学中有丰富的、宝贵的数据资源，可供工业心理学家和管理学家应用于经济领域。我猜测德鲁克及其同僚只是粗略浏览了一下科学心理学的内容，就不假思索地将其忽略了。那些鼠、鸽、条件反射及奇谈怪论，对于复杂的人类现象而言，固然是毫无意义的，只是研究者在抛弃这些心理学糟粕的同时，把不少精华也扔掉了。

就我自己致力于研究的问题而言，其始终与伦理道德相关，我试图使科学与人性及道德目标相融合。对于我来说，工业心理学开创了一个崭新的局面，它为我提供了新的数据资源，而且是非常丰富的资源；它还能为我仅凭临床数据得出的各种假设和理论提供全面证据；更重要的是，它为我提供了一种新的现场实验室，我相信在其中进行的研究能让我对传统心理学的各种基本问题有深入的了解，如学习、动机、情绪、思考、行动等。

（这些是我对迪克·法森（Dick Farson）所提问题的部分回答，他曾问我："为什么你对这些东西这么热衷？你想发现什么？你想从中得到什么？你想在这方面补充什么？"其实，我所做的一切无非是为了找到一条拓展思路的新途径。）

工业现象分析较个体心理治疗的优越之处在于，对于个人成长途径，它既能提供研究自我满足所需的数据，又能提供研究共同满足所需的数据。⊖ 个体心理治疗则片面地关注个体发展、自我意识、自我认可等问题。我曾经

⊖ A. Angyal, *Neurosis and Treatment* (John Wiley & Sons, Inc., 1965).

思考的创造性教育以及现在探索的创造性管理等，都不仅仅是关注个体，还关注让个体在社区、团队、集体和组织中发展自己——和自主方式一样，这也是一种合理的个人发展途径。当然，这种途径对于那些不适宜进行暗示心理疗法、心理分析及内省疗法的人来说尤其重要。而对于那些弗洛伊德心理疗法无能为力的有智力问题及思维较简单的人来说，这种途径也特别有效。好的社区、组织及团队，能为那些让私人心理医生感到无能为力的人提供帮助。

❧❧❧

第三势力心理学

马斯洛去世已经不止1/4个世纪了，但声誉依然，丝毫不见衰微，而弗洛伊德及荣格的名声却已大为逊色，这种现象很值得重视。我认为造成这种现象的原因在于马斯洛理论的思想意义，这点也许连马斯洛自己都没有完全意识到：其理论的重要性必须在未来的岁月中才可逐渐体现，而且会在21世纪得到充分体现。

——科林·威尔森（Colin Wilson）

亚伯拉罕·马斯洛常被誉为第三势力心理学之父。第三势力心理学（即人本主义心理学）是不同于行为主义心理学及弗洛伊德心理分析学的独立的知识与理论体系。马斯洛一生大部分时间都用于探索新的人本哲学，以帮助认识与发展人类在培养激情、创造力、道德观、爱心、意志及其他特性等方面的能力。但马斯洛认为自己首先是一名科学家，他并非没有经过思考、严格检验、推理及辩论就草率地提出其心理学研究的新构想。因此，其著作对管理理论、组织发展、教育、保健、科学及心理学等领域都形成了有力影响。

马斯洛不赞成针对人类本性的冷嘲热讽与阴暗描述，他意识到传统的弗洛伊德或新弗洛伊德主义用以认识人类本性的途径尚不充分。也许可以用他最著名的语录来对第三势力心理学理念进行概括：

> 音乐家必须创造音乐，画家必须绘画，诗人必须写作，否则他们就无法让自己真正淡泊宁静。是什么人就会想做什么事，我们把这种需求称为自我实现需求……它是指人对自我满足的欲望，即把潜在的自我变为真实自我的倾向：想成为自己有能力成为的人……

第 2 章

再论自我实现、工作、职责与使命

蠢事干得再好也不能算真正的成就。我喜欢自己说过的一句话:"不必为不值得做的事操心。"

——亚伯拉罕·马斯洛

最近我和那些"想与我合作"研究自我实现问题的各种学者和教授进行了交谈，结果我对他们中大部分人的学识水平产生了怀疑，我很失望，觉得他们不会有多少见解。这是因为他们长期处于各种一知半解的空想状态之中，其中包括夸夸其谈者、宏伟计划制订者以及那些热情有余的人，他们只要碰到一点实际困难，就会变得一事无成。因此，我总是毫不留情地以打击人的强硬语气与这些人谈话。例如，我谈论过那些一知半解的人（与工人及实干家比较而言），并表示了对他们的轻蔑。我也提到过我常常怎样考验这些不顾实际、头脑发热的人，就是让他们做一些单调枯燥却很重要、很有意义的工作——20人中有19人是经受不起这种考验的。我不仅会使用这种考验方式，而且会将不能通过考验的人"淘汰出局"。我曾劝这些人加入"责任公民联盟"，并远离那些无所事事、游手好闲、夸夸其谈的人以及那些一味读死书却毫无建树的"书呆子"。不论对谁，这种考验的作用都在于考查他是不是一棵"苹果树"——是否有果实？是否能结果子？这便是区分能人与庸人、实干家与空谈家以及造时势者与碌碌无为者的方法。

另一点要谈的是关于个人救赎（personal salvation）的话题。例如，在圣罗莎（Santa Rosa）存在主义会议上就有许多这类谈话。我记得自己有一次忍不住发作了，态度很不友善地指责这些个人救赎寻求者，因为我觉得他们很自私，没有为别人以及这个世界做出任何贡献。而且，从心理学角度来看，他们的想法也是愚昧错误的，因为想通过寻求个人救赎而获救的做法**无论如何**是行不通的。唯一真正有效的途径，正如我在一次公开演讲中提到的，是日本电影《生之欲》（*Ikiru*）中所描述的途径，即艰苦劳动并全心全意地完成各种属于个人职责范围内的事情，这些事情可能是由个人所处的环境或个人良心所决定的要做的事情，也可能是"要按规定"完成的重要工作。

我记得列举过许多"英雄"，这些人不仅获得了个人救赎，而且赢得了身边人的高度尊重与深切爱戴。他们是优秀工人和有责任心的人，更重要的是，他们在自己所处的环境中都生活得很幸福。这种通过完成重要或有意义的工作而达到自我实现的做法还可被视为通往人类幸福的道路。（与直接追求或寻找幸福的做法对比而言，幸福是一种附带现象、一种不可以直接求得的副产品，它是对美德的间接回报。）另一种寻求个人救赎的方法（对于我所见过的人来说都**行不通**）是自省，终日离群索居，苦思冥想。这种方法对于日本人或印度人而言也许是行之有效的，这点我并不否认，但我从没见过这种方式在任何一个美国人身上奏效——那些能胜任自己认为有意义的工作且感到幸福快乐的人。而且，我曾在演讲及以前的文章中指出，这一点在我研究自我实现的研究对象那儿也得到了普遍验证。他们因超越性需求（B- 价值概念）（89）而产生超越性动力，表现在他们对重要工作的忠诚、奉献精神及认同等方面——这对任何研究对象而言都屡试不爽。

或者，我可以非常直截了当地说：救赎是让人获得自我实现的工作和自我实现的职责的副产品。（多数曾跟随我的年轻人都存在这样的问题：他们似乎觉得自我实现是隐藏在他们头脑中的一道电光，他们不用做什么，这道电光会突然在他们脑海中闪现。这些人似乎都想被动地等待奇迹的发生，而不愿自己付出任何努力。更有甚者，我觉得他们实际上都下意识地认为自我实现就是摆脱控制与约束、完全放纵的自发行为与冲动。我想，最让我失去耐心的就是他们没有执着的追求精神、坚持不懈的恒心以及百折不挠的毅力等——显然，他们认为这些品格都是与自我实现对立的。也许我应该对此进行更详尽的分析。）

在整个研究过程中，我认为值得一提的是，让人产生自我实现感的工作（S-A 工作）本身都具有超越个体的特性，人们不必刻意追求就能进入忘我或无我的状态，而这正是日本人、中国人等东方人孜孜以求的境界。S-A 工作既能让人追求和实现自我，又能让人获得彻底体现真我的忘我状态——它调和了自私与无私之间的矛盾关系，调和了内心世界与外部世界的关系。在 S-A 工作中，人们工作的动力源自内心需要，是其个体的组成部分，因而世界与个体间就不再有什么差异可言。内心世界与外部世界相互交融，合二为一。同样，主体与客体间的关系也不再是相互对立的了。

我们在大瑟尔温泉遇见一位艺术家——一位真正的艺术家、真正的工作者、真正的事业有成者，与他的谈话便是对此观点的生动注解。他不断催促我妻子贝莎着手雕塑，并且不断地反驳她的分辩、解释和借口，指出所有这些都是华而不实的浮夸之辞。"成为艺术家的唯一途径是工作、工作再工作。"他看重的是自律、劳动与汗水。他一再重复的语句是，"动手造一堆泥团出来吧""用你的木头、石块或黏土做点东西吧，如果效果不好就扔掉。这总比什么都不干要好"。他说自己不会招聘那些不愿花几年时间来钻研艺术品本身及其细节设计和用料的学徒来参与其陶艺工作。他与贝莎告别时说："动手造一堆泥团出来吧。"他敦促贝莎早餐后就立刻动手，就像有一整天工作要做的木匠，而且像被工长监视着、工作成效不好就会被炒掉似的。"干活时要像在谋生一样。"显然，这家伙性情乖僻、出言不逊——但人们**还是得**重视他的言论，因为他的成就也显而易见。事实证明，他所言不虚。

（在这次谈话中，贝莎想到了一个很好的研究方向：假设有创造性的人喜爱自己的工具和材料，而这种假设是可以在研究中得以证实的。）

（值得思考的问题是为什么人们**不**工作或创造，而不是为什么他们**要**工作或创造。可以这么假设：每个人，无论大人和小孩，都有工作或创造的动机。那到底是什么抑制和妨碍这些人人都有的动机发挥作用呢？）

（相关问题：对于 D- 动机创造者（60），我一直以为这是他们特殊的才能造成的，即他们在某方面具有特别天赋，与人格健康没有什么关系。但现在我觉得有必要补充两种人：一种是盲目苦干者，另一种是盲目空想者。就像一个人自负地认为自己处于艺术家行列，因而就理所当然**是**艺术家了一样：因为他以艺术家自居，别人也就这么认为了。）

在这个世界上，如果掌握了某些重要本领，那么你就会因此也变得重要起来——就像你所吸收掌握的本领一样。你的消逝、病痛及工作能力的丧失都会立刻变得影响重大，所以你必须照顾好自己，自重自爱，充分休息，不吸烟、不酗酒，等等。你也不能自杀——那样做太自私，会给这个世界造成损失。人们需要你，你是有用之人。这种被人需要的最简单例子就是，有孩子的女性不像没孩子的女性那样容易自杀。在集中营里，那些身负生活重任、重要职责以及其存在关系别人生死存亡的人，往往会努力求生，而那些放弃希望、情绪低落者则容易轻率自杀。

培养自尊的一种最简单"疗法"是：成为某重要团体的一部分。学会说"作为联合国成员，我们……"，或者"我们医生……"。当你说"我们心理学家已证明……"的时候，你就可体会到作为心理学家的所有荣耀、兴奋与自豪。

这是一种通过对重要事业及工作的认可，并通过参与这些重要事业与工作而增强自我意识、提高自身价值的方法。它也用于克服一些人类现存的缺陷，如智力、天赋及技能等方面的不足。例如，科学是一种"社会机构"，其中包含劳动分工与合作，**以及性格差异的利用**——这是让缺乏创造力的人变得具有创造性，让智力平凡的人变得更有智慧，让凡夫俗子成为伟人，让有限的人类变得永恒与万能的窍门。任何一位科学家，无论其贡献多么微小，都必须受到某种程度的尊重——因为他是伟大集体的一员，他因为加入了这个伟大集体而有权要求得到尊重。可以这么说，他代表的是一个集体，他是这个集体的使者之一。（这又是一个很好的例子：来自强国的大使与来自愚昧落后国家的大使，他们受到的待遇是不同的——虽然大使本身都是一样的人类个体，都具有人的各种缺点。）

对于来自战胜方军队的战士和来自战败方军队的战士而言，情况也是一样的。因此，所有的科学家、学者以及哲学家等，虽然单独来看，他们中的每个人都是有限的个体，但从整体来看，他们就变得非常重要了。他们代表凯旋的军队，他们在对社会进行变革；他们准备迎接崭新的世界，他们在缔造优心。于是，作为英雄集体的一员，科学家也成了英雄——他们发现了让渺小的个人成为伟人的途径。个人对于这个世界而言是渺小的（只不过程度不同而已），因此，以某种形式认同并参与有意义的事业是人类培养健康、强烈的自尊心的必要条件。［这就是在"好的"公司（有好名声、好产品等）工作有利于培养自尊心的原因。］

所有这些都与我对"响应客观环境需求的责任"的想法相关。"需求"一词相当于"要求"做出恰当反应之意，具有"命令性质"，这种"命令"的特性在很大程度上取决于当事人特有的性格、气质或者天性。也就是说，这种"需求－特性"其实是在他**看来**必须正确处理或纠正的事，是应该由**他**来承担的责任，仿佛墙上一幅被弄斜了的画，无论**他**还是其他任何人看见了都会觉得自己该去把它弄平——这在一定程度上是人对自己在这个世界上所处位置的认识。在理想条件下，应出现等性同质选择，即个人与其 S-A 工作（包括事业、责任、义务、使命、任务等）之间的双向选择，即每项任务都会"召唤"这个世界上那个最适合它的人来完成，这个人是独一无二的，就像一把钥匙开一把锁。而那个最适合的人也会最强烈地感受到这种"召唤"，并对其产生回应，他会与这种"召唤"同步并与之共鸣。两者之间相互影响、相互适应的关系就像美好和谐的婚姻或友谊，彼此就像专为对方设计的一般。

那么，那些拒绝接受这种独特"召唤"的人又是怎么回事呢？为什么他对这种"召唤"充耳不闻，或者干脆根本听不见？我们当然可以把这种情况解释为迷失本性或违背天性，就像狗想只靠后腿直立走路、诗人想变成好商人或商人企图变成诗人那样。这些都是不适合、不匹配、有违本性的想法——人必须服从天性，接受命运造人的事实。

所有这些很像道家理论。强调这方面的认识是大有裨益的，因为在道格拉斯·麦格雷戈的 X 理论中，责任与工作都被无意识地看成强制职责，就像迫于外部道德压力而无奈承受的负担，都是些"分内的"或"该做的"事，与仅靠自然意愿或个人喜好、轻松愉快地做出的自由选择是不一样的。在理想状态下（即人能满足自己的良性欲望，能最大限度地按原始本能进行自由选择，并能倾听自己生命的"召唤"），人会像对待配偶那样热切愉快地拥抱自己的命运。所谓服从（无论是顺应还是相信），不过是彼此相依的两方之间的相互拥抱而已。主动与被动之间的两极分化在此融为一体，如同在理想状态下进行的拥抱行为及夫妻生活那样。愿望与责任之间的分歧、东西方之间的差异问题以及自由意志与强制职责之间的矛盾，也会因此全部迎刃而解。（在这种状态下，人们会珍惜利用各种决定因素——这么说仍不够贴切，最好这么说：人们知道外部世界的各种所谓决定因素，其实正是他们自己内心世界的反应，两者之所以看起来不一致，是由观察及理解偏差造成的。这是一种自爱及珍惜自己未来的表现。各种本性相属的因素得以相互交融，并且相得益彰、难解难分。）

［因此，此时的率性而为（而非自控）就是一种自发或主动行为，而这种行为与适应环境所需的行为是吻合的，两者之间并无分歧或差异。］

因此，要找到这个世界上适合自己的责任与工作，就像要找到自己的爱情与归属。其中包含了许多似是而非、融合分歧、两者合二为一的现象，类似于夫妻生活或爱人相拥。这也让我想起戴利·金（C. Daly King）以及他的"天命"（parodic design）概念，⊖他认为知天命便能找到自己在这个世界上的适当位置和归属。

运用这个概念来确定某个人及其注定从事的工作之间的关系，固然是困难且微妙的，但这比用这个概念来确定两个人是否适宜结婚，却要简单得多。从"天命"的角度来看，两个适宜结婚的人可以理解为，一方的个性与另一方的个性相匹配。

如果工作能折射出个人的内在需求（我认为这是肯定的，只是程度不同而已，不管人们是否愿意承认这一事实），那么自尊与工作之间的关联就会比我原先设想的更为密切，尤其是当积极牢固的自尊心（即个人感到自己有

⊖　C. D. King, "The Meaning of Normal," *Yale Journal of Biology and Medicine*, 1945,17, 493-501.

价值、名誉、影响力及重要性等）来自有价值的重要工作，从而使工作成为个人自己生命的组成部分时，这种关系更为密切。现在，那些无法带来成就感的、机械且简单零碎的工作给人造成的不快也许已超乎我的想象。我越想越觉得自己难以接受有人在诸如口香糖车间、伪劣广告机构或冒牌家具生产厂等地方工作时还自欺欺人地**感到**自豪、自爱和自尊。到目前为止，我一直把"真正的成就"作为牢固自尊心的基础，但这种说法过于笼统，需要进一步阐述。真正的成就必然来自有价值的受人尊敬的工作。蠢事干得再好也**不能算**真正的成就。我喜欢自己说过的一句话："不必为不值得做的事操心。"（39）

对安妮·鲁滨孙的访谈

安妮·鲁滨孙（Anne Robinson）在自己的车库里和别人共同创办了温德姆－希尔唱片公司（Windham Hill Records），她投入的资本很少，但是拥有的成就令人瞩目。她把对音乐的热爱和对设计与图案的迷恋结合起来，制作出的唱片让音乐界发生了天翻地覆的变化。在这种行业中，成功通常只能维持数周，但温德姆－希尔公司的第一批唱片，在面世23年后却依然行销市场。

问：作为企业家，您在音乐界的经历多少体现了马斯洛的观点之一，即"新手往往能发现专家忽略的方面，只要他不怕犯错或不怕显得幼稚无知"。

答：就是因为我们对唱片这一行不甚了解，反而打破了许多陈规。

问：马斯洛说过，"自我实现意味着艰苦工作，这种工作不仅来自内心的渴望，还来自对外部世界和日常生活的责任义务"。

答：是的，他所言不虚。人总在不停地改变。只要你真的在生活，你的改变就不可能停止。你要不断地接收信息，总结新经验，并把它们综合运用到工作与生活中。

我们创建温德姆－希尔时"师出无名"，但我们不停地奋斗了六七年。在好几年的时间里，我们都没碰到什么竞争对手。人们认为我们独占了这个行业，但我们知道，其实已经有人准备尾随而至，效法我们的做法和理念，并在我们的经验基础上更进一步。我们也很清楚，听众可能因为移情别恋而对我们感到厌烦。

我们制作的音乐在听众中激起了来自个人和学术方面的强烈反响，有人对其狂热崇拜，也有人对其不屑一顾。我得想办法协调各种听众的需求。如果你在生产某种具有个性化特征的产品，而这种产品又引起了人们如此强烈的反响，那么该产品体现的就是你的核心理念。对于我来说，为了把工作做好，我必须把自己的情感倾注到工作的各个环节之中，否则我就无法在产品中表现真我，我会觉得自己只是在操纵音乐爱好者的情感，而音乐绝不是对情感的操纵。

问：您曾提到，人们对您的作品的理解常让您感到意外，您是如何处理这种情况的？

答：面对这种情况，我有时处理得不错，有时却不理想。我努力工作开发出的产品和理念，得到的反应往往出乎意料。人们对你的工作另有看法，他们的看法可能与你的原意存在分歧甚至大相径庭。我只能努力调和这些不同观点。

我们的工作旨在激起人们思想或情感方面的反响。至于有些人讨厌我们的音乐，这对我来说则意味着他们已经听过并仔细感受过我们的音乐才会得出不喜欢它的结论。另一种情形是，在我们接触的人中，有些人竟对自己的反应感到惊讶。例如，我曾收到地狱天使俱乐部（Hell'Angels）的一位成员寄来的信。我记得他在信的开头写道："我是地狱天使俱乐部的成员。我本不该喜欢这类音乐的，但我真的很喜欢！"

在温德姆－希尔工作期间，我很高兴自己能对人们敞开心扉，并唤醒他们心灵中的某些情愫。我觉得许多人都是在麻木不仁地生活。坦率地说，我并不怎么在乎是什么让他们从沉睡中惊醒，我的目标是帮助他们觉醒。我认为马斯洛用自己的工作为许多人开启了一扇心灵之门。

有时，自己的观点被人曲解是很令人无奈的，因为人们的评论或理解可能根本不是你所预期的。不过，对这种情况，你也可以这么想："好啊，你总算醒了，你开始思考了。"正是这点让我觉得我的工作很有意义。

问：马斯洛说他从未见过有谁能靠关在山洞里苦思冥想而达到自我实现的境界，他从那些相关研究对象身上发现，自我实现的欲望无一例外地是通过完成重要工作来得到满足的。

答：你可以说自己是科学家或商人，但只要你真正投入到工作之中，你就会发现其中让你动情迷恋之处，就不会再感到隔阂，而且你往往会用自己的基本信念来检验自己的工作。例如："我的研究工作是否方向正确？当我用耳朵听音乐的时候，我的心是否也在倾听？我的所作所为是否正直廉洁？"我认为马斯洛博士做事的过人之处在于，他善于用自己的基本信念来检验自己的科学理论。这远不是 A 加 B 等于 C 这么简单，而是一种"眼见心服"的境界。

问：温德姆－希尔最突出的特点之一是，许多员工都能以满腔热情和高度负责的态度对待工作。你在公司树立的公司文化已成为哈佛大学的研究内容，并被各种商业书刊和文章宣传报道，你是如何创造出这种不可思议的活跃的工作气氛的？

答：我认为这是我把工作与自己的强烈信念相结合的结果。我相信，如果我能努力创造出让人们感到有自主权的工作气氛，那么他们就会竭尽所能把工作做好。像温德姆－希尔公司这样，当公司规模逐渐扩大时，你肯定希望能聘到那些有理想、有道德且能与自己的品格相辅相成的员工。

回顾过去，我相信员工已经感受到自己的工作是与众不同的，他们感受到自己的产品能造福于人。我深信我们的产品影响深远，也相信员工会以此为荣。我们的价值观念在产品中得到了体现。我觉得员工以及分销商和供应商，都对我们的经营理念感到信服。

对于我来说，真正的挑战是在与 BMG 公司合并后开始的。我每个季度都有制作任务，而且要实现预定的最低目标。但我也知道，我必须努力维护组织的价值观念，否则我们的产品最终将深受其害。

人性被低估

……追求更高的自我价值是我们每个人都有的天性之一，就如我们的身体生来就需要食物中的锌或镁等元素一样。因此，本文旨在明确指出人类满足高层次需求的欲望及其动机是与生俱来的。每个人都具有追求真、善、美等更高人生价值的本能需求。如果我们认为这个观点成立的话，那么关键问题就不是"怎样才能培养创造力"了，而应该是，"奇怪，怎么不是人人都有创造性"。

——亚伯拉罕·马斯洛

根据马斯洛的理论，学习、创造、公平、负责、公正都属于人类的天性，可为什么我们设计组织结构时又常假设人们天生爱逃避责任、工作需要强制、不愿学习而且不能完全信任呢？

不错，可能多数人会辩称自己相信人的潜能，并且认为人是最重要的组织资本。如果真是那样的话，为什么我们在设计组织结构时通常考虑的是如何控制雇员，而不是如何让他们充分施展才华，做出最大贡献？

……几个世纪以来，人类的天性一直都被低估了。

——亚伯拉罕·马斯洛

为什么人们不愿创造和创新

> 关键问题不在于"怎样才能培养创造力"，而在于：为什么不是人人都有创造性？人类的潜能都去哪儿了？人的天性是怎么被摧残的？所以，我觉得，我们该问的不是为什么有些人会有创造性，而是为什么有些人会没有创造性。我们要改变那种对创造感到惊讶、看到发明创造就像看到什么奇迹一样的思维方式。

——亚伯拉罕·马斯洛

世界各地的公司领导团队及其顾问常关在会议室里商讨如何进行创造和创新。但是，我们也可以像马斯洛那样，认为创造和创新是人的天性。而对这一观点的探索将把我们引上一条不同的研究道路。

也许我们首先该做的事是寻找组织中扼杀创造和创新活力的因素，而不是企图让人们服从组织。对以下问题进行思考也许就意味着向正确方向迈出了一步："为什么在目前的组织环境中人们不愿创造和创新？"这个问题让我们想起一个关于彼得·德鲁克这位传奇作家兼诲人不倦的教育家的故事。他曾对一群高层领导者发表演讲，在此期间，他要求这些人如果认为自己公司内有一些无用之人的话，就把手举起来。结果，许多听众都举起了手。于是他问道："这些人在你们面试他们时就已经是无用之人了，还是后来才变成无用之人的？"

俄勒冈州立大学的教育学教授萨姆·斯特恩（Sam Stern）是研究创造性思维的专家，他认为组织的主要任务是不要扼制雇员的创造力。美国林务局（U.S. Forest Service）也许是一个很好的例子：他们最初要求每一位想提出改善工作和服务质量建议的员工，就每项建议填写一份长达 4 页纸的表格。结果，在其中一个管辖区，2500 名员工 4 年内仅提出了 252 项建议。根据斯特恩的计算，这相当于每名员工每 40 年才提出一条建议！

于是，美国林务局实施了一些变革措施。现在，无论谁想提建议，只需向相关管理阶层成员发一份电子邮件简要阐述想法就可以了。如果 30 日内没有得到答复，员工便可在其建议合乎法律要求的前提下实施该建议。新措施生效不到一年时，员工共提出了 6000 条建议！只要思考一下"为什么员工不愿创造和创新"这一问题，我们就有可能发现那些抑制创造和创新积极性的工作程序、政策以及思维方式等。

资料来源：Interview: *Seattle Post-Intelligencer*, Sam Stern, Author, *How Innovation and Improvement Actually Happen*, Berrett Koehler Publishers,1977, and Peter Drucker quote: *Inc*. Magazine Conference and Products Producer Kevin Gilligan as told to Deborah Stephens 2/9/98.

道格拉斯·麦格雷戈与亚伯拉罕·马斯洛之间的激烈辩论

1960 年，道格拉斯·麦格雷戈写了《企业的人性面》(*The Human Side of Enterprise*) 一书。很快，他就成为公认的 X 理论与 Y 理论之父——把经理描述成专制（X 理论）或者是善于合作并值得信赖（Y 理论）的管理理论。在概述 Y 理论时，麦格雷戈的观点与马斯洛有关人性的观点显然是一致的。事实上，麦格雷戈在发展其 Y 理论假设时，大量借鉴了马斯洛在需求层次方面的研究成果。

麦格雷戈与马斯洛是在 1960 年经安德鲁·凯介绍认识的。凯告诉我们，他在波士顿拜访马斯洛一家时，忽然意识到马斯洛与麦格雷戈素未谋面。他觉得这两个人就管理变革问题互通书信将近一年时间却从没见过对方太不可思议了。凯回忆道："我看着阿贝，让他拿上大衣然后到车上去。"然后，他们一起来到麦格雷戈在麻省理工学院的办公室。

从那天起，一场激烈的辩论就开始了。他们竭诚要求每个领导者看着镜子，并回答所听到的问题。这些问题虽然是在半个世纪前提出的，但现在看来依然是该领域研究的极好开端：

1. 你认为人是值得信赖的吗？
2. 你认为人会寻求责任感与信任感吗？

3. 你认为人会在乎工作的意义吗？

4. 你认为人天生爱学习吗？

5. 你赞成人不会拒绝改变但会拒绝被改变这种观点吗？

6. 你认为人喜欢工作而不喜欢闲着没事干吗？

对这些问题的回答会影响人们的处事态度。我们问了几组高级经理人员这些问题，让人惊讶的是，许多人竟从来没有花时间去思考自己对人性的理解。

我们常常建议经理和领导者花些时间以小组的形式共同商讨上述问题，并且鼓励他们在探讨问题答案的过程中积极辩论与交流。也许公司应对员工坦言自己对人性的理解，让员工对此各抒己见。我们觉得这么做的重要性并不亚于让员工了解各自的具体工作职责以及公司的价值观念。

第 3 章

自我实现的职责

除了我们这个时代，以前各个时代都有自己的典范与信念，而我们却抛弃了这一切，包括圣人、英雄、君子、骑士、神话……也许那些全面发展与自我实现的人很快就会成为我们效仿的目标，他们都是些能充分发挥自己的潜能、本性得以自然流露的人……

——亚伯拉罕·马斯洛

一旦 S-A 工作内化成一个人的身份或人格的组成部分，这种工作就具有治疗与自我治疗的功能了。因为那些被内化为个人的自身组成部分的工作或任务，是可以按一定方式来完成、纠正或改进的，而这种效果是无法靠个人的内心调节来直接获得的。也就是说，如果内在问题可以转化为外在问题，人们就能更容易地解决它们，并且能减轻反省、苦思带来的焦虑与压力。其实，这可能正是人们把内心世界反映到外部世界的主要无意识因素，或者说，这么做能缓解人们处理问题时的焦虑。我觉得这方面的最好例子首先来自艺术家（每个艺术家都一定会认为自己已经在画布上把内心世界充分表达出来了），然后来自脑力工作者——不论他们是否意识到，他们选择解决的往往是那些真正反映其内心需求的问题。

第 4 章

适用于不同管理阶层的
不同管理方针

每一种新的发明或发现都会扰乱现状。那些习惯舒适安逸的人们会觉得，现有的安定生活被动摇、破坏了。显然，任何重大的发现或伟大的发明创造……任何意欲动摇并取代原有事物统治地位的新生事物，都不容易被人接受……

——亚伯拉罕·马斯洛

如果我们面对的都是一些具有成长潜力和欲望的高素质员工，那么彼得·德鲁克的管理原则应该是可行的。这些原则只适用于人类发展的最高阶段。它们假设人总处于理想状态，如在成长过程中，他的各种基本需求都得到了满足，对生活现状感到满意；从不缺乏安全感（不会感到焦虑与害怕）；一直有归属感（不会感到陌生，不会被排斥、孤立或与群体格格不入，能融入家庭、团队、社会生活，不会被当成不受欢迎的外来人员）；爱与被爱的欲望总能得到满足（有众多的朋友和好朋友、怡人的家庭生活，觉得自己值得被爱，也希望并且有能力付出自己的爱——这种爱不仅仅是浪漫之爱，尤其是在谈论工业领域的问题时）；感到自己受人尊重（觉得自己值得被尊敬，是有用的、有价值的人，觉得自己得到了所有应该得到的赞美与回报）；自尊需求得到了满足。（事实上，这种状态在我们的社会生活中是不常见的，大多数人缺乏足够的自爱与自尊而不自觉。但不论何时，我们认为美国人在这方面的意识要比其他地方的人强得多。）

另外，美国人可能觉得自己的好奇心以及对各种信息和知识的需求都得到了满足，或者如果觉得有需要的话，这些需求都可以得到满足，而这意味着他受到过一定的教育。

但我们现在要思考的是，怎样的管理方针才适用于那些上述几方面的需求还未得到满足的人呢？对那些还停留在安全需求层次、永远缺乏安全感、总是害怕失业等灾难降临的人，又该如何管理呢？如果人们之间缺乏认同感与信任，互相怀疑、互相憎恨——就像法国、德国、意大利等国不同阶层间的关系那样，那又该采用什么样的管理模式呢？

显然，对处于不同需求层次的员工应采用不同的管理方式。其实，对于那些处于较低需求层次的人，我们没必要花太多精力去制定相应的管理方针，我们的主要目标是进一步明确由人类天性决定的个人发展过程中的高层次需求。

第 5 章

开明经济与管理

我们假设每个人都希望自己是积极主
动的主宰者，而不是消极被动的随从、傀
儡或随波逐流之人。

——亚伯拉罕·马斯洛

以下的假设是开明管理理论的主要思想，可参看德鲁克、利克特、麦格雷戈及阿吉里斯等人的相关理论。

1. 假设每个人都是值得信任的

这并不意味着不管什么人都得相信——或者不该怀疑任何人。该假设强调的是个性差异的事实。它假定那些被工厂招收的员工都是一些比较进步、心态相对成熟、健康且文明的人。而且，此假设包含了对良好环境条件的假设。下面是对这些假设的进一步说明。

2. 假设所有人都能获悉与所处环境相关的最充分真实的资料信息

开明管理的一条明确假设是，人们应该知道了解真相对他们是有益的。实事求是、坚持真理与坦率诚实能治疗创伤、抚慰心灵，给人美好的感觉，缩短人与人之间的距离。详细内容可请参看《知的需要和对知的恐惧》（*The Need to Know and the Fear of Knowing*）（93）。

3. 假设所有员工都有进取动机

假设所有员工都希望工作质量上乘，反对浪费时间与拖沓的作风，希望能把工作做好，等等。

这一假设也很适合用于讨论格式塔动机。有关内容可参看凡勃伦（Veblen）的《技艺的直觉》（*Instinct of Workmanship*）。注意其中有关追求完美与弥补缺陷的冲动等部分的论述。要再次提醒的是，有相当一部分人是没有这种冲动的，即使有也非常微弱，而我们为组织挑选的人在这方面都有一定动力。还要指出的是，心理健康的人几乎都有这种动机。为了避免任何不真实的、盲目乐观或过分乐观的估计，我们要指出，有几类人是没有这些动机的，包括那些穷困潦倒、悲观绝望、一蹶不振、焦虑恐怖、缺乏情趣、疯狂痴呆、精神变态、麻木不仁或鲁莽粗俗的人。

4. 假设组织中没有弱肉强食式（或独裁式）统治中的主从等级现象

这也就是假设领导风格是类似"黑猩猩"群体中的统治者的风格——一种兄长式的、充满责任心与爱心的统治。

开明管理在弱肉强食观念盛行的地方是行不通的（33）。如果人与人之间的关系就像锤子与铁砧或者羔羊与豺狼的关系，那么组织中就很难或不可能形成兄弟式的同事关系，成员也不可能交流并确定共同的集体奋斗目标——组织成员必须能在较大范围内相互认同。极端独裁者是无法得到其他人认同的，最多只能得到其家族成员的认可。因此，开明组织的择人原则之一，就是要清除或改变组织中的独裁者。

5. 假设组织中每个人，无论处于组织中的什么位置或层次，都有明确的共同的最高目标

这里有必要说明的是，被组织层次整合原则取代的极端化和对分化现象。以皮亚杰（Piaget）对日内瓦小男孩的分析为例，小男孩一直认为一个人要么是日内瓦人，要么是瑞士人，直到稍大些，他才知道，其实日内瓦人和瑞士人可以是同一个人，他可以同时拥有两种身份。[⊖]我认为我们应在这部分了解一些有关团队心理动力及团队和组织认同方面的知识。如"我愿为敬爱的老罗格斯献身"，这就是认同起作用的例子之一。另外，我们可以以军队为例进行分析。在军队里，强烈的爱国之情与所有准确的信息资料都是必不可少的，每个人的最终目标都是一样的，就是要取得战斗的胜利。因此，每个人都会为争取最终的胜利尽己所能，即使这意味着要付出自我牺牲的代价。当然，这种假设的前提是以解决问题为主要目标，而不是以满足自尊需要为主要目标。例如，人们可能会问"怎样才最有利于解

⊖　Quoted with other relevant examples in G. Allport, "Normative Compatibility in the Light of Social Science". In A. H. Maslow (Ed.), *New Knowledge in Human Values* (New York: Harper & Bros., 1959).

决问题或实现目标"，而不是"怎样才能最好地满足自己的自尊需求或个人需求"。

6. 开明经济必然假设组织成员都怀有善意，不会心怀敌意与妒忌

这里我们可以用年幼的兄弟姊妹间的恶意或病态竞争为例，这种竞争的初衷绝无恶意，而是心理尚未成熟造成的，即幼儿希望得到母爱而心智尚未足够成熟，无法意识到母亲可以同时爱几个孩子。这时幼儿可能会袭击他的小弟弟或小妹妹，但这么做并非出于天生的敌意，只是因为他觉得这个小家伙好像把母亲的爱一下子都吸引过去了。通过观察，我们发现，一个两三岁的幼儿往往对他刚出生的弟弟或妹妹怀有敌意，但对其他婴儿并不会如此。这就是说，他憎恨的对象并不是婴儿这类人，而是那个偷走他母爱的人。当然，我们所有人都会逐渐摆脱这种不成熟的心理状态，并意识到母亲会爱她所有的孩子，而这种意识是心理发展到相当成熟的程度时才具备的。由此可知，团队或组织中的成员要摆脱年幼的兄弟姊妹式的竞争状态，是有赖于较高、较成熟的个人心理素质的。

6a. 协同作用是该假设的含意之一

协同作用可以用作调和或解决自私与无私（或者利己与利他）这一矛盾的办法。我们通常会认为，一个人得到的越多，另一个人得到的就会越少；自私的人比无私的人更少考虑他人。但这种假设在适当的集体或社会环境与条件下并不一定成立。在理想的组织环境中，个人在寻求获得自身利益时，会自觉或不自觉地为他人带来利益。同样，我努力助人或乐善好施的同时，也会自然而然地因之受益。

比如，我所研究的印第安黑脚族部落中有一种施舍活动，它就是典型协同作用的例子。黑脚族部落成员在部落中赢得尊重、爱戴、地位以及满足自

尊心等的途径就是在拜日舞[⊖]仪式上慷慨施舍。由此，部落成员辛勤劳作经营一整年，积累大量毛毯、食物之类的财富，为的只是能在初夏的拜日舞仪式上把这些财富施舍给公众。在部落里，富人指的是非常慷慨、乐善好施的人。在大施舍之后，他可能所剩无几，但会被认为是非常富有的人。他之所以富有是因为他赢得了所有部落成员的尊敬与爱戴，他证明了自己凭努力与智慧能取得非凡成就，也证明了自己聪明过人、有能力再创辉煌，等等。在这个部落里，最受尊敬的人就是那些施舍得最多的人。

那么，这个人在大施舍之后如何生存呢？由于他树立了极高的威望，部落里所有的人都热切希望见到他，人们争先恐后地期盼他光临自己的家。他接受哪个家庭的盛情款待，就意味着赐予哪个家庭无比的荣耀。他的智慧也为人崇拜，人们觉得如果能把他请回家，让孩子在火炉边聆听他的教导，那就是孩子的极大的福气。由此，他本人及所有其他人都将因他的才能、智慧、辛勤劳动及慷慨大方而受益。对于印第安黑脚族部落来说，发现金矿会让所有部落成员兴奋不已，因为他们能分享金矿为他们带来的利益。而在现代社会中，发现金矿却无疑意味着我们要疏远许多人，甚至那些与我们关系亲密的人。

如果希望毁掉一个人，我能想到的最好办法莫过于忽然给他 100 万美元。只有理智成熟的人才知道如何使这笔财富发挥积极作用，而许多人无疑会因此失去朋友、家庭以及其他一切，直到最后不可避免地连这 100 万美元也失去。

开明经济必然假设组织中存在协同作用，即对个人有利的事也对集体有利，有利于公司的事也有利于美国，对美国有利的事也会造福世界，同样，对我有利的事对任何其他人也有利。这个原则为各种组织提供了强有力的分类与选择标准：哪些机制更有助于产生协同作用？哪些会与之背道而驰？根据德鲁克的理论，开明经济可以强化协同作用，虽然他可能尚未完全意识到这一点。因此，我认为我该用单独的篇幅来详细论述这一问题。

⊖ 北美大平原的印第安人在夏至时举行的一种极为盛大和重要的宗教仪式。——译者注

7. 假设组织中每个成员的健康状况都是令人满意的

这一点很难以量化形式准确说明，但员工至少不能是精神变态、精神分裂、偏执、有脑损伤、智力发育不全的或瘾君子等。

8. 假设组织的健康状况是良好的，暂且不论衡量标准是什么

健康组织一定有其衡量标准。我不知道这些标准是什么，或者是否有人已经把它们整理出来了，但如果没有的话，相关工作是势在必行的。当然，这些衡量标准一定会与衡量个人心理健康的标准有部分重叠，但也一定不会全部相同。组织与个人在某些方面是不一样的。这部分内容需要进一步探讨。

9. 假设组织成员具有"欣赏鉴别能力"或客观独立的判断力

要特别注意的是，此假设不仅指完全客观地评价他人的能力与技术，而且指对自己的能力与技术进行客观评价。

此假设尤其意味着不能带有尼采式的怨恨、自怨自艾、敌视"B-价值观念"、仇视真善美、公平公正、法律秩序等感情色彩，或至少这种情绪不能甚于少数实在无法避免的人类天性。（这是了解并尊重客观事实的一种表现。）在人人都有完美理智、能力及无私品质的理想状态下，要做到这点是很容易的。在这种状态下，一个人可以毫不费力地说，这项工作更应该由史密斯负责，因为他比我更有能力胜任此工作。这个人并不会因为这么想或这么说而产生被厌恶、受伤、自惭形秽等感受。当然，这在现实中是不可能的，因为人类除了处理少数日常生活琐事外，是无法达到这种完美境界的——但这至少应该成为开明管理努力实现的最高目标，至少组织应不断接近而不是不断远离该目标。在人类天性许可的范围内，这种客观态度应该得到巩固而不是受到打击。要清楚客观地认识并接受那些有损我们自尊的事实，是极其困难的，

但也并非完全不可能。我们从无数精神病病例中看到，许多人都能学会面对打击自己自尊心的事实，并因此受益。

10. 我们必须假设组织成员不会滞留在安全需求层次

这就是说他们必须相对而言没有什么忧虑，他们必须有足够的勇气克服恐惧心理，不会被恐惧驾驭，他们在不确定环境中必须有能力勇往直前等。这方面的假设是可以加以量化的（具体内容及例子请参看拙著《存在心理学探索》[⊖]第 4 章"防御与成长"），值得注意的是，开明管理与专制管理在一些心理动力方面的简单比较，这些心理动力指的是恐惧与勇气、退步与进步之间的辩证关系。总的来说，如果恐惧占据了主导地位，开明管理就无法实施。德鲁克在这部分及其他许多地方都暴露了他对精神变态学、犯罪、懦弱和恶性动机等方面的知识不够重视或缺乏了解。德鲁克的管理理论对许多人，尤其是美国以外的人来说是根本不适用的。在人际关系或人事关系管理中，这种情形也不例外，有些经理忘记了有许多人是不能以德鲁克理论为指导进行管理的，他们的心理太不健康，不可能适应开明管理环境。此外，德鲁克的理论对个体差异问题也缺乏足够重视。

11. 假设组织成员能积极主动地向自我实现的方向发展

这就是说假设他们享有将理念付诸实践、选择朋友及同道中人、"成长发展"、尝试新事物、动手实践以及犯错误等的自由。

该假设与另一原则的含义是吻合的，即除非我们假设健康与成长意愿这一抽象变量的存在，否则心理治疗与成长从理论上来说是行不通的。卡尔·罗杰斯等有关心理治疗的数据，就很具体地说明了这一观点。[⊖]

⊖ A. H. Maslow, *Toward a Psychology of Being* (Princeton, NJ: D. Van Nostrand & Co., 1961).

⊜ C. Rogers, *On Becoming a Person* (Boston: Houghton Mifflin Co., 1961).

12. 假设每个人都陶醉于团队工作、友谊、集体精神、和谐的团队气氛、良好的归属感及对团队的热爱之情

这里要注意的是，我们只强调了来自个体的自我实现与独立自主的喜悦之情，似乎未能充分重视集体能给人带来的认同、爱与喜悦。我们在集体精神方面的研究、探索仍有待加强。那么，什么是对集体的认同呢？它是高中生对自己能参加校篮球队而产生的自豪感，是大学生因母校声名显赫而产生的优越感，是某些人仅因为自己属于亚当家族而产生的荣誉感（虽然他们本身并没有为这个家族做出什么重要贡献）。

13. 假设对立情绪只是由对具体事物的反应造成的而不是由人的个性决定的

也就是说，这种情绪的产生有充分、客观的实际原因，是一种有益的而非不良的情绪，因而不应予以打击压制。（如此说来，这倒无异于诚实坦率了。）

无疑，这种表达对某事物不满情绪的自由，有利于培养诚实风气，改善组织环境，避免因无法公开表达正当合理的不满或愤怒情绪而产生积怨。例如，经理有时会碰到类似情形：经理越优秀，人们就越能自由地向其表达自己的不满和愤怒情绪。实践经验也证明，这一假设同样适用于心理医生与其病人之间——两者坦诚相处远胜于相互隐瞒。许多由人的个性导致的怨恨情感，如怨恨情绪的传递转移、宿怨以及对某类事物或标志的憎恨等，都会使良好、客观的人际关系难于或无法形成。如果我是上司，而员工对我就像孩子面对着他严厉的父亲那样，那么，我们之间就很难融洽相处。

14. 假设员工比多数人所想象的要坚定顽强

人们可以轻而易举地了解一个人的极限能力，即他能承受多少压力。当

然，人不能处于持续紧张状态，但至少偶尔的紧张拼搏与挑战是对人有益的。事实上，人也必须偶尔处于紧张拼搏状态，如此才不会变得懒散倦怠。如果一个人能不时挑战高标准，挑战自己的极限，那么他的生活会变得更充实有趣。而且，我们应该相信，许多人都愿意接受这样的压力与挑战。

15. 开明经济假设人们都有改进完善的余地

这并不意味着人可以变得完美无缺。这一假设也并不排除人们有追求完美的希望或预期，它的意思是，人们至少能在现有状态上更进一步。

16. 假设人们都愿意成为受人重视、被人需要、有用、成功、自豪并受人尊敬的人，而不是无足轻重、不为人所知、可有可无、被人遗弃的"废物"

这个假设无非要指出，尊严与自尊需求是普遍存在的，而且是一种本能（96）。

17. 假设每个人都愿意，甚或觉得有必要喜爱并尊重他的上司，而不是憎恨或蔑视他

这一点被德鲁克忽视了。有些时候，我们对上司的尊重之情可能甚于爱戴之情，也就是说，虽然我们愿意爱戴并尊重上司，但如果我们可以在爱戴与尊重两种情感中任选其一的话，多数人可能会选择尊重上司，而不是爱戴上司。

这点可以从弗洛伊德派的主张或与支配服从关系有关的研究数据中得到进一步证实。所有这些现象最终都会归根于强势与弱势之间的相互关系这一普遍原理，其中包括有关强弱势各自优缺点的探讨，尤其是关于男性与女性、成人与儿童之间，以及老板与员工、领导者与被领导者之间相互关系的

探讨（78）。此外，恐惧上司或强者的动因，以及恐惧带来的利弊也是探讨内容之一。能人或强者的工作动力则特别值得深入研究，尤其要研究能人或强者周围的人如何看待他并受他影响。

18. 假设人们不喜欢恐惧某人的感觉，但与鄙视上司相比而言，他们宁可敬畏上司

我们也许不喜欢如戴高乐、肯尼迪、拿破仑或罗斯福那样的强人，但我们又不得不佩服他们，而且在危急情况下会情不自禁地推举他们、信任他们。这一点在决定生死存亡的战争中能得到最好的证明。那些严厉、强硬的领导者可能让人憎恨，但他们远比那些亲切温柔因而也较容易走向"灭亡"的领导者更受人拥护。

19. 开明管理假设所有人都愿意成为积极主动的主导者，而不是消极被动的随从、工具或随波逐流的浮萍

德鲁克就"责任"以及对责任的喜好等发表了看法，并引用列举了各种工业调查数据，试图说明如果让人们承担一定的责任，他们的工作会变得更加出色。这种观点固然不错，但只能针对那些心理比较成熟健康的人，即德鲁克一直在其理论中假设的是成熟健康的人。然而，值得注意的是，并非所有人都是健康成熟的，还有许多人是害怕身败名裂的，是习惯依赖和受人支配的，是不愿独立思考和做决定的。这些人在其他许多国家，甚至在美国，都有很多。无疑，我们应该比德鲁克更清醒地意识到，喜欢承担责任只是一种实现开明管理的前提或假设，是针对一些特定人群而言的。

20. 假设人们具有改善现状的倾向，如纠正偏差、收拾"烂摊子"、改进工作、提高工作效率等

实际上，我们在这方面所知不多，格式塔心理学家在有关著作中则开始

了这方面的科学探索。我在健康人群中确实经常观察到这些倾向的存在（我把它们称为格式塔动机），但无论我还是其他人，都不知道那些不那么健康、聪慧或素质不那么高的人在这方面的动机有多强，甚至是否有这方面的动机。无论什么时候，我们都必须牢记，德鲁克只是假设这种意识存在于他所特指的那些人中。有一点看起来的确是他的先见之明：假设这种意识是在开明经济环境下取得成功的先决条件。

21. 假设成长是在兴奋与厌烦之情的交替中实现的

这与孩子的成长过程很相似。

无忧无虑的孩子往往会追求新鲜感，是充满好奇心的，喜欢摸索、摆弄新事物，但他们迟早会对眼前的新事物感到厌倦，而去追求更新、更有价值的高一级目标。详情可参看拙著《存在心理学探索》[⊖]第 4 章 "防御与成长"。因此，我们完全可以这样假设：实现开明管理的前提是人们对新事物、新挑战、新行为、不同文化及困难任务的存在感到兴奋。但所有这些新鲜事物不久都会因被人了解熟悉而变得缺乏吸引力，甚至让人感到枯燥乏味。于是，人们会开始寻求其他新奇事物，或者更复杂的工作。

22. 假设人们都希望自己具有完整独立的人格，而不希望成为身不由己的人、附属品、工具或别人的 "胳膊"

这意味着，人们竭尽所能、不遗余力地工作，不喜欢被别人当作工具。

这方面的例子可以参看拙著《存在心理学探索》[⊜]第 9 章的有关论述，其中一些例子说明了人们对他人蔑视行为或态度的抵制。例如，女性，至少是那些素质较高的女性，会抵制那些只把自己当作性对象的态度或行为；工人

⊖　*Op. cit.*
⊜　*Ibid.*

不愿自己只被当成别人的双手，或成为别人的利用对象和工具；餐馆里的服务员也不愿别人只把自己看成传递碗筷的机器。

23. 假设人们喜欢工作，而不喜欢无所事事

德鲁克的这项假设固然正确，但我们仍需对他所指出的前提条件予以补充，如多数人宁可不工作，也不愿从事无意义的、浪费时间的或强制性的工作。而且，在选择工作时，必然出现个体差异，如对脑力劳动与体力劳动的选择。我们还要强调的是，工作过程带来的快乐与完成任务带来的快乐是不一样的。此外，在任何完整的讨论中，我们最终都要涉及如何解决工作与休闲之间的矛盾这一问题。无论其本人是否详细探讨过，德鲁克式管理的根本观点是，人们都喜爱、享受甚至陶醉于工作。对处于自我实现境界的人来说，工作相当于牧师所说的"使命""召唤""职责""神职"等——工作已经与他们的生命融为一体，像肝脏与肺腑一样，是身体不可或缺的部分。对于那些真正幸运的人，或者处于理想进步状态的人来说，剥夺其工作（或履行使命）的权力无异于剥夺他们的生命。真正具有专业精神的人就是这方面的例子。我们完全有必要澄清一下"工作"一词在此处的含义，毕竟我们所处的社会乃至世界已经赋予它一些特殊内涵，即劳动是一件让人不愉快的事，而享受生活意味着躺着晒太阳，什么也不用做。必须指出的是，在开明经济中，强迫人们不工作对他们来说相当于你能想到的任何酷刑。

24. 所有人都更愿意选择从事有意义的工作，而不愿做无意义的事

这好像在强调价值观念、世界观及其意义等高层次人类需求，类似于人类在宗教方面的精神探求。如果工作没有意义，那么生命也就几乎失去意义了。这里要指出的另一点是，无论多么琐碎简单的杂务——像洗碗碟或试管之类的事，其意义也会因工作目的的不同而截然不同。例如，洗婴儿尿布本身是一件"无奈之事"，但对深爱孩子的母亲来说，这可能让她感到幸福与

快乐。再如，洗碗碟或许是最无聊的事，但如果这么做可体现对家庭的热爱之情，那么这种行为就会变得高尚甚至神圣。组织中也会有这类情况。我曾碰到一名在口香糖工厂担任人事经理的女士，因对口香糖毫无兴趣而患上了冷漠症（生活中缺乏激情与喜悦），但如果她能去一家自己认为工作有意义的工厂，那么即使从事同样的工作，她也很可能变得乐此不疲（93）。

25. 假设员工都希望维护自己的人格、独特个性及身份（与自甘寂寞、任人摆布的心态相反）

德鲁克举了许多工业领域内的相关事例。

26. 我们必须假设员工对实施开明管理工作制度有足够的勇气

这并不意味着他们没什么恐惧，而是说他们应该能控制好自己的恐惧情绪并勇往直前。他们能够承受压力，知道创造带来的不稳定因素，而且能调节自己的焦虑情绪。

27. 必须明确的假设是，员工没有心理缺陷

换句话说，就是他们必须有良知、羞耻心以及窘迫或悲伤等情感。

员工必须能认同他人并了解他人的感受。我们还须假设员工的偏执狂症状微乎其微，这些症状包括多疑、夸大其词及有受迫害感等。

28. 假设员工具有自行选择的智慧和能力

德鲁克曾提及这一点但没有详细阐述。事实上，这几乎是一项最基本的假设，即在开明管理制度下的人们只要找到自己最喜欢的工作，也就找到了自己最擅长的工作。或者说，人们的喜好、偏好和选择同时是理智之举。我们在论述该假设时必须非常谨慎，因为有些证据是与之相悖的。自己的选择

就是明智选择，这一假设基本上是正确的，而且尤其适用于那些心理健全的人。但对于患有精神病或心理疾病的人来说，该假设的适用性就大打折扣了。患有精神病其实就是指一个人丧失了根据自己的真正需求来做出明智选择的能力。另外，我们知道，习惯、接连不断的挫折以及其他许多事情，都会干扰人的理智选择。因此，认为所有人在任何情况下的自行选择都是明智之举的笼统假设，是与事实不符的。此外，我们应注意被德鲁克忽略的必要条件，即我们得先物色能适应开明管理模式的员工，也就是那些相对而言身心健康、品德高尚的人。

29. 假设所有人都喜欢得到恰如其分的赞赏，尤其是在公众场合

谦逊谨慎的传统处世观念也许会妨碍我们理解这方面的假设，大平原上的印第安人在这方面则现实得多，他们认为每个人都喜欢宣扬自己的成就，并且喜欢听到别人对自己成就的赞美之辞。但是，这种赞美必须是实事求是的、公正公平的，无中生有或言过其实的不恰当赞扬很可能产生误导作用。

30. 我们必须假设防御与成长这对矛盾总是同时存在于上述各种积极的假设中

确切地说，就是每当谈论人类的向善动机时，我们必须同时承认其反向冲动的存在。

比如，几乎每个人都有自我实现的冲动，这是确定无疑的，但人类具有畏缩、惧怕进步、抗拒自我实现的冲动，这也是毫无疑问的。同理，人类既有勇气也有畏惧，既热爱真理又害怕真理。这些矛盾总会在对立中朝动态平衡的方向发展。问题是，对于在某一时刻处于某种特定环境中的个人来说，矛盾双方到底哪一方更有优势？

31. 假设每个人，尤其是那些较成熟的人多数时候都乐意承担责任，而不愿被动地依赖别人

当然，当人处于心理脆弱、恐惧、生病或情绪低落等状态时，这种乐于承担责任的意愿或成熟心理就会受影响。此外，要注意必须把责任定在人所能承受的范围内。责任太轻会使人变得懒散，而责任太重会把人压垮。在现实生活中，如果我们过早地让孩子肩负重担，他们以后可能就永远无法摆脱焦虑和紧张情绪。因此，我们必须掌握赋予责任的时机与分寸。

32. 总的来说，我们假设人们从爱中比从恨中会得到更多快乐

当然，仇恨也可能带来快乐，这点是不可否认的。

也许可以这么说，对于那些心理相当成熟的人而言，从爱、友情、团队及优秀组织中得到的快乐是真实、强烈的，并且认为这些快乐远胜于捣乱、破坏或对抗等行为所带来的快乐。当然，我们也必须知道，在那些心理不健全的人（如患有严重精神或心理疾病的人）中，有相当一部分人会觉得愤怒与破坏所带来的快乐胜过友情与关怀所带来的快乐。

33. 假设心理较健全成熟的人的创造欲望强于破坏欲望

换言之，他们觉得从创造中获得的喜悦胜于从破坏中获得的喜悦。

当然，破坏带来的喜悦的确存在，而且不容忽略，特别是对于那些心理不健全者来说更是如此。这类人包括心智不成熟、还没学会自控因而随意宣泄内心不满、行为冲动的人以及心理疾病患者，等等。

34. 假设健全成熟的人总是兴致勃勃，而不会百无聊赖

此假设可以说得更明确些，即实际上所有人都讨厌无聊。

35. 我们必须假设，开明管理理论所要达到的最高境界，是指人们越来越适应现实世界、领悟人生真谛、与世界融为一体或到达最高精神境界并探索宇宙的本质等

该假设和世界日益陌生化的观点是相悖的，我们应逐步探讨相关问题，但现在还不必论及。

36. 最后，我们应该假设人类具有寻求"B-价值观念"的原始精神与心理动力

"B-价值观念"指的是真、美、善及公正等理念。

协同绝不是简单的事

马斯洛把协同定义为对个人有利、对其他人也有利的行为。重视协同文化的组织具有安全、友善及士气高昂的特点，缺乏协同文化的组织则没有安全感，难以协调统一，员工士气低落。

协同理念在马斯洛的组织理论中占据了越来越重要的地位，因为他看见许多公司的经营理念都是只能以他人的损失换来自己的成功。但是，那年夏天，他在非线性系统公司亲眼见证了具有高度协同文化的组织。安德鲁·凯和他的同事努力营造的工作环境让马斯洛想到了他曾进行实地调查的印第安黑脚族部落。

马斯洛关于协同作用的理念主要源于他对黑脚族部落的研究。他认为黑脚族部落具有不折不扣的协同文化，并且这种组织文化与现代组织文化截然相反。例如：

1. 慷慨被部落视为最高尚的品德。积累财富与知识不会得到多少赞美，真正能让人在部落中赢得威信与名望的事是慷慨施舍财产与智慧。

2.通过大量调查取证，马斯洛发现该印第安部落的成员比处于竞争激烈的工作生活环境中的人有更少的自疑自虑意识。似乎每个部落成员都知道自己的优点与缺点。缺点不会为人所不齿，而是被当作人性的自然组成部分。

3.个人品德在部落中很受重视，并且部落成员从年幼时起就接受这方面的教育。家长鼓励孩子从小就在互助互爱的氛围中做自己的事。

4.整个部落的需求与部落成员的个人需求"不谋而合"。

5.部落往往没有掌握最高权力的最高领导者，而是让不同的成员负责不同的工作。因此，成员不会认为最适合组织拜日舞的人也该是最适合负责向政府汇报工作的人。成员根据各项工作的具体要求选出各种领导者，由不同的人负责不同的工作。

在团队合作风气盛行的年代，领导者常会探讨创造和谐组织的必要性。我们已认识到统一个人需求与组织需求的必要性，但是，从马斯洛有关协同文化的论述来看，我们是否低估了这项工作的挑战性？

对莫特·迈耶森的访谈

莫特·迈耶森（Mort Meyerson）是佩罗系统（Perot Systems）公司的前任主席及首席执行官，也是 EDS 公司的前任副主席，他的经营记录令人叹服。在他的领导下，EDS 公司成功上市并成为行业中的佼佼者。在他的带领下，佩罗系统公司也业绩不凡：自从上任以来，迈耶森及其率领的团队每年创造了近 40% 的利润增长。凭着他对当前职业环境的了解，他在佩罗系统公司应用了许多开明管理的技巧。

也许，迈耶森最让人瞩目之处并不在于他取得的经营业绩，而在于他面对现实的勇气与智慧，他意识到老一套方法在现代社会中已经行不通了。

我们最初是从《快公司》这本热门商业杂志的封面故事中得知迈耶森此人

的（*Fast Company*，1996 年 4/5 月）。他写了一篇题为"我对领导工作的理解其实都是误解"（*Everything I Thought I Knew About Leadership Was Wrong*）的文章。他在文章中提出的一些问题激起了读者的兴趣，如"受罪是致富的必经之路吗""自己的成功一定要建立在损害他人的基础上吗""我们有可能创建更人道的组织吗"，等等。这篇文章引来了数百封读者致信。他一鸣惊人，成了企业家英雄。他并不想成为领袖人物，但还是接受现状了，因为他知道他应该这么做。

他在对佩罗系统公司的改造过程中融入了马斯洛博士多年前就提出的理念。马斯洛曾说："我必须对企业家指出，他们应该把雇员看作 Y 理论所描述的高素质人类，这不仅仅是为了符合黄金法则（golden rule）的要求，或为了遵守《圣经》或其他宗教中的信条，而是因为这是通向所有成功的道路，包括经济上的成功。"

在迈耶森位于达拉斯公司总部的办公室，我们得以与他就马斯洛博士的一些思想和观点进行了探讨。

问：您曾谈到马斯洛博士对健康组织的假设与你的观点惊人地相似，简直令人难以置信。现在您对其思想观点有了更全面的了解，您有什么感想呢？

答：我认为他的日记让人感到震惊。大家都听说过马斯洛这个人及其需求层次理论。但是，他那年夏天写的日记中所包含的基本思想却不是属于 20 世纪 50 年代的，而是属于 20 世纪 90 年代甚至 21 世纪的。其中多数观点单独来看似乎不大清晰，但如果把它们综合起来看，尤其是那 36 条假设，你就会意识到他的思想观点在今天看来是多么清晰并切中要害。它们让我感到惊奇乃至震惊。假如你仔细重读马斯洛的著作，并了解他当时所处的时代环境与写作背景，我想你就会明白为什么我要用"震惊"这个词了。他的思想大大超前于自己所处的时代，乃至与当时的传统思维方式格格不入。

问：这么多年来，从马斯洛、麦格雷戈、沃伦·本尼斯及其他人的论述中，我们接触了许多预言人性化对企业的重要性的思想言论，可为什么我们就一直听不进去呢？

答：德鲁克的著作中也有一些与马斯洛相似的观点。我想可能是因为这些观点太激进了，所以我们得用几十年的时间才能完全理解领会它们。这些理论反对以本能观点解释人类的行为。马斯洛认为，我们在生活中所做的任何事情都是受一定的潜在行为规范支配的。与传统商业理论中的本能观相反，马斯洛指出支配各种商业行为的假设或前提是我们对利润的关注，或者用今天的话来说，是为了增加股东价值。

多数人都会觉得可测量分析的资料要比不可测量分析的资料容易处理，因此，计量体系就成了人们进行测量并获得安全感的工具。会计是我们用以测量商业营运，看其是否获利或经营得当的手段。这些计量系统大都简便易行，并且能够得出量化的资料。以这些测量系统为依据，我们便可以为实现不同目标制定各种管理制度。因而，商业活动是以分析与计量工作为基本依据的。

我认为多数男性会觉得面对可测量分析的世界要比面对心理或精神的世界更为舒适自如，而目前男性已在全世界的商业领域中占据了统治地位。在我看来，美国本土的男性是一个特殊人群，他们在精神领域或在心理的、更具情绪或人性色彩的环境中能应付自如。我觉得，商业可测量分析的特性正符合男性的特长。此外，男性也可能更适应等级化的组织生活。

然而，历史上有一段时期，组织的等级化现象并不明显，那时我们的组织是部落化的。我们已经忘记了这种无等级分化的组织是怎样的了，我们可能一直认为庞大的组织机构自古便有，但事实并非如此。马斯洛博士的理论是反对本能观点的，这不仅是针对美国社会而言的，而且是针对全人类而言的。每家公司都有自己的民族文化及公司文化。

问：您写过一篇文章阐述自己对领导认识的改变，其中的观点与马斯洛的思想颇为相似。在文章中，您对一些核心商业理论和思想提出了疑问，您认为这篇文章为什么会引起这么广泛的关注与反响？

答：现在回想起来，我当时所写的文章中谈及了一些比其中的商业故事更为吸引人的内容。当我不断地收到来自牧师与传道士的信件时，我就知道这篇文章产生了一些更重大的影响。但是，我恳请你们注意，不要因为这些思想和理念而产生什么民族优越感。我们面对的是复杂的世界，我在发展马斯洛博士的思想和理论并努力向公司员工宣扬这些理念的过程中，越来越觉得现在还不是这么做的时候——只有极少数人能够在处理纷繁商务的同时用心体会这些思想的奥妙。

商业界的绝大部分人并不理会这些理论和思想，他们认为这些全是胡说八道、痴人妄语，或者是某些人在瞎胡闹。我可以举一个这方面的例子。我曾在麻省理工学院讲解马斯洛在这方面的有关理论和思想，在演讲快结束时，观众席上有位先生径直朝我走来。在离我还有15厘米时，他开始愤怒地叫嚷起来，意思像是在斥责我的言论将使西方文明与美国自由企业走向崩溃。他并不认为我的演讲是一种探讨，他认为我是在攻击美国的自由企业、美国人的生活方式、企业的利润动机乃至整个西方社会。我觉得他太偏激了！

那次的遭遇引起了我的兴趣，因为我的演讲竟引发了人们的内心情感宣泄。从心理学的角度看，我很清楚那位先生根本不是在探讨演讲内容，他是在自我表白。如果这只是一次偶然事件，以后再没发生类似情况的话，我就不会重提此事了。大部分人在听到我的言论时不会朝我大喊大叫，但他们对我的怀疑与非议态度是一样的。我所在公司的员工及董事会成员没有明确地表示异议，但他们的见解与麻省理工学院那位责难我的先生的是大同小异的——只是他们的态度比较委婉而已。

有位董事会成员问我，为什么要浪费时间研究这些有关人的问题。我反问他："我们是干哪一行的？"在我看来，我们的工作就是要把各种人组织起来为公司工作，同时使他们因此受益。没有人，公司就没有生机，我们也就一无所有了。

他说："这我知道，但你在和一些没头脑的人打交道。他们根本不想要发挥创造力的空间、自由以及其他权利。他们并不想在工作中发现什么意义。他们只是按时来上班，完成自己的工作任务，希望你明确地告诉他们要做什么，并得到合理公平的回报，这样他们就心满意足、别无所求了。"

我说："你对人与工作的看法与我相去甚远。我觉得那些不是人们工作的全部理由。他们之所以需要工作，还因为工作能带给他们集体的感觉、家的感觉，工作是他们自我认可的重要组成部分，还因为他们是这个大家庭的一分子，他们要为这个家贡献自己的力量。金钱能满足他们的一些需求，但工作的意义远不止于换取金钱。如果你认为他们的工作与金钱之间是一种平等交换关系，那你根本无法理解各种工作表现的实质。"

在接下来的谈话中，我告诉这位董事会成员："问题在于，我是否要对下属说'这是你必须做的'，他才知道自己该做什么。我该说'如果你这么做就会得到以下报酬'，还是该说'让我们一起为客户争取更大利益吧''让我们为创造一个良好的工作环境共同努力并拭目以待吧'？"我认为后一种说法要比告诉员工该做什么会取得理想得多的效果。如果按那位董事会成员的假设进行管理，我们就会受限于自己仅有的知识和经验。但如果按照我最后一种提问思路来管理，我们就有可能充分发掘和利用所有组织成员的各种经验、创造力以及才华。

问：马斯洛指出，公司与社会之间的关系非常密切，不可能把它们截然分开，您也指出，公司对社会的责任问题是最具争议性的问题之一，而且很少得到公司员工的一致认可。这也是您和别人争论得最激烈的问题。您能谈谈这方面的感想吗？

答：佩罗系统公司在早期的工作探讨中碰到的最大难题之一，就是社会关系的价值问题。原因就像我刚才所说的，贡献与回报是不能直接以利润来衡量的，我们很难对此进行分析与测量。我们不能把这种关系简单地描述为我们投入了 10 万美元，得到了 20 万美元的回报。但是，我敢肯定，我们得到的多于我们付出的。

参加探讨的多为男性，他们更愿意在确定的环境中从事可测量或有比较标准的工作。试想一下，如果把顾客利益放在首位已经是个难题的话（许多组织都存在类似情况），那么可想而知，要员工明白社会利益的重要性简直就是难上加难。

如果不充分调动员工的积极性，那么我们就只发掘了人的部分才能与创造力。马斯洛不也是这么说的吗？

虽然公司得到的回报无法准确地计量，但员工的生产效率是清晰可见的。例如，达拉斯的一些文化组织在建立数据库时碰到了一些麻烦，而它们又没有解决问题所需的足够的电脑设备，于是我们组织了一批对艺术感兴趣的志愿者为这些组织安装了整套程序。

虽然我们无法明确测算这么做能为佩罗系统公司的业务带来多少利润，但我知道公司员工对自己行为的感受。他们觉得自己与社会的关系更密切了，也看到了自身的价值。社会的文化与艺术气息触动了他们的心灵，也感染了他们，使他们成为更优秀的人，也成为佩罗系统公司更优秀的员工。同时，我们为推动社会进步贡献了自己的力量。

然而，如果公司不愿付出这方面的努力，那么还有谁能履行这些义务呢？政府不可能全部包揽，教会不可能全部承担，非营利组织的承受能力也有限。公司是迄今为止世界上效益最好的组织。正因为如此，所以如果公司不把社会问题、环境问题、家庭生活问题乃至员工的自我意识问题纳入工作日程的话，我们就无法为员工个人创造更好的生活环境。明白这点是非常重要的，因为人们工作并非只为了金钱。

对于我来说，公司关注解决各种社会问题的必要性是显而易见的。公司的职责并非只是获取利润。我不是从哲学道德的角度出发提出这一观点的，我只是始终认为这么做能给公司带来最大利益。问题是，怎样才能让公司去做这些事情呢？这才是争论的焦点。

问：您会评估自己公司的各种行为吗？我指的是我们一直在谈论的各种组织行为。

答：我们正努力这么做，但困难也很多。我们可以对人们的态度进行调查，但我认为人们不会认真全面地回答调查问题。那位和我持不同观点的董事会成员对我说："你怎么知道你的这套做法是奏效的？"我说："这很简单。我们的顾客告诉我们，他们很满意我们提供的服务，我们为他们创造了他们自己无法创造的价值，我们将为此得到额外报酬。我们的员工也因此成为更优秀的人，他们获得了更多的满足，而且能更好地供养家庭。他们的生活更丰富多彩，心灵更加充实。这样，我便知道我的方法奏效了。然而，短期内我们无法单凭计量工作来评估这种方法的有效性，除了数据，我们还得借助直觉。但是，如果从现在起的 50 年里，我们始终是最受尊敬、最成功的计算机服务提供者，那么人们会感觉到这些理念的价值。那时，我们将变得更加团结一致，我们共同奋斗，为顾客提供出色的服务，并因此赢得快乐的员工与满意的顾客。"

问：马斯洛博士说，会计的难题是要想办法在资产负债表上反映组织的人力资本状况。您同意这种说法吗？

答：我敢肯定你的问题本身就是错的，因为你的问题包含了这样一个假设，即在某种想法付诸实施前，应该有证据证明它所创造的价值可以通过计量方法明确计算出来。但我根本不认为我该用这种方法来评估自己的思想。我们必须相信自己的思路是可行的，假以时日，我们会看到其成效的。

这种成效是通过客户的反映、员工的工作态度及生产效率等反映出来的。而且，这种成效是逐渐体现出来的，我也不知道我们能否在自己的思想与工作成效间找到明确的联系。此外，有些人会觉得，在资产负债表上反映人力资本状况的做法，很类似于把奴隶当作私人附属品及资产的做法。

问：您的方案只能在私有企业中成功实施吗？

答：不。在公有企业中同样可以实施。

问：但是，我们听说来自华尔街的压力及一些公有企业的短期行为，使得某些组织无法采用我们刚才讨论的一些管理原则。

答：华尔街不是问题所在。如果你告诉华尔街你的打算，那么即使观点不同，他们也会给你一两年的时间去争取成功。在那么短的时间内要取得成功是困难的，但并非不可能。问题在于，要以定性思维取代定量思维——思维定式才是真正的障碍。华尔街只是由一群利用市场的大众心理赚钱的人组成的团体。

商业界的人总爱提华尔街是因为他们觉得华尔街应该把眼光放长远些。十年前我就听日本人说过同样的话。那些日本人告诉我，他们的体系比华尔街的更完善，因为他们能看得更长远。日本人不用面对像来自华尔街那样的季度利润压力，这是他们认为自己之所以具有优越性的原因。十年前他们的确显得很优秀，但现在呢，天知道他们做错了什么，总之，泡沫破灭了！他们人为地操控房地产市场，与银行串通，使用非法经营手段并误导广大股东。因此，我一开始就不同意那些对华尔街的评论。

我怀疑那些认为"如果没有华尔街及其施加的季度利润压力的话，一切都会变得井井有条"的说法是不正确的。即使华尔街忽然改为每三年才评估一次利润增长，我觉得在一段时间内，这对现有的组织及思维定式也不会有多大影响。

问：您说过通过变革，佩罗系统公司成了一个把生活问题看得与公司经营业绩同等重要的组织。在离开EDS之后，您也谈到过个人观点的一些转变。您能谈谈这些转变吗？

答：我认为，如果公司领导者的观点不改变的话，公司就不可能有所改变。这些改变不可能来自基层，这是属于领导层的事，必须得到领导者的认同。我现在每周仍然会收到三五封信，谈论我写的那篇文章。大概每五封信中就会有一封说："我在某某公司工作。我们的公司非常有潜力，员工也很出色。我们的确有能力让公司发生变化。我和人力资源部的负责人谈过，而他并不明白我的想法。我一直在思考如何才能说服我们的首席执行官。"这些信的主题无非是"如何才能让别人明白自己的想法"。

我总是给写信者同样的答复：他们必须想办法让别人明白并且采纳他们的主张。我还建议他们，如果有足够勇气的话，可以公开谈论这些想法，但很重要的一点是，他们必须对自己的想法坚信不疑。我也提醒这些人要三思而后行，因为他们很可能发现自己变得与公司或组织成员格格不入。一个人必须先有这方面的心理准备，才可以去宣扬自己的主张。如果你愿意的话，就尽职尽责让公司及周围的人和你共同努力。如果你根本无法说服他们，那么你就得确定下一步何去何从。我的建议是，离开这家公司，去找一家能采纳你的主张或者已经和你有一样观点的公司。此外，单凭个人的力量你也无法取得成功。在公司里，一个人的力量是不够的。只有在一种情况下，你能凭自己的力量左右公司，那就是当你和顾客联合起来的时候，但公司员工与顾客是不一样的。

问：马斯洛描述了通过工作达成自我实现的过程，您如何看待自我实现与工作之间的关系？

答：我不认为自我实现来自某种工作或工作氛围，我认为只有在个体工作与其精神活动融为一体的时候，人才能达到自我实现的境界。但是，我理解马斯洛在这方面的想法。我相信他把公司看作高效益的机构，其能够培养出心理更健康、更乐于自我实现的人。但遗憾的是，我们这个领域里鱼龙混杂、良莠不齐，而且有许多"新新人类"——他们很擅长捕捉一些吸引人的话题，从而扰乱人心，并左右人们的情绪。也许，他们的言行会对公司的发展造成不良影响。

第 6 章

管理政策对个体差异的
忽视

看起来，我所有主张的核心（至少
就管理而言）就是一切都源于人的性格特
征，即其本质是民主的还是专制的。此
外，我坚信赋权管理方式是使人过上一
种积极主动的生活而不致成为麻木工具
的关键所在。

——亚伯拉罕·马斯洛

德鲁克及其他人探讨的普遍规则在多数情况下都显得太笼统了。显而易见，管理女性与管理男性是不同的，管理满足于安全需求层次的人与管理滞留在爱的需求层次的人也是不同的。我们只需考察一下把德鲁克理论应用到哥伦比亚、伊朗、叙利亚和南非等国的可能性，就会对这一点有更清楚的认识。世界上有许多地方是只有靠实行专制管理、以棍棒来威慑惊惶的人们才行得通的。专制的人会认为那些奉行建立在博爱基础上的人际关系管理原则的经理是智力低下的，或至少是多愁善感的或不现实的。

通常情况下，专制的人往往要遇到些挫折才会变得仁慈慷慨，另一些人则要受到威吓才会认真对待命令与建议。调查资料显示，在战争期间，对德国人来说，教师、教授、经理、工长等职业给人的印象就是态度强硬、固执甚至凶狠。其中一份资料显示，不够严厉的教师会遭到小孩子的嘲弄，而且会被人认为是很糟糕因而不值得尊重的教师。除非这些教师变得像孩子期望的那样专横，否则他就不可能管理课堂纪律（33）。

我在本文中指出了德鲁克理论存在着两方面的不足，并把它们结合起来分析。其一是他没有明确指出选择合适人选的必要性，因为他的理论必须应用到特定的人群中才能奏效；其二是他忽视了犯罪、心理变态等现象的存在，以及某些人身上的劣根性（22，51）。

第 7 章

向前发展与退步力量
的平衡

我们是否应该强调各种积极因素？当
然是，但应该在有客观需要的时候，或者
说确实有实际效用的时候才这么做……

——亚伯拉罕·马斯洛

还有一点要再三强调的就是，德鲁克及其他一些理论家总是设想自己有良好的环境条件和机遇。他们假设的这种环境的确是美国当前的状况，但有一种可能性是，他们的假设对于其他国家而言是不切实际的，或者至少没有像在美国那么符合实际情况。即使在美国，如果遇上像原子弹爆炸这样的灾难时，他们的假设可能就无法成立。如果我们能对问题进行更清醒、更现实的描述，那么我们的思维就会更接近科学家实事求是的思维。例如，我们可以问问自己，应怎么定义"有利条件"与"不利条件"？什么样的社会力量或社会变革会打破稳定的现状，使社会由向前发展转为退步？经济落后对社会有何影响？

　　无论如何，有一点是可想而知的，那就是如果有部分美国人被毁掉的话，整个社会体系就会分崩离析，因为维持着这个系统的动态平衡关系是非常脆弱的。我们有可能从复杂的工业化时代突然回到丛林狩猎时代。显然，德鲁克的理论是无法应用在那个时代的。在那种环境下，如果有人还假设人们是值得信任、忠实友善、大公无私的，那简直就是白痴了。在那种环境下，我**肯定**不会得出现在这些假设。德鲁克假设的更高层次的人和生活在现代社会中是确实存在的。纵观历史，美国人相对来说素质是较高的——尤其是美国的妇女，她们的素质比多数其他国家的妇女要高得多。但是，这些高层次的生活都是以低层次需求（如安全需求、社会需求等）得到满足为前提条件的。假如这些需求都无法得到满足，或者受到威胁，或者无法完全得到满足，那么那些构成健康心理的上层建筑就会土崩瓦解。

　　此外，德鲁克假设和谐的法律与组织普遍存在于社会之中。这个假设现在看来是符合实际的，但如果碰到什么大灾难，这种假设还能成立吗？假如碰到食物匮乏等情形，人们会反目成仇吗？我们在个别难民营中已经看到了一些类似的混乱情形。假如1000人中只有10人能得救，那么我肯定希望自己是10人中的一员，但其他人肯定也希望得救，那么该由谁来决定命运呢？我认为在无组织状态下，肯定是通过武力来解决问题的，可能是个人间的单打独斗，也可能是群体间的暴力斗殴。

　　任何能引起恐慌或焦虑的事都会破坏进步与退步的动态平衡，使得社会远离进步而回到落后状态。任何毁灭、分离等变化都会打破原有的动态平衡，或者说会改变人原有的爱恨情仇。只有在非常有利的环境条件下，人们才不会惧怕改变，或者说才会乐于面对改变。对那些有幸处于良好经济环境或组织环境中的人来说，这样的条件确实是存在的。但有一点必须澄清，德鲁克的理论并不适用于美国的黑人。我相信，如果有良好的经济条件和心理状态，他们的行为也会与德鲁克的各种假设和预期相符。因此，虽然德鲁克没有提到，但我们还是必须非常清醒地意识到，我们都是些有幸能活得很体面的人。没有了这个前提，我们也不可能继续这么现实、灵活、理智负责地面对客观世界的各种变化。现在我们拥有各种有利条件，因此我们得以应用开明管理原则。但以后这些条件很可能被破坏，如果那时我们仍然固守这些只有在特定环境下才能运用的"开明管理原则"，那么就等于自杀。

　　还有一些其他方面的问题也是值得强调的，其中一个是交流的重要性。如普通语义学家所说的，任何层次的人之间，交流状况都有优劣之分。我认为，如果德鲁克能把普通语义学家这样的观点运用到他的管理原则中的话，他会受益匪浅的。

　　也许我们可以这样概括上述内容：我们是否应该强调各种积极因素？当然是，但应该在有客观需要的时候，或者说确实有实际效用的时候才这么做。同时，我们必须强调现实中存在的各种客观消极因素，这样才不失为明智之举。

第 8 章

论开明管理与组织理论的
目标与方向

……令人费解的是，一本接一本的书
纷纷煞有介事地用人性，特别是人类动机
等新知识、新理念来解释目前的新形势以
及组织和管理理论，却只字不提价值观念、
目标等字眼，或者含糊其词，发表一些近
乎幼稚的见解……

——亚伯拉罕·马斯洛

开明管理理论目前的处境至少在一方面与心理治疗领域的处境非常相似：大家都在为各种事情忙碌，或不断进行交流，但没有勇气探讨有关宗旨、目的或远景等问题。他们似乎幻想着能重新适应 19 世纪的生活状态，但只要我们想一想开明企业、组织或集体的长远目标等问题，就会发现这么做真是毫无意义。就像心理治疗者直言不讳地指出心理治疗的宗旨在于向自我实现的方向发展、培养自我实现的潜在动机那样，我们也完全可以说良好的社会秩序或教育应起到类似作用。

　　现在我还觉得有必要指出，这也是任何开明企业乃至一般组织理论的宗旨，也是临时治疗小组的宗旨，如 T- 小组、敏感性训练小组、领导小组，等等。然而，令人费解的是，一本接一本的书纷纷煞有介事地用人性，特别是人类动机等新知识、新理念来解释目前的新形势以及组织和管理理论，却只字不提价值观念、目标等字眼，或者含糊其词，发表一些近乎幼稚的见解。同样地，这涉及动机理论的较高层次，即促使健康的人不断进取的远景、潜在动机或 B- 价值观念。换言之，就是人追求自我实现的动力。

　　当然，我们完全可以抛开远景或宗旨之类的话题，只考虑企业的眼前目标，即创造利润、保持组织的健康发展、为将来未雨绸缪等。但只这么做还不够，任何企业的经理都不会希望自己的企业只持续发展两三年，他们希望的是 50 年乃至上百年（这就有必要深入探讨人类动机及长远目标了），而且还要健康地发展。因而，在我的印象中，他们总是在扩展店铺、扩大业务范围或改良产品等。

　　在组织管理方面，我极少见到敢于思考长远目标、拓宽思路、追求理想与价值的经理或著述者。经理常自以为精明地把劳动力流动性小、缺勤率低、员工积极性高及效益好作为识别成功管理与健康组织的标准。但他们这么做，忽视了心理的全面和谐发展、自我实现以及开明企业中的个人发展等方面的因素。

　　我怀疑他们担心开明管理的这些要求不过是在强调道德理念的重要性，因而只有在某个人具备了这方面的理念并希望组织也高度重视这些理念时才有可能做到。但只要考虑得长远一些，就很容易发现，要做到精明强干、创造利润或满足任何其他要求，我们都必须特别注意那些所谓的个人发展、适当管理培训、员工培训以及组织工作气氛塑造等——所有这些都与我们在心理治疗领域、教育系统或良好的政治民主制度探讨中谈到的长远目标相联系。

在我看来，很显然，如果企业的每个员工都完全只考虑组织的发展方向、目标及宗旨，那么所有其他问题都会变成考虑以适当手段实现目标的简单技术问题。当然，如果长远目标含糊笼统、夸大其词或者让人一知半解的话，那么谈论技术、方案或手段也就没什么意义了。因此，我必须尽量清楚地阐述开明企业的远景或蓝图。而且我要强调，如果有必要，我完全可以严格地将利润作为衡量指标之一，只要我的讨论不偏离企业的长期发展这一方向。我所说的长期是指一个世纪，不是三五年。因为只有这样，各种有关建立具有"乌托邦"、优心管理、良好道德及工作积极等特色的开明企业的提议才能生效并改进现状，包括改善利润在内。我必须强调这是通往财务及经济成功的道路。就像我们应该把员工看作 Y 理论中较高素质的人那样，不仅因为这是《独立宣言》或黄金法则的要求，也因为要遵守《圣经》或其他宗教中的信条，还因为这是通往一切成功的道路，包括取得经济上的成功。

这是正确而且有益的……

……我必须强调这是通往财务及经济成功的道路。就像我们应该把员工看作 Y 理论中较高素质的人那样，不仅因为这是《独立宣言》或黄金法则的要求，也不仅因为要遵守《圣经》或其他宗教中的信条，还因为这是通往一切成功的道路，包括取得经济上的成功。

——亚伯拉罕·马斯洛

马斯洛博士从来没有着手进行那些证明开明企业会带来经济成功的科学测量工作。现在，人们开始制定有关程序以测量开明管理带来的经济成就了。

哥伦比亚大学自1986年起就一直在追踪研究人力资源措施与经济指标之间的相互关系。该研究是由阿尔弗雷德·斯隆基金会（Alfred. P. Sloan Foundation）、卡耐基－梅隆大学以及世界银行等各方合作进行的。其中的两项调查提供了强有力的证据。第一项调查是由库尔特·勒温主持的，调查对象包括495家企业。其结论如下：

1. 能与员工共享利润及收益的企业，其财务状况远胜于那些不与员工分享成就的企业。

2. 那些积极与广大员工交流信息并注重让员工参与各种项目的企业（参与程度是根据调查者定义的"脑力"参与指标来衡量的），要比独裁专制的企业的经营状况好得多。

3. 弹性工作制（包括弹性工作时间、岗位轮换及扩大职责范围）与经济效益紧密相连。

4. 影响业绩的最基本因素中有2/3与共同参与经济行为、群策群力、弹性工作制及培训发展计划等相关。

库尔特·勒温似乎预见了这一研究发现会受到质疑，他和团队成员此后进一步用统计方法验证了人力资源工作与基本业绩之间的关系。他们的研究结果表明，上述工作不仅会影响基本业绩，而且实际上是取得基本业绩的部分条件。

1990年，布鲁金斯学会（Brookings Institution）以薪酬与基本业绩关系为主题的研讨会得出的讨论结果，也证明了马斯洛的观点。在收集了各种数据资料后，研讨会主席艾伦·S. 布林德（Alan S. Blinder）得出了这样的结论："改变员工的工作方式可能比改变他们的收入更能大幅提高生产率，因为员工的参与会促使利润分配、收益分成及员工配股计划等相应福利报酬制度得到改善，使双方都从中受益。这个结论是我在当初组织此次研讨会时完全没有预料到的，而且所有的数据都强有力地证明了这一点。"

无疑，在 21 世纪，我们将开始研究、探讨员工待遇及人力资源因素与经营业绩和利润间的相互关系。对于某些人来说，只有能带来最大利润的事才是该做的事。然而，也许最有意义的争论在于：开明社会中企业经营与工作的真正目的何在。我们该为此争论增加一则发人深省的引述：

企业的目的不仅仅是创造利润这么简单，企业还应该是一种组织或团体，使其成员能以各种途径满足基本需求，并齐心协力造福整个社会。利润是企业赖以生存的条件，但不是唯一条件。企业还必须考虑其他人力资源及员工士气等方面的因素。从长远看，这些因素对于企业生存的重要性绝不亚于利润。

——教皇约翰·保罗二世（Pope J. Paul Ⅱ）
"第一百年：随笔"

资料来源：　*The Age of Participation by* Patricia McLagan and Christo Nel; Berrett-Koehler Publishers, 1995. " Financial Dimensions of Workforce Management, " March 1989 (Paper presented at Instructional Systems Association Conference). *Paying for Productivity: A Look at the Evidence*; Alan S. Blinder, Brookings Institution, Washington, DC, 1990.

第 9 章

退步的力量

我丝毫不怀疑，在大型组织里一直在
起作用的墨守成规的行为标准是完全需要
修正和修改的。我们必须找到一种方式，
允许人们在组织中强调个人的独特性……
我们要正视这个问题。

——亚伯拉罕·马斯洛

开明管理决定于所有使其有可能的先决条件，因此我们对这些先决条件必须非常认真。这些先决条件不仅包括可能导致进步的条件，也包括可能导致退步的条件。例如，易于导致退步的力量有：物资匮乏（不能满足人人的需求）；有优势的基本需求满足中断（或这些需求受到威胁）；逆协同作用的组织或法律；加剧恐惧和焦虑的一切；导致人的悲伤或丧亲之痛的任何失去或分离；容易使人焦虑或恐惧的任何变化；各种不畅的交流；怀疑；否认真理；不正直、不真实、撒谎、不诚实、真理庸俗化、真理与谬误的界限混淆；世界上任何基本需求的失去，如涉及自由、自尊、地位、尊敬、爱、被爱、归属、安全、生理的需求以及涉及价值系统、真、美等的需求。

这一切都与管理理论中消极力量和积极力量之间达到适当平衡的问题有关。今天当然可以比二三十年前更加强调积极力量，但强调消极力量也是必要的，或许在强调积极力量之前便应如此。每种力量应该强调多少？要与环境的现实所需的以及环境的法律所需的一样多。

强调偶然的可能性也是需要的。良好的开明条件也许会产生使某些人退步的效果，换句话说，即产生负面效果。强调这一点是必要的，以防止理想破灭。事实是，占人口相当比例的人不能承担责任、害怕自由、常常陷入焦虑，等等。这种情况经常被临床医师观察到，但管理人员显然还不习惯进行相关思考。事实是，松散的情形、自由的情形、人们被迫依靠他们自己资源的情形，有时恰恰表明他们缺乏资源——于是，有些人就陷入冷漠、放纵、呆滞、怀疑、焦虑或沮丧等情绪之中。在普通的专制情形、常见的结构化情形下，他们可能过得去，但在自由的、开放的和自我负责的情形下，他们会发现他们实际上对工作没有兴趣了，或者他们不相信他们的智力了，或者他们被一直在重重地压抑他们的抑郁症压倒了，等等。对组织理论家来说，这意味着他们在分析思考向新管理风格转变时，应该假定一定比例的人（具体数字尚不能确定）不会对良好的条件产生良好的反应。

一种平时被隐藏起来的趋向在自由的情形下有可能清楚地显露出来，比如受虐狂或自我挫败的趋向。或许我还应该补充几句，根据其他人的大量观察，如果你想从严厉的专制管理风格转变到更多参与的风格上来，解除专制的严苛限制的第一个后果，可能是要面对某些混乱、某些敌意的发泄、某些破坏，等等。专制者可能转变或接受再训练，但这往往需要时间，他们往往要经历一个过渡期并要利用他们被认为作为经理应有的弱点。这可能使某些人的理想破灭，因为他们不准备度过让他们失望的过渡期，结果，他们很快会回到专制的管理中。

第 10 章

论工作情形中的自尊

……如果你想从严厉的专制管理风格
转变到更多参与的风格上来，解除专制的
严苛限制的第一个后果，可能是要面对某
些混乱、某些敌意的发泄、某些破坏……

——亚伯拉罕·马斯洛

如果我们扩大并深化我们对动机的自尊层次的理解，那么我认为我们可以澄清和明确管理文献中很多认识不全和仍在探索的东西。人人好像都在某种程度上意识到了专制管理践踏工人尊严这一事实，那么，为了尊严和自尊，工人会以强烈的敌视和破坏财产等方式进行抵抗，或者像被迫干活的奴隶一样，消极地采取所有各种偷偷摸摸的、诡秘的、隐蔽的和邪恶的对抗手段。这些反应使控制者迷惑不解，但总的来看，它们是非常容易理解的——如果把它们理解为在受人控制和不受尊重的条件下试图维护个人尊严的表现，它们还是有非常现实的心理意义的。

人们避免的	什么都不是 （不是个物件）	被别人控制的滑稽可笑的人（像个物件，被人当成 物件而不是当成人对待；微不足道而不是独一无二）
被人操纵	不受赏识	听命于人
受人控制	不受尊重	被强迫
任人摆布	被人轻视	被敲诈（被利用、被剥削）
由他人决定	不被当回事	被控制
被人误解	被人嘲笑	无助
		顺从
		恭敬
		一个可被代替的人

现在，解决相关问题的一个办法是从文献中挑选出所有的关键词——通常来自受到控制的人消极地看待他们的处境时的言辞。这就好像在问他们，他们不喜欢什么，他们躲避什么，什么使他们感到失去了自尊。

他们积极寻求的是：

- 做行动的发起者
- 能自我决定
- 能掌握自己的命运
- 能决定行动
- 能够计划、执行并获得成功
- 能预期成功

- 愿意承担责任，至少在某种程度上乐意承担责任，尤其是为自己

- 是积极的而不是消极的

- 是一个人而不是一个物件

- 有自我决策的体验

- 有自主权

- 有首创精神

- 有主动精神

- 才能得到其他人公正的承认

（得到他人）尊重的需求与自尊的需求之间的区别，应该被清楚明白地、无差错地指出。名誉、声望和赞许是非常好的，对于少年儿童来说，在真正的自尊建立之前，这些是绝对必要的。换句话说，自尊的必要基础之一来自别人的尊敬和赞许，特别是在年轻时期。最终，真正的自尊关乎上述提到的所有事情，涉及尊严的感觉，涉及一个人掌握自己命运的感觉，涉及一个人感到是自己上司的感觉。（让我们把它叫作"尊严"吧。）我们应谨慎地确定尊严与自尊之间的关系，以及二者与真正的成就、真正的技巧、真正的优势等全部话题之间的关系（与可能不值得称赞截然不同）。一个人必须值得称赞、值得有声望、值得获奖牌和值得出名，否则在深层无意识层次上，那些称赞、声望、奖牌等实际上可能使人痛苦或产生内疚之感——所有各种精神变态过程可能就是从不值得称赞开始的。

此外，我认为对许多人来说，做出保护自身尊严免被践踏的举动是非常有建设性的。让我们重新看看约翰·多拉德（John Dollard）的"一个南方小镇的社会等级与阶级" ⊖（*Caste and Class in a Southern Town*）和其他揭露非洲裔美国人如何遭到粗暴对待及陷于贫困的文章吧。他们完全不能反抗，只能强忍愤怒，采取各种消极但非常有效的方式反击。例如，装傻及类似行

⊖　New Haven: Yale University Press, 1935.

为（可以找出企业情形下的类似情况）——懒散和偷懒是装傻，还有"冲动自由"（可能不仅是一种骄横，也是一种反击压迫者的方式）。奴隶、受剥削的人、受压迫的少数民族等也会采取同样的方式，暗中愚弄压迫者，然后嘲笑他们。这关乎一种报复心理动力，源自一种对自尊的需求。消极被动也是装傻。

我想可以列举一些我在《知的需要和对知的恐惧》（93）中使用过的这种情况下的例子。我想我们可以将工人的许多这类反应告诉经理和主管，更不必说企业管理教授和企业顾问等人了。工人鄙视的反应产生愤怒的反应，也许工人就是为了愤怒而发怒的——也许愤怒就是目的，也许愤怒是一种反抗。无论如何，如果这些心理动力学内容能够被广泛接受，那么它们可以作为重要的指示器，就像可显示发热或身体某个部位可能有病的体温计或检测仪一样非常有用。当这些消极的、偷偷摸摸的、秘密的、不公开的报复出现时，就说明工人愤怒了——通常是由被利用、被控制、以有损尊严的方式被对待所引起的愤怒。

现在我要问一个问题："一个人如何防止仅仅被当作可替换的零件、机器上的一个轮齿、装配线上的一个附属物（比一台好机器强不了多少的附属物）而受到侮辱呢？"对这种阻断一个人大半发展前途的情境，没有其他人道的、合理的、可理解的反应方式，只有愤怒，只有充满愤恨，只有力争离开这种情境。

如果我问经理（或主管、教授），他们在类似情形下会做什么，即如果他们处在不被当人对待的状况，处在无人知晓他们名字的状况，处在别人给他们编号的状况，处在他们不被当作独特的而是完全被当作可替换的状况，他们会有何感受？他们的回答通常是他们不会怨恨，而会努力工作，靠自己摆脱那种状况。也就是说，他们会寻找某种提升——他们把工作当作达到目的的手段。

但是，这是在回避我的问题，而我会继续问他们："假设在余生中，你

不得不继续做这种工作呢？假设不可能有提升呢？假设这就是一条路的尽头
呢？"我想这些"上层人士"会以不同的方式看待这种情形了。我个人的预
期是他们可能成为最有敌意、最想革命、最具破坏性的人，比现在的普通工
人要厉害得多，而且更坚定、更坚决。这些普通工人习惯了以这种生活方式
度过余生，他们只是搞点儿小破坏，只是有那么点儿敌意。我认为，所有
"时间－研究"人士、"科学管理"人士和"上层阶级"人士（他们希望"下
层阶级"人士平静地、不出声地、和平地且没有反抗地接受给予他们的奴
役、匿名、可替代的地位），当他们处在同样的环境中时，几乎立即会发动
一场革命或内战。

　　这种理解很快会促使经理的哲学发生改变。部分原因是他们对人在可
替代的机械环境中的感受有认识、有直觉、有深刻理解和体验。想到身处
这种环境会发抖的经理，会更加同情那些被命运捉弄，眼下处在机械环境
中的人的反应。例如，如果他深思，他会理解某些智力低下者认为他们在
这些机械的和充斥着重复的工业环境中十分舒服自在的事实。

　　我还想到，这种对自尊和尊严的心理动力学的理解会引起企业环境的重
大变化，因为尊严的感受、尊敬和自尊的感受是**如此容易给予的**！它花费很
少或没有花费，它是一种态度，是强烈的同情和理解。这种同情和理解可以
用各种令人满意的方式几乎自动地表达出来，它们可维护处在不幸情形中的
那些人的尊严。

　　据我所知，如果目标是良好的、共同的，如果这种情形对人的自尊也不
构成威胁，身处不幸的情形或在机械情形下辛苦工作本身还是能容忍的。但
也可以用各种简单易行的方法非常容易地使这种情形不对自尊造成威胁。这
些方法在管理文献的案例中至少有一打。我想到了一些谨慎的、详细的案
例，如道尔顿（M. Dalton）的 *Men Who Manage*⊖中的案例。仔细阅读道尔
顿的书，找出全书中与追求自尊有关的所有例子，与自尊受到威胁时的反应

_____
　　⊖　New York: John Wiley & Sons, 1959.

有关的所有例子，与报复和努力自愈以恢复受到伤害的自尊有关的所有例子，一个人就能清楚地明白自尊在企业生活中的作用。

对此，我想得越多，越认为值得将其置于更广泛的心理学背景之下。我认为，对所有被剥削者或少数群体的各种反应做理论判断，并建立控制反应的一般抽象理论，是值得的。我想我可以做这件事，即将我已经完成的对强者与弱者的关系、男子气质与女子气质的关系（它们被认为是互相利用或互相对立的）、支配与从属的关系、成人与儿童的关系、剥削者与被剥削者的关系、总体人口与被我们鄙视的各种少数人群的关系、白人与非洲裔美国人的关系的研究整合起来。特别是内战前的关系，但也包括目前的关系。

也许，特定文化中男人和女人的关系史与其他关系一样可以说明问题。女人过去对受支配、受剥削、没有尊严、不受尊敬的反应方式，通常被看作性格特征的那些"报复"方式，结合形成了特定文化和特定时代下的女性定义。例如，在土耳其或阿拉伯的文献中，我们可以看到女人是微不足道的，只是财产的一部分，没有人想到用尊严一词描绘她们。在过去几个世纪里，土耳其或阿拉伯男性描绘女性的特征、女性的灵魂、女性的性格的方式，所有这些结合起来实际上形成了"秘密的报复"。这种"报复"我们可以在美国南部种植园黑奴的身上发现，或者在三四十年前南部"典型的"黑人行为中发现，他们没有公开敌视和报复的可能性。一个惧怕父母的孩子和一个父母管教严厉的孩子（也许我们应该说受到恐吓更好），为了勉强过活采用的手段的特征，与父权制情形下许多女性的或奴隶制情形下黑奴的是一样的。

我想，有些观点就变得清晰明白了，而且有可能得出不仅仅对所有人类甚至跨越物种界线的有关支配与从属关系的一般抽象理论——工人对控制和因此失去尊严的这种反应，可以看作非常正常的、生物上的自我保护，因此其本身可以看作人类尊严的征兆。在两难选择的另一端，最终结果是，今天大多数人都看到的被粗暴对待、保护自己的受凌辱工人的这些反应方式，成为人性多么卑鄙、人多么不值得信任、人多么无足轻重及多么渺小的明显证据。显然，正是我认为值得尊敬的这些反应，使其他人失去了对工人的尊敬。

奴隶不公开而是隐蔽反叛的事实使我为人类自豪。但我可以理解，它会使奴隶主、剥削者、统治者非常愤怒和鄙视。在个人临床实践中，我经常碰到这种事情：剥削者认为把被剥削者看作一路货色是理所当然的。这个看法非常微妙和难以启齿，但也非常真实。狼期望羊能继续像羊一样温顺，如果羊突然转过身来去咬狼，我可以理解狼不但会感到震惊而且会愤怒——羊不应有与往常相反的行为，它必须静静躺着，准备被吃掉。我就见过这种人，当他的受害者最终转过身来反击时，他会勃然大怒。

我观察到的另一个可用于说明这种情形的例子是有钱人家的老年人聊天时经常提到的话题：以前的仆人如何好，现在的仆人如何差。在这种聊天中，我从来没有发现他们对上帝安排了这一切的丝毫怀疑，即这些人假设他们就应该是先生和夫人，仆人就应该是仆人。他们从不怀疑仆人对主人的忠诚是非常值得拥有的、公平的和公正的事情。一旦仆人有机会不再被奴役、不再做奴隶时，他们的愤怒就是我前述的高贵的先生太太们在奴隶突然反叛时表现出的那种愤怒。

"这是不对的，这是不合适的，"她们也许会说，"这是非常恐怖的、卑鄙的和非常令人沮丧的。人们不应该这样做。"

这些人所描述的实际上是完全适应环境的"好奴隶"——他们愿意为奴，完全适应了那种环境，他们的敌意要么不见了，要么被压抑了，且压抑得很深，表面上根本看不出来。但在民主社会里，正是这些人应该使我们感到压抑而不是高兴，正是这些人成为对人性、创造力、成长、自我实现的最大发展前途不利的因素。同样的道理，神经症要么被看作罪孽、邪恶、懦弱和堕落的标志，要么被看作更深刻的理解和远见，是一个受惊吓的人为健康、成长和自我实现而进行的间接斗争。前述内容也适用于不良的企业情形下工人的反应——他可能以所有偷偷摸摸的方式表示对非人化对待的愤怒，但这些方式是他感到恐惧而不是缺乏发展前途的自然证明。显示敌意，说明他想摆脱那种环境。换句话说，对尊严受到侮辱的反应本身，就是人类的尊严需求的确认。

那么，需要研究的问题便应是："我们如何避免伤害人尊严的组织环境，以及减少伤害人尊严事件发生的可能性？我们如何消除企业中那种不可避免的情形（如装配线使工人丧失自由），尽可能地保持工人的尊严和自尊而不管环境如何？"

对谢莉·罗斯的访谈

任何组织的管理问题都可以用一种新方法解决：建立社会条件，使个人目标与组织目标合为一体。

——亚伯拉罕·马斯洛

大约 37 年前马斯洛提出的一个理念目前却在美国的公司里流行起来。使个人目标与组织目标相一致是许多公司正在尝试与其组织整合在一起的理念。我们采访了苹果大学（属于苹果公司）前任校长谢莉·罗斯（Sherri Rose），与她讨论了个人目标与组织目标相一致的问题。罗斯协助苹果公司创办了美国国内最先进的公司大学，走在了美国公司尝试建立学习型组织的前列。在工作中，她总是力求在错综复杂的环境中寻求这种相一致的行为。我们与她一起讨论了马斯洛的概念。

问：马斯洛博士认为组织工作是帮助人们将他们的个人目标与组织目标或公司目标达至一致的方式。您在读这本日记时注意到了他的这个理念展开的思想过程。今天，组织中最流行的话题之一就是使个人目标与组织目标相一致。您认为这个理念可行吗？

答：是的，我认为完全可行。我在小规模的团队里见到过这种情况——我们把它们称为高绩效团队。事实上，我从马斯洛的著作中读到的内容，与高绩效团队的理念无疑是类似的。我认为，除非人们认为他们的信念和价值观念体现在了他们的工作中，否则他们不可能成为一个高绩效团队。

问：您能给我们举一个例子吗？

答：在苹果大学，我们必须非常强调我们的人力和财务资源。苹果公司是一家全球公司，我们需要把注意力集中于建立管理信息以及通过互联网的实时培训资源，使员工达到公司的要求。在我们的工作集体里，我们做我们能做的一切事情，利用我们的组合技巧和我们在组织内部的地位尽可能快地创造。我们的价值观念是保持一致，我们每个人都有为苹果员工快速提供信息的承诺，大家都相信这个承诺。我有一个行政人员兼职做登记，我有收集信息的开发顾问，技术人员集中精力搞业务。不管职务和职责是什么，我们都要对最终产品承担义务。那是非常有意义和激动人心的体验，因为我们都相信我们正在创造和提供价值观念。

我们也有乐趣，我们彼此支持，彼此不让对方因责任或任务而精疲力竭。回首往事，我认为我们彼此是相互尊重的，我们尊重个人范围的界限。我们也一路庆祝我们的成就。我们非常清楚人们需要表扬和关心他们的贡献。

问：在使个人目标与组织目标相一致的过程中，组织可能在哪些方面犯错？

答：马斯洛认为，你可以因为它是在做正确的事情而采取这种方法，也可以只是把它当作一种操纵策略而采取这种方法。我认为我们在取得一致结果时遇到的麻烦之一，是没有认真听取团队成员真正想做的是什么。我从来不相信那种无论你要做什么对我都有利的管理理论。但是，在设置远景或目标之前，我总是尽量认真听取意见，了解人们真正期望的是什么——他们喜欢做什么工作？他们讨厌做什么工作？我总是设法改变工作计划，使得人们能够在他们喜欢的领域工作。但是，有许多次我需要对人说：团队需要你做这个工作，即使你并不喜欢做。可是，我总是设法做到"保持一致"：把人放在正确的位置上，让他们做他们喜欢和擅长做的工作。

有时，这种"保持一致"就是不起作用。例如，我记得一个培训师告诉我，她不想再搞培训了。我说我只剩下三个培训师了，你又不想搞培训了，我认为这不行。但是，这件事还真让我突然想到，为了使她成功，我需要想出一个让她在其他领域发展又同时搞培训的办法——那是一种真正的平衡行为。有时，你不得不对别人说"不"，可是，我也认为在那种情形下，你必须非常清楚自己为什么要做出那种决定。此外，你必须想出一个帮助遭到你拒绝的人在他们感兴趣的领域发展的办法。

问：许多年前，马斯洛就告诉我们，人们追求高层次的需求而不是金钱的时代到来了。您在苹果公司工作的十年是硅谷各家公司尽力挽留人才的时期。您刚谈到帮助人们在他们感兴趣的领域发展，这与马斯洛的说法是不是类似呢？

答：是的。但是很难笼统地讲，因为刚参加工作的人与已经工作一段时间的人的需求是不一样的。此外，金钱对处在经济负担较重阶段的人是重要的，这些人在所有公司中都有。随着一个人的职位在公司里不断上升，财务安全感会让位于其他需求。从这个意义上来说，我认为马斯洛是正确的。事实上，他的正确使我认为他更像一位预言家或未来学家，而不是心理学家！

一旦人们有了安全感，一旦他们不再饥饿，不管是什么职务或处在什么层次，他们想要做的就是学习和发展。也许我的看法是不对的，因为我在硅谷度过了职业生涯的大部分时间，我周围都是这样的人。然而，来这里工作的人们，他们承担了极大的风险。例如，美国一些数额最高的抵押都在这里。这里变化快、工作节奏快，而且我发现，硅谷员工的内在需求是接受挑战和发展，这是他们的共同特征。我认为这关乎一种指望凭借一项技术或一个想法改变世界的挑战性文化。当员工主要的财务需求得到满足后，最大的挑战就是继续保持员工的个人兴趣及使他们的发展需求与公司的需求相一致。

问：这么说，您认为马斯洛的个人目标与组织目标相一致的理论已经成为现实了？

答：让我从这句话说起吧：过时的思想也会重新流行起来！我认为站在这个思想前列的人正是彼得·圣吉（Peter Senge）。他做了一件很有意义的工作，引起了我们对"共享远景"背景的讨论。这是起点。谁会说将个人目标与组织目标统一起来是个馊主意？谁会不同意人们能够在他们的工作中发展、学习并达到自我实现的理念？这个理念对人的需求而言是如此重要和如此根本的，以至于领导者往往抓住这个理论不放。但是，将其付诸实践是另一回事。我担心更多的人是在空谈理论，而不是在实践理论。我们正在谈论的话题涉及组织中最难办的一些工作。实际上，你必须分析并苦苦思考工作是如何做的，人们是如何保持一致的，他们如何感受工作，他们如何感受组织，等等。然后，你必须采取措施，即将观念转变为现实的措施。如果你走上了这条使个人目标与组织目标相一致的道路，又不完全履行，我担心结果会是满腹怨言和失败。

记住，公司是一群彼此关联的人的集合，这一点非常重要。每个人都是不同的。我们是为了努力实现目标而相互交谈、相互挨着坐在一起的。当我们显示出工作一致性时，组织的人性面会关联得非常好，而这也会改变领导者的作用。领导者必须相信这些观念，它们必须深入人心，人们必须知道它们不是空谈。

领导者的魅力不是这么一回事。激动人心的演讲不是这么一回事。漂亮的书面使命陈述不是这么一回事。它似乎是老一套，但当公司被迫改变方向时，它就起作用了，它代表你的看法、你的主张、你打算采取的行动。

问：您描述的这种领导者的理念及个人目标与组织目标相一致的理论应如何配合呢？

答：如果整个组织真的存在一致性，当公司经营艰难时，你不能指望一个有远见的领导者来提出战略或提供答案。在我们今天生活的这个世界中，相信领导者会提供答案、方向或远景，对于我们几近是荒唐可笑的。

问：您可以举一个例子吗？

答：首先我要说，使我有兴趣的是如果我们真的运用马斯洛的理念——在组织中我们大家都熟知的需求层次，我们都知道在危机情形下首先要强调两个领域，它们属于"马斯洛金字塔"中的安全层次。例如，在一家乱哄哄的公司中，我认为领导者需要采取的首要措施就是确保公司能够生存下去。这些措施包括削减成本，还包括让员工集中搞有助于缓解财务状况的短期项目，如编写新软件、结成联盟和伙伴关系等。但是，你必须知道，这些措施会威胁员工的基本安全——裁减冗员和制止财务表现水平下降是必要的，但意识到那些在组织层次上制造不确定感、恐惧感和威胁人们安全的严厉措施的重要性也是必要的。你需要这些人在需求层次的高层次上有所作为，否则你就失去了长期生存的机会。

我认为在危急情形下，若组织内部的人都知道远景，你可以成功地采取此类措施。远景如此重要，所以如果人们理解美好的远景，他们就会同情你，会做出牺牲，会努力工作，甚至在非常不确定的情形下有所创造。但是，如果公司失去了一致性和远景，人们会怀疑他们为什么要继续留在这种缺乏安全感的组织里工作。例如，我在苹果公司工作时，外面许多人对我说："你疯了？你在干什么？你应该找一份新工作，你被解雇只是迟早的事。谁知道他们打算用你的薪水干什么。"可是，我介入互联网培训计划太深了，所以我知道只要我能够继续学习并做出贡献，我就会长期留下来。我仍然相信公司的远景。开始，苹果公司有硅谷最弱势的文化，但其远景鼓舞了整个计算机行业。那个远景让人们知道了公司的前进方向，他们的部门在走向何处，他们的工作如何为最终目标做出贡献。在苹果公司任职的后期，我会说人们不离开苹果公司是因

为他们担心他们的薪金，他们离开是因为他们不再了解公司的远景。远景有多
大的力量？史蒂夫·乔布斯（Steve Jobs）回来时，华尔街的反应使苹果公司
的股票价格上升了 2%。为什么？尽管公司仍在亏损，但他的回归带回了原来
的远景。这就是这些理念显示出来的力量。

第 11 章

作为一项心理实验的管理

……会计师必须想方设法将提升组织
人员的素质等无形的人员价值列入资产负
债表……

——亚伯拉罕·马斯洛

有足够的现有数据、足够的企业经验和足够的有关人的动机的临床心理研究数据，可以证明冒险进行 Y 理论管理的实验是有道理的，但最好永远记住，这是一项引导性实验——理由很简单，因为由这项实验证明的数据绝对不是最终的数据，除了怀疑的阴影外，不会有确凿无疑的说服力。其仍有大量疑点，就像事实证明的那样，许多学者和经理事实上仍旧怀疑该项研究整体思路的有效性，这并不是完全武断的看法。他们的确拿出了反对新型管理的证据、经验和数据。我们当然同意存在大量疑点，同意整个研究就是一项实验，但我们也必须意识到，我们需要大量数据，需要对尚未出现的许多问题准备好大量答案。

这种新型管理的全部哲学或许可以看作对人类的善、信任、效率等有信心的表达。但事实上，对实际上掌握某种技艺的人、要求了解所有事实和所有实情的人、渴望效率胜过无效率的人占总人口的比例，我们并没有准确的量化信息。我们当然知道有些人有这种需求，我们还知道一点儿这些需求出现的条件，但我们没有任何可以为我们提供一些量化指标的大规模人口调查。例如，我们不知道这两个问题的答案：究竟有多少人更喜欢让某人按他们的想法做事？占总人口多大比例的人是不可救药的专制者？

以上答案是为了实施开明管理政策，我们需要完全掌握的关键信息。我们不知道多少人或占工作人口多大比例的人实际上更喜欢参与管理决策，也不知道多少人更不喜欢参与管理决策，更不知道占人口多大比例的人只是为了谋生才不得不工作，而他们的兴趣完全在工作之外。

若一位妇女工作仅仅是为了抚养孩子，那么完全可以确信，她更喜欢一份令人快乐的工作而不是一份让人讨厌的工作，但她如何定义讨厌的工作？如果她的生活中心就是她的孩子，而不是她的工作，实际上她想参与企业的程度能有多大？占人口多大比例的人更喜欢专制的上司，更喜欢照吩咐干活而不想动脑筋思考？占人口多大比例的人是看重现实的人，觉得计划未来是完全不能理解的和无聊的？多少人更喜欢诚实，相对于不诚实，他们喜欢诚实的程度有多强烈？人们不想当小偷的趋向有多强烈？我们对身体惰性和精神惰性还知之甚少。人们有多懒惰，什么环境和什么东西会使他们不再懒惰？对这些，我们一无所知。

与建立在科学假设基础上的政治民主是一项实验一样，这种新型管理也只是一项实验（因为最后的数据不确切）。政治民主的假设是：在事关自己命运的问题上，人们喜欢参与；只要给予充分的信息，人们会对自己的生活做出明智的决定；人们更喜欢不被人控制的自由；人们更喜欢对影响他们未来的一切发表意见；等等。这些假设没有一个得到充分的证明，因此我们称它们是科学事实，这与我们给生物事实贴上科学标签的做法是一样的。我们必须对相关心理因素有比现在更多的了解，因为这些事实是信任契约而不是最终知识的契约，说得好听一些，它们是有某些根据的信任契约，但事实上还不足以说服那些在性格上反对这些信任契约的人。我们应该非常清醒地意识到这一点。

我认为对科学事实的最终检验是必须让那些由于性情和性格而对这些结论无动于衷的人接受它们是事实。当一个普通专制性格的人能够理解相关问题的信息，而且把他自己的专制性格看作讨厌的、令人恶心的、病态的，并尽力摆脱它时，我们才会明白我们关于专制性格结构的知识是真正科学的最终事实——只要一个专制性格的人能够对表示他是一个病态的证据置之不理，只要这些事实不充分，就不是最终的事实。

毕竟，即使我们从麦格雷戈的人性理论中摘选出 X 理论观点加以对比，作为他的结论基础的大量证据也来自我的研究和我论动机、自我实现等的论文。但在所有人中，偏偏就我知道，作为最后的基础，它们是多么不可靠。我对动机的研究来自临床，来自对神经质者的研究。把 X 理论运用到企业中需要来自企业研究的支持，但在最终确信把对神经质者的研究运用于工厂劳工的研究是合理的之前，我愿意看到大量的这类研究。

我对自我实现者的研究的情况也是如此——现有的研究只有我的研究

（57）。取样存在许多错误，而且实在太多，以至于按照经典的看法，无论如何它们都来自糟糕的、差劲的、不充分的实验。我非常愿意承认这一点（事实上，我渴望承认这一点），因为我对此有一点担心，我担心我得出的推测被各种"热心人"轻易接受，其实他们应该像我一样抱着试探的态度。实验需要重复和检验（需要其他团体的充分研究），需要大量尚未发现的证据。这个理论的主要支持者（当然，有大量的支持者）主要包括罗杰斯和弗洛姆这样的心理治疗师。

当然，仍需进一步检验将治疗情形运用到企业情形的问题——需要证实这是合理的运用。我也许还会说，我的论知识需要（93）、论人的好奇心的论文，实际上也是独一无二的，虽然我相信这些论文，相信我的结论，但我还是愿意像一个谨慎的科学家那样承认在最终被认可之前，它们应该接受其他人的检验。正如我们意识到的那样，数据可能有误，我们必须强调进行更多、更多、更多研究的必要性，沾沾自喜和盲目自信往往会终止研究而不是促进研究。

当然，我也应该明确地指出，X理论管理模式所依据的证据几乎是不存在的，甚至X理论的证据比Y理论的还要少——X理论完全依靠习惯和传统，如大多数辩护者所说，它依靠长期经验，但这种说法毫无价值，因为这种经验是一种自我，至少**可能**是一种自我满足预言。换句话说，在非科学基础上支持Y理论的人，会进而把它当作管理哲学加以运用，其所导致的工人行为恰恰是X理论预计的行为。以这种X理论对待工人，没有其他行为的结果是有可能的。

综上所述，我认为坚定地相信Y理论管理，还缺乏充分的根据，但我要马上补充，X理论的确凿证据甚至更少。如果一个人把在企业情形中得到科学支持进行的所有研究汇总起来，会发现几乎所有研究结果都是Y理论的一个版本或另一个版本；几乎没有什么研究结果有利于X理论哲学，除非在细节上和具体的特殊环境中。

对专制的人的研究也是如此，这些研究的结果通常是有利于民主的人。但在一些具体的特殊情形下，专制的结果更好。例如，在教化专制的学生期间，比起民主的、宽容的 Y 理论类型的教师，专制的教师的教学效果会更好。这是表明在复杂的工业文明中几乎**任何人**都能够发挥某种作用的重要的证据。我想到了鲍勃·霍尔特（Bob Holt）对类偏执狂性格的人的适应性价值观念的论证，他证明这类人往往比正常人更适合做侦探——至少他们能做得很好。

还有一点是我从梅森·海尔（Mason Haire）编的《工业实践中的组织理论》（*Organization Theory in Industrial Practice*）一书中由斯库坦（Scoutten）撰写的那一章得来的。斯库坦使人想起，如果我们考虑到企业的长期健康（不仅仅是短期健康）、企业对民主社会的责任、在个体情形下对高度发展的工人和经理的需求等因素，那么 Y 理论管理模式的实施必要性会变得越来越高。他提到与他有联系的美泰克公司（Maytag Company），其唯一的公司目标和唯一的职能是生产和销售，他认为相对这两个职能来说，其他一切都是不必要的或是次要的。但需要指出，这是一种孤立的或分割的环境观点，即好像这家公司与社区、环境、社会没有关系，没有任何责任——他认为该公司的做法是理所当然的，即使在教育水平高、对法律和财产高度重视的民主社会中也是如此。他完全排除了相关因素，而如果你把它们考虑在内，那么事情就清楚了，该公司除了从社会那里得到一些东西，还应向社会提供一些东西，而这就会产生完全不同的情境。斯库坦所说的这家公司，在法西斯主义经济中也许能很好地发挥作用，但如果从我们民主社会的角度来看，它是根本不起作用的。在我们的民主社会里，任何企业（事实上，任何个体）都要承担对整个社会的义务。（关于这一点，可以参考我对爱国者和对作为爱国者的开明工业家的论述。）

对企业与社会的关系应该多说几句，特别地，如果我们希望组织百年健康的话，那么企业与社会之间的相互联系就更加重要了——首先，健康的组织需要受过良好教育的、相当成熟的人的稳定供给（它不能用违法者、罪犯、愤世嫉俗者、娇惯放纵者、充满敌意者、战争贩子、肆意破坏者等，而这些人正是不良社会的产物）。这很像在说不良社会无法支持健康的企业，至少长期来看是这样。（不过，在专制的社会或专制的企业里，或者在恐惧和饥饿的条件下，时有例外。例如，我真的应该查一查今天哪些出口货是产自西班牙的，南非的黑人工人过得如何，以及他们生产什么产品。）

在暴乱或内战、疾病流行、蓄意破坏和谋杀、阶级战争的条件下，健康的企业根本不可能很好地发挥作用，这是事实。因此，宏观环境的文化自身也必须是健康的，也不能有腐败（政治腐败），不能有宗教控制。企业必须在所有方面自由地发展，而又不与社会的善和健康相抵触。这也意味着不应该有太多的政治控制。

实际上，任何将目标完全限定在自己的利润、自己的产量、自己的销售范围内的企业，都是把我和其他纳税人扔在了一边。我为学校、警察局、消防队、卫生局和其他一切为了维持社会健康而必须存在的机构支付了费用，这些机构转而免费为这些企业提供高水平的工人和经理。我认为，为了公平，这些企业应该比现在更多地回报社会，也就是说，在培养优秀的公民方面，由于这些企业提供了良好的工作环境，使员工在社区中可能表现得仁慈、仁爱、和蔼、无私，等等。

我对找到某种合乎伦理道德的核算系统的必要性印象深刻，不管这项工作有多困难。有了这套系统，课税扣除应该给予那些帮助改进了整个社会、当地民众以及通过增加更民主的个体而帮助改进了民主的企业。有些课税处罚应该用来惩罚破坏政治民主、学校等的影响，并使其人员更有类似偏执狂行为的、更充满敌意的、更令人讨厌的、更有恶意的、更具破坏性的企业——这简直像在阴谋破坏全社会，因而它们应该为此付出代价。

在一定程度上，必须由会计师想方设法将改进工人的人格水平，使他们成为更合作的、更好的工人，具有更少破坏性等无形的人员价值列入资产负债表——包括雇用这类人的花费，培训和教导他们并使他们组成良好团队的花费，以及使企业具有对上述这类工人和工程师等的吸引力的其他所有花费。所有这些金钱和精力的实际支出，应该以某种方式转换成会计科目，使得企业为全社会的进步做出的贡献这一最大价值，能够以某种形式列入资产负债表。例如，我们都知道，这样的企业信用风险更小，对此，贷款银行会考虑的，投资者也会考虑的，唯一不需考虑这些事情的人是会计师。

X 理论与 Y 理论：你适合哪个

大约 38 年前，麦格雷戈阐述了新的人本管理的基本原理。在其著作《企业的人性面》中，他认为一个组织表现得如何，与其能否成功地激发人的潜力是直接相关的。

麦格雷戈创造了 X 理论和 Y 理论两个词，作为对人的一组假设。他有关 X 理论和 Y 理论的思想主要是以马斯洛的需求层次理论为基础的。许多人说麦格雷戈的研究提高了马斯洛理论的名望。马斯洛在其日记中，自始至终都提到了麦格雷戈。

我们发现，麦格雷戈著作的一些关键内容有时会在传播中被歪曲。X 理论或 Y 理论不是一种管理风格，而是一组假定，这些假定在开发管理风格方面发挥了重要作用。

用麦格雷戈自己的话说："高层管理的关键问题是其对管理人最有效的方法的假定是什么（又含蓄又坦率）。管理阶层对管理其人力资源所持的假定，决定了整个企业的性格。"

所以，我们要问：

1. 普通人是更不喜欢工作还是更喜欢工作？经理和组织必须控制、指挥并确保普通员工足够努力吗？普通员工在工作上更喜欢指挥并尤其看重安全吗？普通员工缺乏内在的进取心或成就需求吗？

2. 对普通人来说，工作是否就像休息和游戏一样是自然的和渴望的？在他们觉得自己应承担完成一组目标的义务时，大多数人能做到自我控制，显示出自我进取精神，并主动承担责任吗？他们的承诺主要不是来自恐惧，而是来自奖励，特别是无形奖励，如成就感和自我实现？他们拥有重要的、未被开发的发明创造能力吗？

第一组问题与麦格雷戈发明的 X 理论相关，第二组问题则与 Y 理论相关。按照管理顾问和作家吉姆·柯林斯（Jim Collins）在《基业长青》（*Built to Last*）里的说法："X 理论管理仍然主宰着大多数组织。许多经理和企业家仍然隐秘地信奉人完全不可信任，需要'检查'，需要'刺激'，否则不可能努力工作的假定。恐惧、不信任、强制、胡萝卜加大棒管理和专制主义在 20 世纪 90 年代仍然盛行并起作用。这种情况不仅仅存在于传统的大企业，许多企业家在用 X 理论的铁拳统治他们的王国。"

X 理论在组织中是如何起作用的？我们能够找到的最佳例子来自麦格雷戈本人。我们从他在 1954 年的一次演讲中摘录了一段话：

"几个星期前，我在剑桥的一家小公司和一群职能部门经理开会，他们讨论的是如何使人们早上准时上班的问题。我感兴趣的是他们集体交谈的方式。一个人说办法是安装考勤打卡机；另一个人说应在每个部门前排桌子上放一个本子，要求每个人上班时在上面签到并写上到达的时间；还有人建议，可以在办公室的门口安装旋转栅门及门铃，这样，任何 8：30 以后才来上班的人会弄响门铃，响声会被全办公室的人听到。这些建议是由工作表现不错的一群经理提出来的，他们完全是从能用精巧的装置来解决问题的角度考虑问题的，却没有想到他们的态度和背景对问题的影响。我在讨论中发现，尽管人们没有说出来，但能感觉到：准时上班是人们不愿意做的事情。这样的态度和想法总是透过表面现象表现出来的，人们不会公开说出来，但这才是需要那些经理解决的问题。" ⊖

⊖　Douglas McGregor's speech to Management Forum E. I. dupont de Nemors Co., 1954.

对乔治·麦考恩的访谈

　　会计师的问题是要想出一种将组织的人力资产列入资产负债表的方法，这些人力资产包括协同资源的总量，组织中所有工人的教育程度，使良好的非正式工作小组能像一支篮球队那样在一起协调工作所花费的时间、金钱和精力的总量等。简而言之，资产负债表上没有显示的人力资产在影响着企业的长期福祉……

——亚伯拉罕·马斯洛

　　加利福尼亚门罗公园的桑德－希尔路 3000 号，与权力、威信和经商艺术同义。这里是投资资本家的基地，这里聚集着通过投资、收购和全部买下公司等方式为大部分美国经济提供燃料的人。桑德－希尔路总是在寻找下一个有利可图的机会，它已经成为美国公司史档案馆的传奇。在这个金融圣地之中就有乔治·麦考恩（George McCown）。1984 年，他与合伙人戴维·德·莱乌（David de Leeuw）创办了麦考恩－德·莱乌公司。该公司是一家与管理阶层合伙投资优质风险公司的私人风险投资银行业务公司。但是我们发现他们的目标是要建立人们能在其中实现自我的伟大公司。

　　问：建立与众不同的伟大公司的理念在您的行业里很少见。您认为是这样吗？

　　答：我认为许多人会说我们这个行业不会那么快为人所知，因为这个行业通常被认定是私募股本行业。如果让我们来定义我们的事业，会有三四个部分。最大的部分我们叫作管理层收购。去年，这部分事业从机构和富有家庭那里募集了逾 500 亿美元的新资本——100 亿美元用于风险投资，300 亿美元用于收购。15 年前，当戴维·德·莱乌和我创办公司时，这个比例是相反的，用于风险投资的资本大于用于收购的资本。我们创业那会儿，这个行业还真的不被大家所知。但如果追溯基础，我们的工作就是要建立优秀的和兴旺的公司。

从风险投资界的经验和我在美国公司当经理的经验中，我了解了"问题业主综合征"——如果业主有问题，就像有一个有问题的上司，这会对组织有极大的影响。"问题业主综合征"在私有公司和公有公司里都可能发现。

在我个人的经历中，让我感兴趣的是着手制订"挽救这些公司"的计划。不管是把公司拆分还是使其派生出一些新公司，我经常发现这些资产回到员工手里时，会魔术般地"变出"兴旺发达的公司——人们又高兴又激动。由于过去的政策和程序的限制，我们根本不能办成许多事情，而在由企业家掌舵和有充裕资金的环境下，一些公司竟奇迹般地变成极好的公司。这说明，目标清晰明确的公司与有许多使命或自我分散的公司，是完全不一样的。

我曾在大公司里的大型分部工作过，非常了解寻找新创意的艰难。我们的公司是由"正确的所有人"创立起来的，通常，合伙的管理阶层也是"正确的所有人"——事实上，我们总是与管理阶层合伙。不管是原有的管理阶层还是我们寻找和引进的管理阶层，我们都要向其提供一个完整的宗旨和一组一致的目标，以便把每个人都组织起来，使人人齐心协力。

由此，我们要做的事情就是打造一个使每个人都能够真正地既保持独立又拥有共同宗旨，并把每个人都组织起来的场所。我们要做的事情还包括尽力创造条件，让那些被我们收购的公司里的人能够自我实现和有所创造。

问：如何使麦考恩－德·莱乌公司成为伟大的公司呢？

答：我们现在要做的事情就是（至少我们之中一些人开始尝试了）为我们的社会和全世界重新定义价值系统，使我们的市场行动与良好社会的核心价值观念相一致。正如你在这本日记中看到的那样，马斯洛触及了其中许多价值观念。他就是这样一个先驱者，愿意思考一些新思想，做出直觉判断，再回头检验。

让我们谈谈远景吧，它关乎每个人对组织在其最高和最佳自我实现模式下可能是什么样子的精神上的美景想象。为了更好地解释我的意思，让我把它描述成你认为能够使你高兴的东西吧。我的美景与你的美景看起来有些不同，它是触及我们最高的和最佳的那部分东西的美景，是鼓舞人心和渴望达到目的的美景，触及我们麦考恩－德·莱乌公司每个人认为的神圣目标，即每个人和世上一切事物、所有人是联系在一起的。

让我们通过讨论识别伟大的公司吧，那是让人们自豪的公司，是每当想到它们就会使人们精力充沛的公司。它们在行业里起着重要作用，能够吸引最优秀的员工，是所在城市的社区需要的公司。它们是卖主争相与之做生意的公司，是消费者愿意与之做生意的公司，是投资者喜欢当其股东的公司。

我们希望确定股东认为起重要作用的是什么，那关乎我们希望建立的、考虑并尽力平衡所有这些人的利益的公司。今天，我们这样做了，我们能使股东集团满意，也显示了杰出的财务绩效。

问：你们是如何实现相关目标的？

答：我们寻找那些成长行业中正在经历变革、我们能够进入并与管理团队一起工作的公司，然后我们向其提供建立高绩效组织必不可少的资源、战略和思维方式。一个自我实现的组织，其中的人也是自我实现的，那里的人渴望拥有极出色的结果，早上起床后想去上班。

在实施金字塔式控股[⊖]时，我们仍然有些遗憾。在麦考恩－德·莱乌公司，我们和那些公司的人并没有一起工作，仍旧是各自经营，我称之为"自我系统"。该自我系统有许多特点，其中之一是人们之间有极大竞争。在彼此竞争的基本规则下，你该如何建立团队？我们在组织中往往会遇到的事情是，团队不能很好地发挥作用——团队成员内部竞争，我们也不知道为什么他们会采取这种方式，或许是因为不知道还有其他生存方式。我们之中有些人可能质疑这种方式，特别是那些在生活中有强烈实践精神的人，他们知道还有比这更好的方式。为了找到更好的方式，我们与公司的每位成员经历了一段非常漫长的"旅程"。

⊖　指控股公司的母公司以少量投资控制其子公司的一种控股方式。——译者注

问：请讲讲一些来这里工作的人的情况吧。我在大厅见到了您的合伙人，我了解过他们的背景，他们是一群能给人留下深刻印象的人——有优秀学校的文凭，有蓝筹股公司工作的经验。有人告诉我，来您这里的实习生都是来自令人美慕的最优秀的学校。

答：我们的合伙人来这里，是因为他们想要建立与只是简单地做金融业务相反的公司，这是我们与行内其他人之间的主要区别之一。建立伟大组织的目标在根本上改变了我们的组织，这是毫无疑问的，我们不能走回头路——这种事情是不容易做成的，它是最棘手、最难做的事情，但一旦你走上这条路，就不能回头了。所以，在散步聊天中，在分析内部妨碍协同的每个因素时，我们的思想发生了转变。对于我们收购的公司，如果其成员现在不是麦考恩－德·莱鸟公司的人，我们无法让这些人具有改革的品质——所以，我们今天更有效率。

问：建立伟大的组织的策略是如何适应金融界的环境的？

答：上次我们没有筹集到基金来补充资金，这种情况我们经常碰到。我们讨论了这个问题，讨论了对华尔街的一些顽固的家伙，我们该如何解释，最后得出的结论是：那些人也是人，他们有为自我实现奋斗的内在需求，有崇高的目标，知道与伟大的组织相比，在糟糕的组织里工作是什么情况。之后我们去找他们了，感化了他们！结果如何？我们筹集到了几乎两倍于我们的目标（4亿美元）的钱，这便是华尔街的回答。

问：马斯洛在其日记里说，采用开明管理的组织能够创造更好的社会。您让员工和公司自我实现的目标好像与他的理论相吻合，您同意吗？

答：我坚信公司在这个正在发生变革的世界中起着主要作用，或许比任何其他机构的作用都要大。公司从来没有起过这种作用，虽然它们总是起很大作用，但不是在建立良好社会方面。我们必须理解这种作用，必须提高我们的认识，必须做出选择——是独自还是共同承担为塑造良好社会做出贡献的责任？我们希望将良好社会作为遗产留给我们的子孙后代。这对公司而言是一个崭新的观念，问题是，我们打算接受这个观念吗？公司是橡皮轮胎与道路摩擦的地方，是人们工作并度过大半人生的地方。在建立良好社会方面，我们和非营利机构发挥着更大的作用，比我能够想到的任何个人的作用都要大。

马斯洛的 Z 理论

……最后我提醒大家注意"报酬水平"和报酬种类的问题。最最重要的是事实本身，即除了金钱，报酬还有许多其他种类；随着人们越来越富裕和越来越成熟，金钱本身的重要性会持续下降，而报酬的高级形式（超越性报酬）的重要性会持续增加。此外，即使金钱看起来仍旧很重要，它所体现的通常也已不是它原义的、具体的性质了——它是表示地位、成功、自尊的符号，是表示赢得爱戴、赞扬和尊敬的象征。

——亚伯拉罕·马斯洛，论 Z 理论的个人论文

1968 年，亚伯拉罕·马斯洛希望以 Z 理论开辟管理理论的一个新领域。他说："**美国正在向管理社会转变。**"他确信工作场所的人道主义方法开始出现，并着手收集招聘广告，作为追踪美国工作场所这种新现象的方式。在研究吸引专业人员、行政管理人员、高级经理人员的广告词中，马斯洛注意到不但有金钱，而且有他称为"高层次需求"的东西。招聘广告中提到的事关高层次需求的有友好的同事、舒适的环境、负责、自由和自治、将想法付诸行动的机会、令人感到自豪的公司、区别对待的机会等。

Z 理论假定人们一旦达到了经济安全的层次，会力求生活价值的提高，力求能够创造和改善工作生活。虽然马斯洛没有完成他的 Z 理论研究就去世了，

但我们今天看到的证据表明，他的理论领先了时代几十年。

　　1998 年 3 月的《财富》杂志的封面故事是验证马斯洛 Z 理论的一个例子——标题是"唷！美国公司——我是新组织人"（Yo Corporate America—I'm the New Organization Man）的文章描述了新"金领工人"的希望和需求。这代人不仅要求优厚的薪水，而且相信有"好玩的工作，酷的工作，让自己发现自己到底是谁的工作"——这是他们的说法。"工作而今再也不是为了付房租，而是为了自我实现。"《财富》的记者在对美国工作现状深入研究后总结道。30 岁的理查德·巴顿是微软 Expedia 的负责人，当他说"工作并非工作，它不过是碰巧能拿薪水的消遣而已"时，简直把 Z 理论讲活了。

第 12 章

作为一种爱国主义形式
的开明管理

有关开明管理和人本管理的所有实验，
都可以看作来自这个观点，即在这种兄弟
关系的情形下，每个人都会成为合伙人而
不是员工。

——亚伯拉罕·马斯洛

这事关如何与人交流的问题：这些人对新管理原则要么一无所知，要么表示怀疑，要么持敌视态度。新管理原则的建立基础是对人性的潜在价值的理解。这事关如何理解和交流这种管理的最终目标的问题。我认为，对不同类型的人应该采取不同的方式，视他们的价值观念和他们认为什么最重要而定。

例如，对于爱国的美国人（即原义上的和正确意义上的爱国的美国人，而不是美国革命女儿组织、美国军团、约翰·伯奇主义分子或其他什么人，我们必须将爱国者一词从那些误用它的人那里收回来，恢复其原来的含义），指出新型管理是一种爱国主义，是对国家的爱，是对企业中的和工作情境中的美国人的爱，将是激动人心的。如果民主的、政治的哲学在某种程度上还意味着什么，那么开明管理可以看作应用于工作情境的民主哲学。还要强调指出的是，开明企业在造就更民主的公民、更仁慈的公民、更少破坏性的公民等方面的贡献。

可以在更广的意义上这么说——民主绝对需要为自己着想并最终做出自己判断的人，需要为自己投票的人，也就是，能够管理自己和有助于管理自己的国家的人。专制的企业恰恰与此截然相反，而民主的企业恰恰与此一致。破坏民主社会的最佳方法就是不仅采取政治专制的方式，也采取工业专制的方式，这是最深层意义上的反民主。因此，任何真正想帮助国家的人，任何想为国家奉献的人，任何想为国家牺牲的人，任何把国家进步视为己任的人，如果他的思维符合逻辑，就必须在他的工作、生活中完全贯彻这种哲学，这事关新型民主和管理。

对人们而言，信仰宗教是非常严肃的，其对待类似事情也可能持有这样的看法。开明管理事关一种严肃、深切、深刻和热切地对待宗教的方式。当然，对于将宗教仅仅看作在星期日去某个特定的建筑物听重复诵经的人来说，此二者是完全不相干的，但对那些不仅仅将宗教看作事关超自然现象或典礼、仪式、教义，而是事关人类深切关心的问题、道德问题、人与自然的关系、人类的未来等的人来说，宗教中关乎工作、生活的哲学非常像新型的管理和组织理念。可以说，几年前人们还不"害臊"地认为开明管理是少数人试图以他们认为最好的方式在地球上建立美好生活或在地球上建立人间天堂的途径。

大体上，对于社会心理学家和社会理论家来说，这种"新哲学"（新型管理）是对旧式乌托邦和乌托邦思想的改良。过去所有的乌托邦，至少是其中的大多数，存在的共同问题是往往回避复杂的文明世界，实际上，是尽力逃离社会，而不是尽力想办法帮助改造社会。当然，我们无法逃离工业化，无法逃离社会的复杂性。如果我们都认真地信奉回到农场的哲学，3/4 的人类会在一两年内死去。只要有工业化，布鲁克农场⊖式的乌托邦就不再有可能了。对少数杰出人士而言，回到农场也许是可行的，但对整个人类而言，肯定是行不通的。我们必须建工厂而不是逃离工厂，因此，开明管理的社会心理思想可以看作接受工业，而不是拒绝工业条件下的"乌托邦思想"。

至于军队，情形也许不完全像前述的情形那么清晰和简单，但仍不乏例子。我要说的主要可以概括为民主军队，1962 年民主社会越来越向人人都是将军的情形发展——例如，对孤立作战的喷气式战斗机驾驶员，这已成为现实，还有许多其他情形也是由一个人或人数极少的一组人独自作战并独自承担责任的。当然，专制的人做不到，完全民主的人也做不到（我想）。

我想我也应该强调使军方确信让每个士兵成为美国大使的必要性。整个冷战可以变为一种争取全世界中立国友谊的非军事竞争，那么士兵就必须赢得其他国家人民的爱戴和尊敬。我还应该强调在整个社会中要求高度权威和盲目服从的军事情形而不是要求任何其他的情形的内在危险，其在政治上和国际上都意味着真正的危险，因为它一直是我们军队的趋势。由于专制的人生观，有些军人喜欢"独裁者"，不喜欢全世界的人民革命运动。我要向他

⊖　1841～1847 年，在美国马萨诸塞州西罗克斯伯里（West Roxbury）进行的乌托邦式公社生活的实验地。——译者注

们指出，军队可能有反民主的危险，因为军人有独特的环境要求和独特的职业责任，就像警察和侦探往往比其他人更容易有偏执狂特征一样。

最后，我想我应该向军队强调的是，全国人民服兵役涉及的巨长工时和为此而浪费数百万甚至数十亿小时的愚蠢，这些时间本可以用于教育、社会服务、心理治疗和增长刺激的各类活动，以培养更优秀的公民。也许这是一项值得考虑的研究，对把人们变成兄弟关系的军事集体进行认真研究。如梅里尔突击队[⊖]和其他提供特别服务的集体，在这些组织中，专制层次被抛在一边，这有利于成员参与管理。针对这些事实，也许可以提出一个简单的假设：对于紧密结合在一起的军事单位，开明管理原则比经典的专制军事原则更有利。

至于与教育家和教育行政管理人员的交流，我想我应该采取由增长刺激管理和专制管理的观点开始的方针，即教育可以被看作要么是糟糕的管理要么是良好的管理的观点。那么，我们可以应用所有已经得到证明的对工长和主管的大量研究。在这些研究中，有同情心的、乐于助人的、友好的、无私的、民主的工长和主管，在各方面取得的结果都更好。在教育的情形下，情况也是如此。具有讽刺意味的事实是，对企业情形的研究很多（可能是因为资金容易获得或其他钱财方面的原因），而对教育情形的研究很少，我们几乎没有优秀教师与差劲教师比较结果的数据。当然，这种情况应该得到"纠正"，进步教育的全部问题最好得到重新审视，因为管理哲学和进步教育的观点与参与管理政策非常相似。语义曲解和政治冷战使得教育陷入迷惘，变得一团糟。

我还要向教育家强调的是普通教育与职业教育（关乎技能获得）的明显差别。前者的主要目标是培养更好的公民，培养更快乐的人，培养更优秀、更成熟和发展更充分的个人；后者的目标仅仅是培养更好的技师，而这是一

⊖ 第二次世界大战期间在中国—缅甸—印度战区由美国陆军将领梅里尔指挥的队伍，以擅长丛林战著称。——译者注

项不属于道德范畴的事业。或许法西斯专政的社会或纳粹专政的社会，会与民主社会一样，采用完全相同的教学方式，而只有前一项事业才能表明两种社会（即专制和民主）的目标有多么明显的差别。在专制社会里，自由、自治、自给自足、求知、自由探索、自由质疑都是非常危险的；当然，在民主社会里情况完全相反，即这一切都是可行的，甚至是必要的。

与许多其他美国机构一样，今天教育的问题在于没有人真正知道教育的最终目标是什么。一旦民主教育的目标得到清晰的阐述，一切问题就会迎刃而解。现在我们必须认识到，一旦我们把技术培训的问题放在一边，民主教育的目标除了向心理健康方向发展外就别无选择了——教育必须是优心的，否则就不是民主的。

我认为一种非常有效地交流开明管理的最终目标和意图的方式，可以是这样一种方式：如果在一个由 100 人组成的集体内，大家成为合伙人并将自己的积蓄投资于一项事业，投票时每人各有一票，因为他们认为每个人既是工人又是老板，那么每个人与企业的关系及其相互关系，就与老板雇用帮手和工人的经典模式是完全不一样的。这个例子与一群爱国者在战时抵抗外部的共同敌人的情形是相似的。在这两个例子中，任何人都要做必须做的任何事情。

例如，在突出部之役中，在出现非常紧急的情况时，美军各兵种完全打散——内科医师、面包师、轿车司机、卡车司机、牙医等每人得到一杆枪，并被要求投入战斗中时，所有专业界线都被打破了。突然间，每个人都成了一支全靠他自己的美国军队。同样，任何合伙人都会在企业的某个部门发生紧急情况而他碰巧离紧急情况发生地最近的情况下承担起责任。例如，他们中的任何人如果看见起火了都会立即扑上去灭火，用不着对灭火投票表决。他们中的任何人也会对环境的客观要求、客观事实的需求特性立即做出反应，不会去考虑利益的相互排斥，也不会考虑合同上是否写明了其应该做这件事，等等。

现在的关键在于：有关开明管理和人本管理的所有实验都可以看作来自

这个观点，即在这种兄弟关系的情形下，每个人都会成为合伙人而不是员工。他往往会像合伙人那样思考，像合伙人那样采取行动，往往会承担起整个企业的所有责任，自愿地、自动地承担起企业任何职能活动出现紧急情况时要求承担的责任。合伙关系与协同作用一样，都承认其他人的利益与一个人自己的利益是融合的、共同的、一体的，而不是分离的、对立的、相互排斥的。

如果能够证明合伙关系是完全真实的、有事实根据的、在科学上正确无误的，那么人们更易于像合伙人那样行动，而这正是人人期望的事情，也是在事实上、经济上和政治上，对个人、企业和全社会三者都更有利的事情——与别人结为兄弟而不是相互排斥对个人是有利的。也许有人会为此列举欧洲共同市场的例子来证明，从相互排斥、假定利益对立，到兄弟关系的共同利益、协同作用的转变意味着什么。

对16～18世纪北美洲这块大陆上白人与印第安人之间的对比，结论也是如此。印第安人失败的部分原因是他们不能团结在一起，不能结成真正的联盟，因为他们彼此把对方看作敌人或对手，故不能结成兄弟联盟来反对共同的敌人。而白人往往能团结起来，彼此忠诚，例如，13个殖民地组成统一的美利坚合众国。如果有人想起以前这段相互排斥的分裂或"巴尔干化"的过程，如果有人提出我们有50个独立的国家而不是国家有50个州会是什么情形的问题，那么人们也可以谈论当前工业中的类似情形，那是一种经济上的"巴尔干化"。以这种讨论作为背景，甚至一个专制的人也能发现采取协同作用的态度比"巴尔干化"有利。

工作场所的精神性

开明管理事关一种严肃、深切、深刻和热切地对待宗教的方式。当然，对于将宗教仅仅看作在星期日去某个特定的建筑物听重复诵经的人来说，此二者是完全不相干的，但对那些不仅仅将宗教看作事关超自然现象或典礼、仪式，而是事关人类深切关心的问题、道德问题、人与自然的关系、人类的未来等的人来说，宗教中关乎工作、生活的哲学非常像新型的管理和组织理念。

——亚伯拉罕·马斯洛

　　10 年前，没有人会围绕精神性的主题筹划召开一次商业会议，更不要说以此为题写一本书了。可是今天，宗教因"工作场所的精神性"而变得更加重要了。心灵大师迪帕克·乔普拉（Deepak Chopra）倡导的把东方和西方的神秘主义与美国梦想融合在一起的团体静思在两年前便已受到追捧，而有类似主题的图书如《心灵引导》（*Leading with Soul*）、《工作的心灵鸡汤》（*Chicken Soup for the Soul at Work*）、《高效能人士的七个习惯》（*The Seven Habits of Highly Effective People*）、《作为 CEO 的耶稣》（*Jesus as CEO*）和《饥饿的灵魂》（*The Hungry Spirit*）等被抢购一空。

　　是的，如果我们研究马斯洛博士说过的话，或许"工作"本身就能激起我们对精神性的兴趣。所有的组织都在确定其目标、价值观和使命陈述，这个过程迫使领导者和员工去分析他们的心灵。今天，全球经济日益激烈的竞争将价值观念和道德观念径直摆在了每个人的面前，要求其做出评价并讨论。企业内部的对话与讨论有助于我们从集体和个体的角度回答一些重要的问题：我们是谁，我们主张什么，我们如何办企业，我们如何对待其他人。

　　正如马斯洛的先见之明所示，我们越沉浸于企业人性面，我们的心灵就越纯洁。

第 13 章

心理健康与出类拔萃的经理、主管、工长的特性之间的关系：利克特著作读后感

有一种整体思维或有机思维，即认为一切事物都是相互联系的；我们思考的问题不像一条直线，也不像因果链，而是像蜘蛛网或网格穹顶；每个部分与其他各个部分都是关联的；观察一切事物的最佳方法是把整个事情看作一个大统一体。

——亚伯拉罕·马斯洛

我认为，利克特的《管理新模式》⊖（*New Patterns of Management*）的头几章和我读过的其他几本论述管理的书的问题在于，它们似乎都忽略了所谈论的话题与心理健康一般观念之间的关系，对此，我是清楚的。例如，我做了一个小游戏，对利克特《管理新模式》头几章中根据经验发现的出类拔萃的经理的所有特性核对打钩。这些出类拔萃的经理来自生产率更高的集体，或是在其他方面很优秀的工人集体，其特性有流动率更低、病假更少等。列出所有这些特性，然后在另一栏中列出在平庸的经理身上发现的特性，从而可以以一种相当普遍的方式清晰地显示心理健康和心理疾病的模式。我想我日后会尽力认真地做这件事，这些模式已非常清楚，非常明显。

上述关系使利克特的发现和许多其他考虑产生了关联。例如，我认为存在将政治和政府作为一种管理问题加以考虑的可能性，进而科学可以看作以特殊方式管理的大型企业，于是可说，大学的"管理"是非常非常糟糕的——对我来说这已经很清楚了。

此外，关于管理的这些讨论可以扩展，完全可以与心理健康、个人成长、精神疗法、协同作用、理论社会心理学以及天晓得的其他领域的文献联系起来。

在我尝试思考这些问题时，立即发觉纯理论必须马上被纳入考虑范围。例如，我们的讨论必须有一种整体思维或有机思维，即认为一切事物都是相互联系的；我们思考的问题不像一条直线，也不像因果链，而是像蜘蛛网或网格穹顶；每个部分与其他各个部分都是关联的；观察一切事物的最佳方法是把整个事情看作一个大统一体。或许，我应在后面尝试一下这种思维方式，但现在我想我要做的是试试一个接一个地进行自由联想。

比如，优秀的政治家和优秀的国务活动家不也是优秀的管理者吗？这事关严肃的水平问题，因为它潜在的意思是，只有在条件良好的情况下（诚实是可能的，人们是正派的，等等），优秀的政治家才是优秀的管理者；当人

⊖ R. Likert, *New Patterns of Management* (New York: McGraw-Hill Book Co., Inc., 1961).

们是不好的或不成熟、精神变态的，他们就不可能是优秀的政治家或优秀的国务活动家。但这也不全然对，因为就此而言，一个优秀的政治家、一个优秀的经理或一个优秀的主管，可以在尽人事职责方面和在成功的环境下被认为是优秀的。优秀的政治家用他的资源做到最好，或者在向对群众有利的方向上带领群众前进了一两步，在这个情境中，他们是"优秀的"，即使他们自己并没有意识到。

提出优秀的政治家和平庸的政治家与环境良好水平的关系这个问题是必要的，其中一个原因是我在有关成长或开明管理政策的大量著作中发现了一些脱离实际的东西。许多作者用一种绝对的方式谈论着，似乎这种新的管理政策在某种"柏拉图式"的感觉中很"好"（言下之意它永远是好的），而忽视了这些政策实施的环境。换句话说，良好的管理政策是讲究实际的、功能意义上的良好，它们可以比旧式管理政策产生更好的结果，但这个核心问题往往被忽视了。开明管理政策目前不被认为必然是良好的，因为上帝是这么说的，但更是因为它们发挥了更好的作用，它们在提高生产率、改善产品品质或促使普通民众成长等方面证明了自己的存在价值。如果我们持有上述否定观点，那么我们肯定不会完全笃信这些管理政策；我们不会把它们当作本身就是良好的、与其后果无关的来对待了。

更具体地说，我的看法是，这些新 Y 理论的开明管理政策事实上非常适合今天的美国，非常适合健康、成熟和民主的美国公民，非常适合民主的特定文化环境，等等。但假定发生了原子弹爆炸、腺鼠疫流行或其他什么灾难，环境发生了改变，人们就得根据丛林法则生活。那么，那时的良好管理政策是什么？显然，会完全不同于现在的，现在我们认为是良好管理政策的东西会是完全愚蠢的和极有害的。在钱财富足、货物富足、食品富足的富裕社会，你可以依据 Y 理论信任人，但在大多数人挨饿受冻时，在没有足够的食物满足每个人的需求时，显然你不能信任掌管食品储藏室钥匙的人。在这种环境下我该怎么做？噢，我心里是非常清楚的。如果有 100 个人和只够

10个人的食物，90个人不得不饿死，那么我会千方百计地确保我不在那90人之列，我也非常确信我的道德观念和伦理观念等会非常迅速地改变，以适应丛林情形而不是先前的富裕情形，尽管那些原则曾经很好地起作用。

让我在阅读管理文献时隐约感到忧虑的地方是，经常成为决定因素的一种虔敬，一种半宗教性的态度，一种轻率、欠考虑的、先验的"自由主义"，它们在某种程度上排除了对现实情形的客观要求保持必要敏感的可能性。最符合客观环境要求的管理政策就是最好的，这种思维方式是一种极其讲究实际的方式，但也属于典型的韦特海默（Wertheimer）和卡托纳（Katona）式格式塔心理学，⊖即认为最佳的思维方式、最佳的问题解决方案显然取决于对问题情形本身的充分认识，取决于客观的观察，而没有预期，没有预先推测，没有任何完全抽象意义上的先验思维——大概只有"神"能不凭借偏见、恐惧、期望、希望、个人优势等看到。事实上，上述方式是观察所有情形的最佳方式，也必定是观察所有问题及其解决方案的最佳方式。需要解决的问题是摆在眼前的问题，不是藏在脑中某个角落、以过去的经验为基础的问题——那不是今天的问题，而是昨天的问题，它们一致。

附带说说，我可能从中得出一般性原则。我在阅读管理、组织和领导主题的文献时做了许多笔记和注释，由于对上述特定理论的虔敬和忠诚，在我看来，这些文献有点不对头（像是选举投票，不管怎样只能支持一个政党的候选人）。我认为能够涵盖我心目中几乎所有标准的表述是"符合客观环境的客观要求"，这个表述不仅关乎客观感知（最好记一些有关 B- 认识的笔记），也关乎符合环境客观要求的适当行为（记一些有关自发性、创造性等的笔记）。

回到原来的问题，我认为开明管理可以在几个不同领域应用并得到经验上的支持。例如，我们有大量与不同学生有关的教育政策（教育管理）的数

⊖　M. Henle (Ed.), *Documents of Gestalt Psychology* (Berkeley: University of California Press, 1961).

据。我认为这样说是公平的：我们知道对待战后德国出现的专制的学生，需要用与教育和管理同龄的普通美国学生完全不同的方式。专制的学生更喜欢并需要专制的教师，在这种情况下，他们会有最好的表现，而其他类型的教师都被认为不是真正的教师，会被捉弄、失去控制等。

　　对待专制者的正确方式是把他们当作十足的坏蛋，然后像对待坏蛋一样对待他们，这是对待坏蛋的唯一可行的方式。如果一个美国人对他们微笑，并想当然地信任他们，认为将食品储藏室的钥匙交给他们，就能马上使他们悔过自新，那后果将是银器被偷走了，而且他们会鄙视"软弱的"美国人，以为美国人没有骨气、愚蠢，是可以利用的温顺的绵羊。每当我偶然碰到专制的学生，对我来说最好的办法就是立即把他们压得喘不过气来，立即确立我的权威，让他们吓一跳。我甚至设法拍打他们的脑袋，告诉他们现在谁是"老板"。一旦权威被接受，也只有在被接受后，我才会告诉他们，一个老板、一个强人、一个挥舞拳头的人也可能是仁慈、和蔼、宽容和值得信任的，等等。毫无疑问，如果专制主义的弊病不是太严重，这种管理实际上会改变这些人的世界观和性格，把他们，至少是他们中的部分人，改造得更民主而不是更专制。

　　这个道理也适用于企业情形。我们向美国工人提供了政治民主和富裕的环境，他们可以让上司走开，如果不喜欢现在的工作也可以离开，去找一份新工作。但假定波斯人、秘鲁人、沙特阿拉伯人或其他人在某人的控制下生活，这些人的世界中只有狼和羊，那他们肯定知道自己是羊，不是狼——十分清楚的是，实际上我们需要 X 理论管理（至少是目前）缓慢并谨慎地向 Y 理论管理转变，直到工人表示可以改造他们的性格，并能够在值得信任、珍视诚实、珍视自治等条件下生活。

　　民主政治理论也是如此。不加区别地将美国人的政治手段输送到比利时或刚果是愚蠢的，不会有任何彻底的改变，因为那里的条件完全不同（发展历史不同，作为个体的人不同，政治结构不同，等等），而政治涉及各种必要的教养、教育水平、经验水平、各种哲学等。我们理解的民主在今天世界的许多环境中完全不起作用，这只要扫一眼任何一份报纸就可以证明。采用其他类型的管理政策是必要的，即使我们的目标最终是输出民主的环境——这事关一种变革管理，事关从 X 理论管理向 Y 理论管理的转变。

推而广之，对家庭、夫妻关系、朋友关系等的管理也是如此，在每种情形下，最好的管理政策是最能发挥作用的政策。为了找到这种政策，完全客观是必要的，不需要先验的预先假定，也不需要虔敬的期望。现实的感知是现实的行为所必需的，而现实的行为是良好的结果所必需的。

第 14 章

再论心理健康与出类拔萃的经理的特性之间的关系：利克特著作读后感

最优秀的经理会提高他们所管理的工人的健康水平。

——亚伯拉罕·马斯洛

大体上，利克特要说明和证明的是，在他所说的研究环境下，也就是在美国，从注重实际的观点来看，开明管理最有效。我认为一个人可以得出这个结论，可以说美国的管理似乎比其他国家的管理更好，出于同样的理由，仅仅因为它是有效的。现在，实际情况非常清晰地指明了美国管理良好的氛围。利克特报告中的大部分经验都将优秀的美国经理和平庸的美国经理进行了比较，其中的优秀和平庸是根据实际的生产率、工人满意度、低流动率、低病假率、低缺勤率、少劳工纠纷等确定的。

现在，科学地面对这个问题的简单技术就是传统的重复过程，即反复挑选、优中选优，不断提纯和精练的过程。例如，我在构思自尊和情绪稳定性的人格测试（25，53）时就采用了这种方法。我的做法是，首先根据当时最严格的标准（这些标准肯定不是非常好），尽我最大努力以求找到非常稳定的人和非常不稳定的人。其次，我尽可能集中地研究这两组人，进行相互比较，然后以研究为基础编制性格表，改进情绪稳定和不稳定的定义。

再次，我用经过改进的新定义再次走访那些人以求完善新定义。根据我的新定义，不稳定组中有些人不是那么不稳定，稳定组中也有些人不是那么稳定，我忽略的人中有些可能非常适合归入极端组。做完这项工作，新的分组就形成了，我用完全相同的方法再次对他们进行研究，再次重复这个研究过程。最后，我得到经改进的更完善的定义和集体性格的描述。此后，根据新定义和更完备的知识，我构思极端组，然后研究他们……如此重复，我一直向越来越纯的"产品"行进。这有点像居里夫人为了最终得到铀而提炼沥青铀矿时所采用的技术。

在此过程中，我要一个接一个地提出问题并建立起相关性网络。

（1）在美国的研究情形下，与同一个研究项目里平庸的经理相比，最优秀的经理似乎是心理上最健康的人。这个结论得到利克特数据的完全支持。

（2）最优秀的经理提高了他们所管理的工人们的健康水平。他们是通过两种方式做到的：一种方式是使安全、归属、非正式群体内部的关爱关

系和友情关系等基本需求和威望需求、自尊需求等得到满足；另一种方式
是使真、美、善、公正、完美和法律等超越性动机或超越性需求得到满
足。一旦工人的高层次的需求首先得到充分的满足，开明管理就会以满足
基本需求和满足超越性需求两种方式提高工人的健康水平（89）。

（3）工人越健康，他们从开明管理得到的心理上的利益越多，从而他们
会更加健康，这与自我醒悟疗法是完全相同的。在自我醒悟疗法中，最健康
的人是那些从自我醒悟疗法中获得利益最多的人，因为他们是最坚强的人、
最不敏感的人、最不偏执的人、最不猜疑的人，等等。最健康的人有更宽广
的双肩，能够承受焦虑、压力、责任、沮丧和对自尊威胁的重担，并利用这
些来达到良好的目的，比如使自己更加坚强。在同样的压力下，不健康的人
或更神经质的人往往会垮掉，而不是更坚强。这个观点有助于描述我的"大
陆分水岭"原理。我用这个原理描述这个事实，即压力要么将人完全击垮，
如果他们一开始就太衰弱而无法承受压力的话；要么呈现另外一种情况，如
果他们原先已经坚强到能够承受压力，只要能够安然度过，同样的压力会使
他们得到锻炼，变得更加坚强。一般来说，这个原理对战场的外科大夫也大
体适用——伤员太多以至于不能对其全部治疗的外科大夫，为了把有限的时
间用于最有可能康复的人，会不理睬那些很可能会死的伤员。当然，听起来
这种做法未免有些残酷无情，但战场就是如此。一个仅有 5 小时可用时间的
大夫，将这 5 小时全部用来抢救一个生存机会渺茫的伤员，而不是用这 5 小
时的时间抢救 50 个可以康复的伤员，是非常愚蠢的。

（4）在我们发展开明管理政策、开明经理、开明工人和开明组织的相关
理论时，我们也需要发展协同作用的相关理论（对协同的解释需要分开和全
面阐释）。

（5）向社会协同的任何发展，也是向开明管理政策、开明经理、开明工
人和开明组织的发展。（此处需较详细地描述感知者与世界之间的心物同态，
或个人与环境的心物同态，并要指出每一方对另一方都有反馈，每一方都影

响另一方。）个人越是整合，就越能够感知世界的整合。而且，世界越是整合，个体越有可能整合。

（6）任何一个人心灵内部协同作用的任何提高，也是向提高其他人协同作用的方向发展，也是向提高社会、组织、集体等协同作用的方向发展。（该说法与上一个说法在实质上是一致的，只是方式不同而已，更有可能通过实验获得检验。）

（7）更好的人和更好的集体是互为因果的，而更好的集体和更好的社会也是互为因果的。更好的个体往往在其所在的集体中建设更好的集体，而且，集体越好，往往更能改进集体里的个人。对大社会里的集体而言，其也适用这个道理——二者相互影响。简单的说法可以引述歌德的话："如果世界上人人清扫自家院，那么全世界就会变得整洁。"还有一种说法是，在任何情况下，每个人都会在精神上影响与其交往的任何人（32）。

（8）一般来说，心理健康与麦格雷戈的 Y 理论管理之间存在交互关系，心理患病与麦格雷戈的 X 理论管理之间也存在交互关系。这就是说，健康的人在管理政策上往往自发地、本能地持 Y 理论，病态的人在管理政策上往往持 X 理论。此外，那些被认为在 Y 理论下起作用的人比那些被认为在 X 理论下起作用的人在心理上是否更健康则尚无定论。

（9）心理上更健康并靠 Y 理论生活的那些人和在良好环境下是最优秀经理的那些人，是完全相同的人。他们自发地使自己具有协同作用，为他们所管理的人建立发挥协同作用的环境。［参看对协同作用的全面论述（103），重点看善的有限论和善的无限论之间的对比，以及协同作用理论和相互排斥、利益对立理论之间的对比。］

（10）我们在此又碰到一个相关性网络：社会更好，生产率更高；经理更好，个人心理更健康；领导者更好，经理更好；个人更好，企业更好。当然，通过参与，这些变量中的每个决定因素也更好。例如，更好的社会中的任一决定因素更好（如更好的教育制度），那么一切也会更好，能够提高一个人心理健康的一切都有助于社会、经理、领导者、企业、生产率等的进步。当然，这意味着优秀精神科医生人数的增加是所有这些进步的决定因素。

将前述对管理政策、组织理论、领导政策等的讨论置于更大的背景下，置于国家、社区甚至是联合国的背景下，事情会变得有点不同。一般来说，我们可能认为管理理论大体上强调两种产品、两种后果：一种是经济生产率、产品品质、利润创造等；另一种是工人们的心理健康、他们的自我实现的发展，以及他们的安全感、归属感、忠诚度、爱的能力、自尊感等的提高。

在国际背景下，特别是在今天冷战仍在继续的情况下，后者的重要性愈加突出。我想这是因为总的来看，我的期望是不会再有"热战"，不会再扔原子弹。很有可能目前的军事僵局会持续下去，因为双方都担心僵局不能持续下去。如果情况确实如此，那么马上产生的一个后果就是军事的重要性变得次要了，他们要做的一切是维持现状，并驾齐驱——恕我直言，实际上是防止他们的资源耗尽。直截了当地讲，军事的主要作用事实上是防止战争，而不是发动战争。

如果事情果真如此，那么公众思维的重大改变是必要的，特别是对于苏联与美国之间的对抗关系。在这场竞赛中，此二者一直保持势均力敌的均衡是不可能的，其中一个迟早会领先。但是，一个国家将如何领先？如果我们排除战争的可能性，如何使领先成为可能？显然，领先是就管理政策的两种后果而言的：一方面是更好的自来水笔、更好的汽车和更好的收音机，美国在这些方面领先于苏联，因为我们的自来水笔、汽车和收音机受到全世界人的青睐，而苏联的产品不是这样；但另一方面是人的后果，这是相当重要的，我认为从长期来看会更加重要。问题是，谁更受到中立国的喜欢和敬重，苏联还是美国？除了根据人们在全世界旅行时的所见所闻，除了根据人们在美国国内通过报纸了解到的情况，该如何做出判断呢？事实上，这意味着能够培养出更好的人的国家将赢得冷战。

喏，Y 理论管理（或优心管理）必定培养出更好、更健康的人，培养出比 X 理论或专制管理下更可爱、更令人钦佩、更值得尊敬、更有吸引力、更友好、更亲切、更利他的人。我的印象（无事实根据）是世界各地的人都喜欢美国人，但德国人就不一定了，特别是在旧的专制政治制度下长大的德国人（纳粹分子是最不受欢迎的人）。至于苏联的旅游者、观光者和外交官等在中立国受人喜爱的情况，我没有丝毫信息。（附带说说，我们没有前述观点的相关信息是荒唐的。这些信息是非常重要的，它让我们知道事情进行得如何，比如说，这和了解苏联现在有多少潜艇一样重要。）因此我要说，对于教授、研究人员和哲学家来说，对管理、组织和工业的理论研究，当然应该包括对管理风格这一后果的认真分析。

利克特的报告列举了莫尔斯（Morse）对专制管理和参与管理的实验，实验证明，在专制管理制度下，生产效率仅略有提高，而在参与管理情形下，与人相关的各种变量都得到了改善，但不包括会计制度。在对国际背景、冷战和以管理培养人的讨论中，这是应该被考虑的。不久后，我会拿出时间来思考我们现行的会计制度有多愚蠢，因为它们几乎排除了所有重要的人事、心理、政治和教育等无形因素，所以我最好现在不讨论这件事。不管怎么说，我是会谈到"道德经济学"和"道德会计学"的［我多半是向沃尔特·威斯克普夫（Walter Weisskopf）和鲍勃·哈特曼（Bob Hartman）学习］，相关理论得出的结论似乎与莫尔斯的实验有所不同——它们确实提高了一点生产率，但付出了巨大的长期人力成本，甚至付出了长期生产力成本和我在这里提到的所有政治因素成本，合理的会计制度应该指出专制管理制度是完全荒唐的、完全劣等的。

（11）我会尽力将所有相关性网络置入可检验的、可证实的或可证伪的，进而用科学的语言而不是哲学方式来表达的单一关系形态之中。我认为，在自我实现的人当中，在精神疗法的成功产品当中，在用任何其他方式测量的心理健康的人当中，研究发现的任何特性，可以用其他方式来说明，即如果这些特性可以列表，其中每一项特性都高度预计会在更优秀的经理而不是更平庸的经理中发现。（这里所讲的更优秀的经理和更平庸的经理是根据生产率等实际结果而言。）当然，更优秀的经理和更平庸的经理也可能是根据人的结果来确定的，即经理和工人的自我实现的发展。

因为以上因素都是可控制的变量，可以采用经典的实验设计。例如，根据精神疗法、敏感性训练、集体疗法或任何其他治疗方式，谨慎地改变变量应该是可能的，比如说良好的倾听能力（这肯定是心理健康的一个特性）。然后可以检验该原因、刺激或受控制改变对任何一个特性的影响，对更高的生产率或更好的人的结果的一组特征中任何一个特征的影响。例如，一个人可能提到病假或劣质产品，那么假设就产生了——良好的倾听能力的任何提高都将带来病假数量的降低、不必要浪费数量的降低、产品质量的提高。在该特性层次可以提出数百个假设。

为了理解上述全部观点，意识到整体或有机思维与原子或不相关联思维之间的差异是必要的。换句话说，应该用我在《动机与人格》（*Motivation and personality*）第 3 章提到的共存物动力学来解释。也可以用我在该章提到的套叠盒式关系来解释，还可参考对层次整合的讨论（与相互排斥截然不同）。我打算口述对这些问题的看法，就让本文作为论述其他问题的参考吧。我会论述共存物动力学和整体论，然后论述层次整合和协同作用。

马斯洛预言人将成为竞争优势

管理理论大体上强调两种产品、两种后果：一种是经济生产率、产品品质、利润创造等；另一种是工人们的心理健康、他们的自我实现的发展以及他们的安全感、归属感、忠诚度、爱的能力、自尊感等的提高。在国际背景下，后者的重要性愈加突出。……但是，一个国家将如何领先？如果我们排除战争的可能性，如何使领先成为可能？显然，领先是就管理政策的两种后果而言的……

——亚伯拉罕·马斯洛，1962

马斯洛在 1962 年说这番话时是在谈论冷战的结束，可是他的话用在今天比当时更适用。

　　我们为出版本书而访谈过的每一位领导者都提到了潜藏在组织成员身上的竞争优势。他们向我们提起最多的是日益加重的、在全球市场上的商业责任。许多人预言企业将在新的世界秩序中扮演更重要的角色，政府将越来越多地成为干涉与自己职责无关的事情的角色。

　　由此，企业因其产品和员工队伍而正处在领导世界变革的最有利的位置上。正如一位首席执行官告诉我们的："企业将随时做好准备去解决通常由政府解决的问题。因为我们的产品越来越多地在全球市场销售，我们的人越来越多地在全球各地工作和生活，我们越来越代表未来。在我们承担起这项任务之前，我们只是希望我们的价值得到真正的体现。"

第 15 章

论开明管理

根据这些数据，世界上最坚定理智的
人不得不与世界上最敏感脆弱的人得出同
样的结论：民主类型的管理者给公司创造
的利润更多，给大众带来的幸福和健康也
更多。

——亚伯拉罕·马斯洛

需要指出达夫（Dove）关于优等鸡的实验和关于出类拔萃的经理的最新文献之间的相似之处——关于鸡的实验发现，优等鸡在一切方面都是优等的，即它们有更健康的羽毛和更健康的鸡冠，它们下更好和更多的蛋，它们体重更重，也更强壮，它们优先啄食，在自由选择的情形下它们会自然地选择对身体健康最有利的食物。拿优等鸡挑选出来的食物去喂劣等鸡时，这些劣等鸡在上面提到的所有特性上会有某种程度的改进——它们的体重更重了，它们下的蛋更好了，它们啄食的排序进步了，它们有更多的交配机会，等等，但它们永远不会在这些特性上提高到天生的优等鸡的水平——提高了大约50%。

对经理的最早研究是自然观察。例如，吉姆·克拉克（Jim Clark）的研究或在利克特的著作所引述的许多研究发现，有时一个部门比其他部门在经济上、绩效上更出色，诸如有更高的生产率，有更低的流动率或者有更高的士气，等等——这些研究是为了寻找与这些经济绩效有关的因素。[⊖]实际上，所有这类实验都发现工长或主管、基层经理与工作班组的经济绩效有关。出类拔萃的经理的品质大家也知道了，即他们更民主、更有同情心、更友好、更乐于助人、更忠诚，等等。也就是说，经济绩效是实实在在干出来的，而不是基于先验的、道德的、伦理的或政治的基础。世界上最坚定理智的人不得不与世界上最敏感脆弱的人得出同样的结论：民主类型的管理者给公司创造的利润更多，给大众带来的幸福和健康也更多。

就我的理解，虽有所想但没有明说的看法是，应该迫使平庸的经理模仿这些出类拔萃的经理的行为和态度，即使这不是他们自发的自我选择。未说出口的含意可以从设计思路中观察出来，即期待平庸的经理达到与出类拔萃的经理同样的结果。后者是本能地、无意识地、事先不加思考地做那些事情，这完全是他们人格的表露。

⊖　In P. Lawrence et al., *Organizational Behavior and Administration* (Homewood, IL: Irwin-Dorsey, 1961, Section Ⅱ).

但这个看法需要证实或证伪——它也许成立，也许不成立。首先也是最明显的可能性是，类似那些鸡，将出类拔萃的经理的行为强加给平庸的经理也许能改进整体情形，但不会一直改进；也可能没有丝毫效果，因为也许经理的自发人格才是至关重要的；也可能行为像出类拔萃的经理的平庸的经理可以获得与出类拔萃的经理同样的结果。我们根本无法确定——这需要研究。

这个看法还提出了极有吸引力的各种有关人格、行为、表达等之间关系的理论问题。我们或许会说，平庸的经理的品质，如专制、对抗、施虐倾向等，可能是精神机能障碍引起的，因而是能改善的，而不是任何人内在的、天生的、禀赋的品质。对此，我们还需进一步研究。

我看到的证据是，所有平庸的经理的平庸品质都是神经质生活过程导致的，因此通过精神疗法、教育或良好的工作体验是可以改善的。这需要证实或证伪。

另一个观点是，或许所有优秀的人的品质是人类固有的，至少在出生时是这样，只是后来逐渐地扭曲或丧失了。这就是说，人的罪恶是个体对恶劣对待的反应造成的。这是第三势力心理学家通常同意的观点，但是，它并没有得到完全的、最终的证明，即不管是否喜欢某一种品质，任何人都不得不相信它的存在。如果情况如此，那么告诉平庸的经理他们平庸的原因，把出类拔萃的经理的例子提供给他们，告诉他们所有相关研究的数据，可能会唤醒他们内心深处的某种东西，由此他们会自发地将自己改造成优秀的人。反过来，这也必然意味着成为实干的优秀的经理既需要根据更好的经济结果，也需要根据每个人认为的最大快乐和自我实现。我必须再次说明，要学会如何在所有备选方案中做出选择——唯一方法是进行更多的研究，并对所有情形做出更谨慎的理论上的陈述。

第 16 章

开明管理的副产品

一般来说，真正受开明管理影响的男
士也应该是好丈夫和好父亲，还应该是好
公民。

——亚伯拉罕·马斯洛

大量数据表明，一个真正深爱自己孩子的母亲事实上可能用任何方式对待孩子，可以打骂、斥责等，孩子却可以成长得很好。似乎重要的是爱的基本态度，而不是具体行为。至少有关这种关系的所有数据都清晰地证明了这一点。行为不是非常恰当的性格标志，也不是理解人格和态度的恰当标志。任何把行为当成斗篷，像演员那样披在身上的人都会发现，这是根本不起作用的。不管怎样，人们能够有意或无意地发现一个人是在演戏，并通常感受不到他通过其行为试图传递的态度。所以，我们可能遇到同样的难题——听过各种课程、读过各种书籍、受过各种培训、接受论据、愿意像一个优秀的经理那样真正表现的经理，如果他没有深刻理解民主、父母之情、充满深情等，或许并不能得到想要的结果。

　　这提出了深刻的关于存在的问题，即是某物与想是某物之间的差别问题。我们碰到的是似是而非的矛盾说法，即在坏事物和好事物之间必有过渡。如果一个窃贼意识到他是窃贼的事实，他想做一个诚实的人，除了有意识地努力不做窃贼和有意识地努力做诚实的人，他没有其他办法。努力做一个诚实的人是自我意识、人为之物，而不是自发的、自然的表现，也许看起来还有些虚伪。这与自发的诚实有很大区别，后者是性格态度的深刻表露。还有别的办法吗？除了努力，没有其他办法能一下子把窃贼变成诚实的人。

　　组织的情形也是如此。要将专制的经理变成民主的经理，除了通过有意识地、人为地、自愿地**努力**做一个民主的经理的转变步骤，没有其他办法。努力做一个民主的经理的人显然与一个自发的民主的经理是不一样的。我们考量了所有哲学论据，最好谨慎行事。人们容易看不起"努力"状态，因为它不是完全自发的，它可能遭到拒绝——这个被拒绝的人没有意识到，除了通过前述的步骤自发地、强烈地努力去做想做的人之外，没有其他可能性。

　　上述观点的另一种表达方式是：一个人也许会说，我们必须努力做一个特殊的人，有特殊的人格、特殊的性格、特殊的灵魂，而不是努力表现出直接的、特殊的行为。如果谈论塑造特殊的人格，我们马上就进入了容易观察的成长理论、人格理论、精神疗法理论等心理学领域，还有弗洛伊德的理论的领域，因为我们必须谈论无意识，谈论行为的各种决定因素，而这些是人们意识不到的。一般来说，这些无意识的行为决定因素不能直接发挥影响，我们必须彻底革新人格，塑造完全不同的人。（因此用"行为科学"一词描述这个科学领域并不合适。）

对人的强调以及对作为深层人格副产品的行为的强调，是引导我研究的因素之一。我发觉，开明管理和开明监督的测定不仅必须包括企业的行为，也必须包括产品的数量和质量，还必须包括前面提到的这些副产品。因此，我认为一个非常实际的检测就是在开明的企业里看工人做什么，何时回社区、回家。例如，我期望如果管理政策真的在促进成长，真的在产生良好的人格，这些人在他们的社区会有更多的善举，更乐于助人，更无私和利他，对不公正更义愤填膺，更愿意为他们认为是真理和好的事业而奋斗，等等。这些完全能够衡量，至少在理论上。

此外，收集家庭行为的变化应该是可能的。一般来说，真正受开明管理影响的男士应该是好丈夫和好父亲，还应该是好公民。因此，直接的测定方法应该是，不仅与他谈话，也要与他的妻子、孩子谈话。在这里我想起了迪克·琼斯（Dick Jones）的研究[⊖]，他在一所高中尝试精神疗法教学一年后，检查他教过的女生中种族歧视减少的情况，以测试他计划的有效性——他发现种族歧视减少了，甚至在整整一年中没有人提到过这个话题（这就是我说的考量副产品而不是直接考量行为本身）。对于消极的人或精明的人而言，要模仿任何行为或装装样子真是太容易了，这对他们保住饭碗或在任何特定情形下领先于别人都是必要的。他们也许**表现出**管理人员希望他们表现出的样子，但他们的思想完全没有改变。

⊖ R, Jones, *An Application of Psychoanalysis to Education* (Springfield, IL: Charles C. Thomas, 1960).

第 17 章

论协同作用

在集体情形下，你对其他人的影响力
和权力越大，你自己得到的越多。

——亚伯拉罕·马斯洛

社会协同或协同作用是鲁思·本尼迪克特在研究原始文化的健康程度时使用的概念，她的基本观点是有协同作用的机构是有条理的机构，能使追求自私目的的人无意识地帮助其他人；不管愿不愿意，利他的、助人的、无私的人也无意识地得到了自私的好处。这就是说，协同作用是自私和无私之间对分（dichotomy）的一种解决方法，并非常清晰地表明自私和无私的对立或它们的相互排斥是文化发展不充分的后果。我证明了这种情况在一个人的身上会以同样的方式出现，我最后的结论是，自私和无私的相互排斥是一个人轻度精神机能障碍的标志。

自我实现的人超越了自私和无私之间的对分，这可以用多种方式证明。一种方式是他们从其他人的快乐中得到了快乐，也就是说，他们从其他人的快乐中得到了自私的快乐（这是说明无私的一种方式）。以前我举过的一个例子也可以用在这里——如果我把草莓喂给我心爱的小孩吃，她爱吃草莓，吃得津津有味，我会感到莫大的快乐，享受着看她吃草莓的乐趣而度过一段美好时光，但如果我自己吃草莓也一定会给我带来快乐，那么，我应该说喂草莓这个行为是自私的还是无私的？我牺牲了什么吗？我利他吗？我因此快乐了，我自私吗？显然，最好的解释方式是说自私和无私是对立的，这相互排斥的两个词已经变得毫无意义了，这两个词已经混合在一起了。我的行为既不是完全自私的也不是完全无私的，或者说它既是自私的又是无私的，或者，按照我更喜欢的、更深奥的说法是这种行为是协同作用。对我的小孩有利的对我也有利，对我有利的对我的小孩也有利，使小孩快乐的也会使我快乐，使我快乐的也会使小孩快乐，一切差别都不存在了——现在可以说，我们两个人成为一个人了，用功能理论的话来说，我们已经成为单一体了。这种情况非常普遍，我们将恩爱夫妻视为单一体，侮辱其中一个就是侮辱另一个，穿在一个人脚上的鞋会使另一个人的脚也感到舒坦，等等。

这恰好也可以对爱进行非常合宜的解释，即对新家庭而言，两组独立的需求混合成了一组单一的需求。或者说，爱出现在当别人的幸福也会使我幸福时，出现在当我喜欢别人的自我实现和喜欢我自己的自我实现一样时，出现在当"别人"一词和"我自己"一词之间的区别消失时。哪里有共同财产，哪里就会出现"我们""我俩""我俩的"这样的词语。爱的另一个定义是别人的幸福是我自己幸福的条件，协同作用同样如此，它包含一种爱的认同。一个人也许会说，爱意味着在特定方面不同的人会受到相同的对待，好像他们不是不同的，好像他们是一个人，好像他们是联合的、共同的，混合成一个更高一级的、包括双方在内的、将他们混合在一起的新的统一体。

在最新的著作中，本尼迪克特举了各种文化人类学的例子。在对印第安黑脚族的研究中，我也获得了丰富的例子。特迪是我的翻译，也是全部落中唯一受过教育的人，他上过一两年大学。特迪出息了对全部落也是好事，例如，特迪成功后买了一辆汽车，那是全部落仅有的一辆汽车。但黑脚族的传统习俗是任何人都可以向部落任何其他成员借他需要的任何东西，事实上，那辆车属于全部落，任何有需要的人都可以使用它，特迪本人用车还没有其他人多。"拥有"（这个词在这里没有任何意义了）的唯一后果是他要支付汽油费等费用。但是，人人都为特迪自豪，人人都认同特迪，这与我们为在奥林匹克运动会上赢得 100 米赛跑金牌的美国人自豪是一样的，与我们为我们城市、为我们大学有一个伟大的哲学家和科学家自豪是一样的。同样的道理，他们非常为特迪自豪，非常爱戴他、器重他，并选他当酋长，让他做非正式发言人，他是全部落实际上的领导者。毫无疑问的是，特迪喜欢这样，我想部落中的人人也喜欢。他受到部落中的人人的尊敬和爱戴，这让他非常满足，我从来没有听到他抱怨别人用他的车，顶多开句玩笑。

自私与无私相混合的另一个例子是每年一次的拜日舞上的赠予习俗行为。人们努力工作一年攒钱，甚至是多年攒钱，为的是在拜日舞上公开地显示慷慨和乐善好施。例如，在拜日舞的圆锥形帐篷里，我见过白发酋长在一年中最神圣的时刻，从围坐在一起的部落人中站起身来，发表我们称为"自吹自擂"的长篇演说，说他如何聪明，如何能干，等等，然后以非常高傲的手势示意将他身旁堆积如山的一堆毛毯、食物甚至小孩喝的软包装饮料等赠送出去。他把这些东西赠送给寡妇、老年盲人、儿童和青少年。

他挣得越多，工作得越好，他的农场越成功，他饲养的马匹越多，对每个人的好处越多。这与我们的社会在类似情形下产生妒忌、愤恨和自尊失落的趋势是矛盾的。我叔叔意外地发财了，结果是他即刻失去了与所有亲戚的亲情，其原因任何美国人都明白。没有一个亲戚从他的财富中得到回报和好处，我记得我对此是非常反感的。他有一大笔钱，我是一个贫困的大学生，他没有给过我任何帮助。我想这是非常自私的，我从此不再和他来往了。如果我们是印第安黑脚族人，他的财富会帮助我，而作为美国人，他的财富却不会帮助我。因此，财富使我们成为敌人而不是朋友。

在我们的社会里，非个人的例子或许要数累进所得税了。一个人挣得越多，他缴纳的税也就越多，可能对我越有利。当然，这是非常抽象的和非个人的——我没有看到钱，可事实上这是真的，因此累进所得税暗含一种协同作用原理，它保证如果有人创造了财富，对其他人而言也有好处。这与墨西哥及拉丁美洲其他地区的情况形成鲜明对比，在那些地区，社会创造的财富越多，穷人得到的食物越少，即食物的价格越高。因为那里没有所得税，富人占有了他们拥有的一切，他们的大笔开销抬高了一切商品的价格，使得穷人受苦而不是受惠。这体现了与累进所得税截然不同的逆协同作用原理。

第 18 章

优势无限量协同作用原理与优势无限量逆协同作用原理

> 一个人可以模仿的一切只是产品，而且是创造力、良好管理政策的副产品。一个人不可能模仿创造力或良好管理政策。
>
> ——亚伯拉罕·马斯洛

对于某些读者，我可以引用的一个心理学例子是弗洛伊德的个体性欲有限和固定学说。弗洛伊德假定一个人只有一定数量的爱，用在一个人身上的爱越多，另一个人得到的爱就越少。例如，根据他的自恋学说，一个爱自己的人会少爱他人，爱一个人的人会少爱其他人。这就好像一个人的钱财数量是不变的，一部分花掉了，就不能留待以后用了。这与弗洛姆、霍尼等人的爱的学说是截然不同的，后者认为，至少在良好的条件下，爱会产生更多的爱，爱的消耗会创造更多的爱的财富。只有当年轻人第一次爱别人而别人也爱他时，他才会真正地爱全世界。一般说来，他对自己的恋人或妻子爱得越多，他对孩子、朋友和全人类爱得也越多。

另一个例子是经济领域中对钱财的使用。过去你若有一笔钱财，你要看紧它，尽量少花，或者把它埋在地下严加守卫。只是到了近代，我们才知道花钱、用钱、投机、投资，实际上会增加钱财的数量，而不是使它减少。慷慨的行为会增加财富而不是减少财富，我想这也是美国商人和南美洲或欧洲商人之间的区别。后者往往在他的小杂货店里聚藏货物，并尽量将其以最大利润出售，而开明的美国人很早以前就知道最好的做法是薄利多销——这是赚大钱的唯一方法。节俭的、吝啬的、看重蝇头小利的拉丁美洲杂货店老板，也许会在一笔交易上赚大钱，但不会以美国方式，比方说像亨利·福特（Henry Ford）那样赚大钱。（也许亨利·福特是发明或发现这种为赚钱而花钱学说的人之一——为了积聚财富而赠送产品，为了增加产品销量而降低价格，等等。）

利克特的著作⊖中有一个用于研究的例子，其中谈到了"影响饼"，说的是同一回事。我引述其中的一段话：

> 另一个广为接受的观点是在一家公司或一间工厂里，影响力是不变的。因此，如果允许下属对组织的管理产生更大的影响力，上级的影响

⊖　R. Likert, *New Patterns of Management* (New York: McGraw-Hill Book Co., 1961).

力则会相应减少。可以说，饼就那么大，如果有人多吃，其他人就必须少吃。

接着还有一段话：

这种更好的管理制度，在给人们更大影响力的同时，也给高产经理更大的影响力。通过运用领导过程的工具，高产经理实际上扩大了影响饼的面积。

也就是说，在集体情形下，你给予某人的影响力和权力越大，你自己的影响力和权力也越大。这也许像我们最终必将形成的军事情形，即我们的努力必须是使每个人都成为将军，而不是固守只有一个将军的老式学说。在一个将军指挥一群将军并给予他们很大权力的情形下，前者会惊讶地发现，他比分配权力之前更有权力和影响力。可以说，他给予的越多，他所有的也越多。

我们还可以列举科学上的慷慨和开放的例子。至少科学家关心的一般教训（如安全管理、科学秘密管理），实际上对美国科学家的危害远大于可能是间谍的苏联科学家——这是一种危害我们自己而不是危害他们的方式。为什么呢？因为科学依赖慷慨，因为知识产生知识。知识的数量并非固定不变，你可以传播、分享、共用，也可以聚藏、积攒，等等。知识自身产生知识，这与企业的情形是一样的，例如在商业秘密方面。当我询问（非线性系统公司的）安德鲁·凯他的商业秘密是什么时，他回答说他没有任何商业秘密，唯一需要保守秘密的事情就是未来的计划，至于生产电压表的实际加工方法，所有这方面的知识都是公开的，都是可以获得的。他指出，如果有人照搬这套加工方法，肯定不会对他们有多大好处，因为良好的管理和良好的工厂也是相关的一部分，需要不断地改进。模仿者在生产仿制的器械时，良好的工厂已经前进了，生产出了更好的产品。一个人可以模仿的一切只是产品，而且是创造力、良好管理政策的副产品。一个人不可能模仿创造力或良好管理政策。

或者换一种不那么直截了当的说法，试图掌握制造优质电压表的任何人最终都会成为非模仿者，他们会发现制造优质电压表的最佳方式是打造有创造性的人，并以特殊的方式服务于人类。我认为，如果我们的所有工厂都保持大规模经营，并且完全公开技术，实际上对我们社会的经济结构是有帮助的。为什么？因为工厂自身的持续经营过程会产生优秀的工厂、优秀的经理、优秀的工人，等等，这比关闭工厂或减产经营要强多了。从我的亲身经历来看，情况也的确如此。很久以前，在我还是一个大学生时，通过各种日常小事我就认识到，不必担心我的思想被人模仿或剽窃。简而言之，每当它们被剽窃时，我都会发现行窃者是拥有低级趣味的人：他们对思想的精华视而不见，却窃走了思想的糟粕。最终我不生气了，下决心不守口如瓶了，反倒觉得整件事情滑稽可笑，以后不再为保持缄默而烦恼了，不再为保守我的思想秘密而烦恼了，也不再为在我自己弄明白问题前要加以隐瞒而烦恼了。思想交流过程非常有助于创造，因此，交流思想更有可能产生数百个想法——以前仅有十几个而已。模仿或剽窃有点像偷鸡蛋而不是偷会下蛋的鸡。简而言之，钱必须被使用，头脑必须被使用，创造力必须被使用，人必须"消费"它们，不要吝啬于使用它们，不要聚藏它们，不要认为它们会减少、会耗尽、会用光。

需要指出的是，严格来讲，这是一种不成熟的思维方式，因为这是一种经常在小孩子身上发现的思维方式（如果走运的话，长大后就会消失）。例如，手足相争现象就是以善良有限理论为依据的，即独享母爱的孩子会怨恨也想得到母爱的新生儿，因为他认为母亲爱新生儿就不能再爱他了。他要花很长时间才会明白，母亲爱两个孩子、爱 4 个孩子、爱 18 个孩子都是有可能的，才会明白母亲爱其中一个孩子越多，爱其他孩子也越多，而不是越少。

　　与协同作用有关的一件事情是你喜欢使其他人快乐，或者用真正的协同作用的方式来说，你可以自私地喜欢其他人的快乐。我还认为这意味着你可以更具体地爱其他人。其中关键在于一种越来越明显的趋势：向低价格无限产量的经济制度发展，而不是向高单位利润有限产量的逆协同作用原理发展。这是因为越慷慨、越博爱、越有协同作用的人实际上喜欢分发 1000 台收音机而不是 100 台，根据是：这会带来更多快乐，他更喜欢慷慨大方，因为他做了 1000 次而不是 100 次。换言之，与更加关心自己的态度对比起来，无限产量是更加关心其他人的标记。

　　我认为我必须要在这里将对分的解决方法解释清楚，至少尽力说清楚，因为我对它不是很清楚。首先需要指出的是，这与荣格的精神分析法和进化论强调冲突的好处、强调动态影响、强调冲突后果对人的强化等是不一样的。伴随冲突的消极后果而来的一定有某种积极的后果，但这不是我在这里要阐述的。实际上，我们要解决的是自私和无私之间两极性的超越：一个人超越冲突而不是从中获益，他终止了冲突，终止了对立。一个人意识到、认识到或发现，在适当的情形下，他的利益和别人的利益、自私和无私实际上并不是像我们一直认为的那样，是彼此不同的、相互排斥的甚至是对立的。当我们健康到能理解更高层次的统一体，当世界美好和富裕到没有匮乏，那时我们会明白全人类的利益是共同的，对一个人有益的对我也有益，因此对其他人也有益。

　　在由自私和无私构成的高层次统一体中，自私与无私相互交织、相互混合，以某种新方式使我们可以谈论健康的自私，例如，我们可以谈论受虐狂是病态的自私，可以找到自我实现者的各种例子。自我实现者的特别综合征是一种自私与无私的非常奇特的混合和合并，这种状况最终使将某种具体行为要么列为自私要么列为无私成为不可能——一个人会发现两者都是，或者两者都不是。这也与对亚里士多德逻辑学的严厉批评有关联，特别是 A 类与非 A 类互相排斥的排中律。看看科日布斯基（Korzybski）对两极性二元价值取向的评论文章吧，再看看对非黑即白、非是即非等思想的一般性评论文章吧，它们都与协同作用表示对分的超越而不是从冲突中获益的事实有关联。

至于什么是事实、什么是现实，对某些情形的细微之处是难以彻底思考和描述的。我认为协同作用是对更高层次的事实、更高层次的现实的真实认识，这些事实和现实是实际存在的并向协同作用发展的，就像从不理解向理解的发展一样。当然，这是难以论证的，但我认为在可操作的、真实的良好情形下，在充分强调操作性定义和协同作用的实际优越性的基础上，还是可以做到的。事实上，人的利益是共同的而不是相互排斥的，特别是在人们相互关系密切、彼此爱戴的情形下。对美满婚姻的任何分析都清楚地证明了这一点，对企业中良好参与的任何分析、对科学道德、对科学家道德规范的任何分析也都清楚地证明了这一点。对任何科学家有利的一定对作为科学家的我也是有利的，对我妻子有利的也一定对我有利，对我有利的一定对我的孩子也有利，同样可以证明，在大多数情况下，对教师有利的一定对学生也是有利的，等等。

现在要做的一项工作是要证明非是即非的思维或相互排斥的、非协同作用的思维，是轻度精神机能障碍的标志。解决的方法之一也许是我以前提出的专制性格结构分析（33）。我证明了如果丛林世界的观点事实上是正确的，那么唯一现实可行的方法就是专制。我力图证明它是多么不切实际：**如果**一个人承认原先的假定，即世界是丛林，生活在其中的人都是利益相互排斥的丛林动物，专制实际上是完全明智的、符合逻辑的、理性的甚至是必要的。再来看看严格的用语，我的确使用了"相互排斥的利益"一词，我认为这是非常适宜的"教具"，可以将整个事情解释得更清楚、更有道理，可以使对整个事情的交流更容易。（也许整个交流并不像我想象的那样困难。我想最好试一试，看看协同作用的概念是不是像我一直认为的那样深奥难懂，也许它非常容易理解。）

协同作用更整体，反过来，更整体的也更有协同作用。（与原子论形成对比，后者没有协同作用，也必然没有协同作用。）运行结构越是整体的、相互依赖程度越大、交流越顺畅等，集体也就越是相互依赖（例如篮球球队的情形），所有事物也越是具有协同作用。也许，以由 5 人组成的篮球球队为例——在进球和得分方面，每个人都一心谋求自己的利益，并把自己的利益与其他人的利益看作相互对立的。相比之下，在真正具有"团队精神"的球队里，球队的利益高于任何个人的利益。注意，你甚至不能这么说，因为一旦这是真的，那么球队的利益与个人的利益之间就没有对比了——球队的利益已经成为个人的利益，个人分辨不出其中的差别。因此，谁得分更多不重要了。球队的所有队员都会为球队自豪，都会为对方自豪，都会为自己自豪。此外，有点篮球知识的人都知道，优秀的"传球手"与实际将球投入篮的"投球手"功劳一样大。如果这种协同作用遭到破坏，那么球队最后会成为一个劣等的球队。在经济领域，情形也是如此，如 5 个人的小组生产单一产品，以上原则也是适用的——越有团队精神，他们越是相互依赖、相互信任，等等，也就等于说，越有协同作用。当然，所有这些都可以提出研究报告，在这个方面，可以提出一打可以检验的假设。

有些事情所体现的状态与层次整合学说十分相似，与协同作用也有明显的联系。这是可以理解的。

由于协同作用是事实和现实的（在良好条件下），也由于协同作用与心理健康有关（那就是，健康的人更具有协同作用），还由于健康的人对事实的认识更透彻，也更加现实，那么可检验假设的整体网络就得到了证实。例如，为了证明健康的大学生认识能力更有效、感觉器官更有效、思维和认识过程更有效，我精心设计了一套实验，这套实验全都可以用于协同作用的检验。就感觉层次自身而言，情况可能也是如此。如果我现在设计一个实验，我一定会测试颜色分辨效率、听觉临界效率、味蕾效率、味觉敏感性效率等，测试对象包括：①心理健康的人；②具有协同作用的人；③优秀的经理和主管。一般来说，对一个人而言是真实的对其他人可能也是真实的，特别是优秀的人。现在，让我们用这种方法来研究优秀经理的确认和预计。

优秀的经理是优秀的感知者。这就是说，可以预计他们的视觉分辨、听觉分辨更敏锐，等等。当然，所有这些都可以通过标准的测试来检验。此外，可以预计优秀的经理在感知方面可能更有逻辑，更能清晰地区分感知和愿望，能够根据今天的现有证据预计未来。特别是，我预计优秀的经理往往更不遵循卢钦斯（Luchins）实验中的**定势**（einstellung）；⊖也更不可能成为阿什（Asch）实验中的屈服者或让步者；⊜与平庸的经理相比，优秀的经理更不可能是场依赖的（field-dependent）（按照威特金（Witkin）的方式）；⊜与平庸的经理相比，在谢利夫（Sherif）的实验中，优秀的经理更不可能受外界影响。⑳

事实上，普通心理健康的任何测试都可以证明优秀的经理，因为如果我是正确的，那么经过实验得到证明的良好管理政策，与我一直主张的心理健康几乎是完全一致的，与协同作用的能力也几乎是一致的，诸如此类。在这方面提出 100 种陈述是有可能的，也是非常容易的。事实上，我可以这样说，用不了多久，也许人们有可能精心策划出一系列像心电图测量和脑部 X 射线扫描一样完全可信的实验室测试，并基于结果对日后可能成为优秀的经理、主管、上司和领导者的一类人做出非常准确的预计（至少在理论上有这种可能性）。当然，如果有可能做到，这将是一件了不起的事情，而且我越想越认为有可能做到。不管怎样，它完全值得一试。

我想我可以继续了，还有其他可能性。如果这种关系网络确实存在，那么造就优秀的经理的任何事情大体上也能造就优秀的人类和改进全社会。这

⊖ A. Luchins, "On Recent Use of the Einstellung Effect as a Test of Rigidity," *Journal Consult. Psychol.*, 1951, 15, 89-94.

⊖ S. Asch, "Studies of Independence and Conformity" (Part Ⅰ) *Psychol, Monogr.*, 1956, 70 (Whole No. 416).

⊜ H. Witkin, H. Lewis, M. Hertzman, et al. , *Personality Through Perception* (New York: Harper & Bros., 1954).

㉔ M. Sherif, *Psychology of Social Norms* (New York: Harper & Bros., 1936).

就是说，敏感性训练技术、管理培训、著书立说和科学研究等，从长期来看，都是对每个人有利的事情。心理健康也是如此。如果有更有利于心理健康的更好的学校制度，如果我们从长远角度考虑问题（如果我们在准备培养未来的人才，换句话说，如果我们的人才培养计划面向未来 50 年），那么，要培养未来的、下个世纪我们需要的将军、老板、经理和领导者，我们就应该从幼儿园抓起。各种形式的自我治疗技术或一般的心理疗法也是如此。应该说，事实上，所有这些都是相互联系的，使一个人更健康的会使他更可提升，使他有潜力成为更优秀的经理或干出更优秀的业绩，反之亦然。无论什么因素，能在任何方面改进社会的，往往也能改进社会的其他方面；能在任何方面改进一个人的，往往也能改进整个人；能改进整个人的，往往也能改进其他人，特别是那些与他有密切交往的人。例如，能使一个男人成为好丈夫的，往往也能使他成为好工人、好公民、好球员，等等。

　　我想对模仿秘密再说几句。如果美国人对人性的想法是正确的，也就是说，开明管理、Y 理论、美国人优秀的想法是正确的，那么就不存在真正的模仿。模仿美国方式或美国产品的唯一方式就是做一个美国人，做一个自由发挥创造力的人。还有一点我认为应该提到，就是"诀窍"和"诀窍是由什么构成的"。组织风格、管理风格还有与 Y 理论管理一致的一切，只要是现实的，并是在良好的环境条件下与自信和自尊相协调的，符合塑造更优秀的人（更有自尊、更少恐惧、更少胆怯、更少的受虐倾向、更少的施虐倾向、更少敌意、更友爱、更友好、更信任、更诚实，等等）的趋势的，都是"诀窍"的组成部分。

　　可以说，美国人的"诀窍"也许最终真的会成为美国人的性格。这一点非常重要，特别是在许多其他国家在各个方面能够打败我们的情况下。例如，许多地方的人工更便宜；世界大多数地方更适合专制的上司，由于恐惧、饥饿、害怕失去饭碗，人们肯定比美国工人情愿接受命令且干活更快；世界许多地方有质量更好的原材料，有不计其数的高素质劳动力，政治制度不允许任何形式的罢工；等等。毋庸置疑，其他文化也有"优势"。

名扬四海

亚伯拉罕·马斯洛经常向他的学生提出以下问题："**你们当中有谁相信自己会成就一番伟业？你们当中有谁会改变世界？**"在众人一脸茫然、困惑不解而抬首目不转睛地望着他时，他继续问道："如果不是你们，又会是谁呢？"

这些日记表明，马斯洛博士认为人们寻找工作的意义，希望献身于比他们自己更伟大的事业，希望在投身于某一值得去干的任务、角色或责任时能够"名扬四海"。

我们的组织是让人们扬名的肥沃土壤。可是，太多的组织压抑了人的潜能，而不是激发人的潜能。作为为员工提供扬名机会的例子，让我们看看苹果公司创立初期的情况吧。

20 世纪 80 年代初，苹果公司吸引了数百名有才智、有理想、有闯劲儿的人，他们被公司创始人提出的为大众开发计算机的远见所吸引，这是一项令人兴奋的事业——通过尖端技术改变世界。这个时期员工的承诺成为硅谷的传奇故事。

如果向初期在那儿工作过的任何人了解情况（我们的确了解过），你会听到惊人的回答——那是一群极有想象力的思想家，一群向自我极限挑战的人：在那些日子里，苹果（公司）就是我们的家——我们彼此爱戴，并且知道我们正在干的事情非常了不起。创始人史蒂夫·乔布斯说："那是一群伟大的人干的伟大事业。"

该公司及其员工设法获得了个人计算机市场一半以上的市场份额，同时提出独立开拓台式计算机市场。苹果公司不仅培养了忠诚的员工，而且在其顾客中培养了一批几乎狂热的追随者。人们也许容易忘记这些成就，忘记苹果公司首先进入市场得到的"报酬"。我们认为，成功应该更多地归因于首创，更多地归因于伟大的技术。我们认为，成功方程式的大部分是使人们能够发挥潜能、投入事业、发现工作的伟大意义的环境。

苹果公司最近的公司绩效招致人们对其未来及战略选择的怀疑，但我们认为苹果公司的发展史还有一章没有写下来：该公司培养高技术领导者的能力。这些领导者能够"从不同角度思考"，并且相信他们能够"改变世界"。根据我们的非正式统计，至少有 34 名苹果公司前员工现在是其他大公司的首席执行官，至少 11 人在其他大公司担任高层领导职务。

苹果公司还能名扬四海吗？或许从经济角度、以股票价格来衡量不会了，但从人的角度来看，它依然意味着一个传奇。

对安德鲁·凯的访谈

所有人都喜欢有意义的工作，不喜欢无意义的工作。这很像是在强调价值观念体系、理解世界和使世界有意义的体系中高层次的人类需求……如果工作没有意义，那生活也不会有意义。

——亚伯拉罕·马斯洛

安德鲁·凯理所当然是数字革命的奠基人之一。他的公司，非线性系统公司，生产了第一台商用数字电压表。1980 年，在试图移动一些计算机设备时，他把许多电路元件组合在一起，他和他的儿子认为这个复杂的"盒子"可能产生一种创造经济价值的产品，因此他们着手开发了一个包括 CPU、打印机、监测器和键盘在内的产品包。这样，凯创办了凯普洛计算机公司（Kaypro Computer），它是第一批以美国为基地向大众提供台式计算机的公司。凯普洛计算机公司成长迅速，销售额猛增到 1.2 亿美元。与数字革命的其他先驱者一样，凯普洛也在逐步形成的市场上遭受了打击，最终在 1984 年宣布破产。今天，百折不挠的凯一直在持续不断地创新和开辟新领域。

除了数字革命，凯还在开明管理实践中发挥了明星般的作用。20世纪50年代末，凯试验了激发南加利福尼亚制造工厂装配线上数百名员工潜能的方法。在那个时代，工厂并不是一个受人重视的地方，更别提价值观念了。可是，凯却要求员工"像所有者那样思考"并参与工厂的所有决策制定。在摸索中，他开始了这个国家最具创新的管理试验。

很大程度上在马斯洛的著作《动机与人格》的影响下，凯决定对工作组织方式进行全面改革。他拆除了装配线，由6~8人的小组取而代之，每个小组都要掌握生产每个方面的知识。小组实行自我管理，成员自己决定工作时间、休息时间，甚至安排工作日程。凯取消了考勤卡，他还支付给员工高于市场25%的工资。他在工厂第一次向员工提供股票期权，甚至还设置了创新副总裁的职位。

今天，这类做法已经不值一提了。可是，30年前它们可是前所未闻。凯邀请马斯洛到他的公司避暑和做研究，促成他写下了这些日记。日前，身为凯普洛计算机公司CEO兼总裁的凯邀请我们到他的圣迭戈总部逗留一天，讨论马斯洛博士当年在非线性系统公司的夏日之旅。

问：您是如何做出决定邀请马斯洛博士来您的公司的？

答：1958年，圣迭戈地区有几个人开始为几家公司的头儿举办研讨班。其中一个人是理查德·法森（Richard Farson）。法森给我出了一个主意，介绍我看马斯洛的著作《动机与人格》。我看了那本书，也看了彼得·德鲁克的书，接受了他们的一些思想，并在工厂里加以应用。在去欧洲的一次旅行中，我们在波士顿停留，去拜访马斯洛。我想在邀请他到我的公司来之前至少应该见见他。

马斯洛是一个非常和蔼的人。我记得门开后，看见的他让我想起了斯大林——那种坚毅类型的人。马斯洛是一个非常坚强的人。他的妻子贝莎招待我们用茶，我们的谈话十分投机。回到圣迭戈后，我告诉理查德·法森我要资助马斯洛。

那年夏天，马斯洛夫妇来到圣迭戈。之后，马斯洛开始写书。我们想我们不应该打扰他，所以我们很少与他交谈。后来才知道，他也感到奇怪，我们为什么不与他交谈！

在那个夏天后，有一次我在排队参加国家培训实验室（National Training Laboratories）为首席执行官举办的会议，站在我前面的是萨迦食品公司的首席执行官比尔·劳克林，他问起马斯洛的情况。他说在一次会议上见过马斯洛，想请他到自己的公司去。我对他说："替我留位。"然后就跑去最近的电话亭，打电话给马斯洛，将比尔的愿望告诉了马斯洛。后来，他和比尔都愿意见面一叙。比尔和马斯洛会面了，后来的事情已成为历史。在比尔的慷慨相助和萨迦食品公司的款待下，马斯洛在北加利福尼亚逗留了一年。他将那一年描绘为"天堂"。

问：在邀请马斯洛博士访问公司时，您有什么期待吗？听起来好像您的公司对他是完全开放的？

答：是的，我想也许他想来这里，在一家被认为是营利性的公司里度过这个夏天。他认为与我们在一起的日子是奢华的，因为我们为他配备了专用秘书，将他的口述录音打成文字，第二天就可以为他整理好草稿。他还会见了南加利福尼亚地区的其他商界领袖和思想家。加利福尼亚大学洛杉矶分校的教师也来拜访过他。

问：他在日记中说在您的工厂里，您在进行被称为"开明管理"的各种试验。是什么想法促使您尝试这些试验？当时的企业环境显然是不开明的。

答：噢，是德鲁克的著作帮助了我，其中还有一段有趣的插曲呢。1962年我在棕榈泉见到德鲁克，他正在那里的一个会议上发表演讲。我把他从人群中拉到一边，对他说："我采用了您书中的一些点子。"您知道他的回答是什么吗？"别怪我！别怪我！"我想他的点子对其他人不起作用。

问：您在与马斯洛讨论专利或商业秘密时，您告诉他，人是不能复制的。您还说如果有人模仿这套加工方法是没有用的，因为其中的良好管理是在不断改进的，是吗？

答：完全正确。在我们这一行，装配线是我们生产的关键，一个人干这一道工序，另一个人干下一道工序，等等。装配线上第一道工序的人总是不开心，最开心的是装配线上最后一道工序完成产品的人。我们尽力安排以便装配线上所有人都能有最后那道工序的人的感受，每个人都受到鼓励去学习更多的工序操作技能，并去操作这些工序。同时，产品变得越来越复杂。我们也有一台检测设备，检查接线是否正确，目标是将每台电压表的差错限制在两个之内。人们都会自己做记录——我们没有专职的记录人员。此外，员工自己编写操作手册。不论他们想什么、干什么，我们都给予鼓励。在整个过程和变革中，他们都没有降低生产率。基本上，装配线上的每个人都知道他们在最终产品中发挥的作用，也知道他们的工作对最终产品有什么影响。

他们一个月生产许多电压表，连续做同一道工序，最终使得小组中的每个人都能做装配线上从头到尾的全部工序。男工往往是技术最好的，负责部件的最后检测，但我们有些女工也能做这项工作。我记得一个主管告诉我他手下有一个人不愿意参与，我要求见这个人。她是一个年轻的墨西哥妇女，是我们最早雇用的少数员工之一。我看见她在装配线上操作一道简单的工序时，眼睛却好像在盯着百万英里⊖之外的某处。这就是她要干的全部工作——这是他们告诉我的。大约 9 个月之后，我就看见她在检测数字电压表。我对主管说："我记得你对我说过，除了那道简单的工序，她不希望做其他任何工作。"那个主管告诉我，他们发现她担心自己不能做装配线上的其他工作，是因为她缺乏信

⊖　1 英里 =1609.344 米。

心。她担心在其他工友面前丢人现眼，所以不敢尝试。但是，在看到其他工友都能完成各种工作后，她拿定主意，如果他们能做到，她也能做到！所以之后她积极参与了，在学习技术方面还超过了他们。

我过去经常收到许多女工给我的圣诞贺卡，感谢我让她们在工厂里做许多不同的工作，而她们从来没有为自己着想过。能够装配复杂的部件使她们感到自豪，也为她们的工作自豪，她们的自尊也因为工作而提高了。

问：马斯洛说在非线性系统公司度过的那个夏天，他学到了很多东西。在与他的谈话中，有值得您回忆的吗？

答：有的，我和他谈论过词汇量，一般的英语词汇量。我在 1954 年见过一位研究者，他的研究使我相信，如果一个人增加他的词汇量，能大大地提高他的学习能力，提高 10%～100%。马斯洛说，是的，你提高一个人的词汇量，也提高了他对世界的认识。有一件事情是我许多年之后才发现的（不论去到哪里，每次谈话我都是这样说的），词汇量越少，偏执狂倾向越高。想想吧！如果增加词汇量能提高一个人对世界的认识，减少词汇量就意味着对世界缺乏认识——他实际上是一个盲人。

问：您在您的工厂里试过增加人们的词汇量吗？

答：我们尝试过。在 20 世纪 60 年代，我花了 80 万美元购置了一些设备，帮助员工增加他们的词汇量。我们有一个主管听了我们开发的录音带，不久，一些负责丝网印刷检查的女工也整天听录音带了。后来，我儿子参与了进来，他还开办了词汇量提高中心。

其中，有一个来自海军的家伙，很有天赋但受过挫折，因为他无法向工厂里的人解释清楚一些事情。他是一个很有才干的产品设计师，在我的一再要求下，他参加了两次词汇量提高课程，成功地从百分位的第 5 级升到百分位的第 20 级——几乎达到大学的中等水平。他常常向人们谈起这些课程，并说这些课程如何改变了他的生活。

问：马斯洛在这里度过夏天之后，您与他还有联系吗？

答：一直都有联系。每次我们在波士顿停留首先要去探望的就是马斯洛。有一次，在和他交谈时，我发现他从来没有见过道格拉斯·麦格雷戈。他们生活在同一座城市（麦格雷戈在麻省理工学院，马斯洛在布兰迪斯大学）却从未谋面，然后我说："阿贝，拿起你的外套吧。"我们就驾车直奔麻省理工学院，去见麦格雷戈。

我一直在思考一个我认为十分重要的问题，就是我称为扩大工作场所的问题。通过学习，人们可以成长，我想这就是我在工厂里要做的事情——提供一个人们可以成长的场所。

培养优秀的领导者

如果我们的人才培养计划面向未来50年，那么，要培养未来的、下个世纪我们需要的将军、老板、经理和领导者，我们就应该从幼儿园抓起。

——亚伯拉罕·马斯洛

我们高兴地获悉，来自甲骨文公司的一群志愿者正在参与当地的"青少年成就"的计划。志愿者打算参观我们幼儿园的课室，公司经理希望通过一系列的课室活动、练习、讨论，将公民的良好品行和领导技巧传授给这些 5 岁大的学习者。我们决定了解更多"青少年成就"的情况，因为它似乎符合马斯洛的远见卓识。

我们了解到，"青少年成就"是世界上最大的也是发展最快的非营利经济教育组织。相关计划由来自美国和全世界各地将近 100 个国家的企业界志愿者进行课室教学，目的是教育年轻人珍视自由企业，理解商业和经济，并且为就业做准备。每年有 260 多万的美国学生争取成为志愿者。

针对幼儿园到小学六年级的"青少年成就"的初步计划是宣传经济如何影响人们（作为个人、工人和消费者）的生活。在校读书期间，学生要掌握基本的经济概念，以提高他们对世界的理解，并积极地影响他们的未来。相关计划的焦点如下所示。

- 我们自己：个体的经济作用
- 我们的家庭：家庭在当地经济中的作用
- 我们的社区：公民在其经济社区的责任和机会
- 我们的城市：经济发展、当地企业和职业机会
- 我们的区域：州和区域经济、企业和经济资源
- 我们的国家：企业经营和美国的经济问题
- 我们的世界：世界资源、经济制度、货币兑换和全球贸易

通过鼓励性的、与对象年龄相符的活动，志愿者与对象分享他们的人生体验。这些计划提倡鼓励个人成功的重要人生观念。

今天，小学里的孩子都是快速变化和富有挑战性的世界的一部分。通过互动、亲身参与的活动，学生能够更好地理解他们在学校的学习与以后人生成功之间的关系。学生要学会珍视和重视的有：

- 基本经济概念与学生人生体验的关系
- 个人作为消费者和生产者在市场经济中的作用
- 课堂理论在现实生活中的实际应用
- 作为团队成员与其他人有效合作的能力
- 在校读书的重要性

在我们观察企业志愿者与幼儿园里的孩子一起活动时，我们理解了培养我们的青少年在社会中担当领导职责的重要性。我们看到这些 5 岁大的孩子时，耳边就响起了马斯洛的话：“他们当中有谁会改变世界？”那天，我们真正理解了马斯洛的话。

第 19 章

再论协同作用

恶劣的社会条件或环境条件是那些使我们彼此对立以及使我们的个人利益与集体的利益、与他人的利益相对抗或相互排斥的社会条件或环境条件。

——亚伯拉罕·马斯洛

协同作用的概念和良好条件的概念之间可能存在着经验的关系，而这种关系也许可以用于研究的目的。鲁思·本尼迪克特将协同作用定义为融合了自私与无私、超越对立的社会制度安排，因此解决并超越了自私与利他之间的对分难题——二者组成一个新的更高层次的统一体：通过制度安排，在我追求自私的满足时，我也无意识地帮助了其他人，在我努力利他时，我也无意识地得到了回报并满足了自己。基于检验该定义的这些陈述，可以推断出许多可检验的假设。

（1）良好的社会是善有善报的社会。

（2）良好的社会是回报自私的社会。在该社会中，其他人赞成一个人的自私，因为他们知道他们最终会因此而受益。（关键在于美德、利他或无私不再与自私有区别，不再有不同的方向、不同的目标和不同的后果。）

（3）一个社会（或一对夫妇，或一个人自身）的协同作用越大，我们离B-价值观念就越近。

（4）恶劣的社会条件或环境条件是那些使我们彼此对立以及使我们的个人利益与集体的利益、与他人的利益相对抗或相互排斥的社会条件或环境条件。简而言之，是那些除非牺牲其他人的利益，否则个人需求（D-需求）根本无法获得满足的社会条件或环境条件。

（5）在良好的条件下，我们必须少回报或不回报美德，少追求或不追求B-价值观念，等等。

（6）在良好的条件下，人的美德（或自私）是会得到其他人的赞同的。（也就是说，这个人是受人爱戴的、受人尊敬的、乐于助人的，等等。）

（7）在良好的条件下，道德高尚或利他（或健康的自私）的商人最终更容易获得成功。

（8）在良好的条件下，成功人士受人爱戴而不是受人憎恨、令人恐惧、让人怀恨。（该假设可以展开论述，我想我会在后面加以阐述。）

（9）在良好的条件下，羡慕是更有可能的（不可与色情、支配或尼采式愤恨等不良因素混为一谈）。

（10）在某些最高层次上，我们愿意自私就自私，而且为此觉得道德高尚。

（11）我们可以像我们喜欢的那样认为道德高尚而又"偏心"自己是自私的。

（12）重新回顾亚当·斯密的哲学，其中有某些相同的观点。也许他的原话可以换一种形式来表达："在什么条件下，开明的自私对整个社会是有利的？"同样，我们可以问："在什么条件下，对通用汽车有利的对美国也有利？"或者："在什么条件下，对我有利的也一定对你有利？"

在 B- 心理学这些最高层次上，很快会产生重新定义概念的必要性，不仅需要重新定义利他、自私和无私以便超越它们之间的对分，而且需要重新定义像人道主义之类的概念——至少需要改变只有好的含义的情况。或者我该这样提出问题："在什么条件下，人道主义是不利的？"同样的问题是："在什么条件下，我们可以消除由于好运、大量财富、天资、才能或优势而产生的所有内疚？"显然，在协同作用的层次上，当利他和自私努力达到同一目的并相互融合时，我们强调对他人仁慈，对他人慈善，自愿帮助他人，有人不够吃时我们不能起劲儿地吃，有人贫穷时我们不能享受财富，有人患病时我们不能享受健康，有人一无所长时我们不能享受智力，诸如此类——在协同作用的层次上，所有这些对他人的考虑要么不再必要，也就是说它们是神经质的，要么它们会成为自由自发的表达和行动的现实障碍，成为在那个层次上的出类拔萃者或幸运者享乐的现实障碍。

这难以说得清楚，因为其涉及超越我们现在认为是理所当然的差别，但这又必须说清楚。例如，换一种方式来看这个问题，其中含有涉及佛陀的两个不同的印度传说融合在一起的意思：一个是孤独地、单独地、自私地寻找他的自我实现，全神贯注为自己寻找"涅槃"；另一个是他来到涅槃的门前，由于无私，他不可能进去——其他人还没有到，他从涅槃折返回来，去教化和帮助其他人。后面这个传说暗示了从来没有人能够达到涅槃的境界，或者从来没有人能够达到自我实现的境界，除非世界上每个人同时达到了。在良好的条件下，出类拔萃者能够完全自由地（至少是更自由地）得到乐趣，愿意表达就表达，追求自私的目的，而不用为任何人担心，没有任何内疚，不用对任何人承担责任，完全相信人人都会得益于他完全实现自我、表达自我、追求他自私的目的。进而人人都会从中受益。

另一种说明这个问题的方式是，在协同作用的条件下，即在最佳或最理想的条件下，不必再害怕恶毒眼光或任何现代的恶毒眼光，不必再害怕反愤恨或反价值观念，即仇视杰出、仇视真理、仇视美、仇视公正、仇视善、仇视美德等，而现在这是很普遍的情况，是我们必须在某种程度上为此做出预计的情况。

在这些理想的条件下，出类拔萃者不必因为杰出或优秀而害怕招来怨恨、妒忌和敌视。（现在的情况就是这样，特别是那些发育不全和不够成熟的人。）这就是说，他可以激发自己，他可以自由地展示他的天赋、才干、技能或优势，而不用建立防御或防护装置，不用保护自己免遭可预计的反击。（这里有一个想法：在这个层次上，或许对分的自夸和谦虚会消失，因为可能这个层次上的知识是客观的，足以让一个人有效地、镇定地谈论自己的优势或劣势，就像谈论他人的优势或劣势一样。）

（如果上述分析都成立，哪怕只是**部分**成立，我认为我们还必须重新定义政治自由和政治保守连续体。例如，政治自由主义完全假定人道主义是好的——一句话，在任何环境中，都没有修正或妥协。弱者需要帮助，但我们能看到在发展的高层次上，或者说在优心的社会里可能被预期的，已经不再是真的了。现在帮助他人被看作冒犯、侮辱、多余、不必要、暗示蠢笨，等等。现在我们知道，足够多的临床资料也证实，**在许多情形中，不加区别地帮助某个人，事实上往往会使他衰弱**，例如，总是搀扶一个双腿衰弱的人会使他的双腿最终完全萎缩。在这里，我们还应该谈谈有关代偿性神经症的资料。显然，在这个国家里，我们的许多社会安全惯例都混合了相关观点。例如，收入有限的病人或老人可能遇到这种不利的事情。我认识一个伤残人，他能够以崇高的方式养活自己，但他因伤残处于不利地位，得不到其他方面有权利得到的任何帮助。他能够获得帮助的唯一方法就是完全放弃依靠自己，完全成为县医院的照顾对象。显然，这是在不鼓励他依靠自己。）

（我还想到，如果我尝试将科学管理原理的系统方法应用于我们的政治情形（例如，强调在工业情形中得到充分证明的联邦分权制），那么其与当代政治自由主义者的许多陈词滥调是相对立的。例如，这意味着镇民大会式的民主，意味着尽可能频繁地由基层制定决策，意味着逐渐减少联邦责任而越来越支持地方责任。政治反对分子出于邪恶目的利用州权力和地方权力的事实，不应该与这里所讲的一般规律和原则相混淆。我不知道关于有效的主管和经理的新信息，对上至参议员和总统的各个层次的有效政治领导人，有多么合用。我想可以系统地进行尝试。我认为，无论如何，以 B- 分析的措辞，或者说在优心条件下，重新检查所有这些政治、经济和社会概念的效用是应该的。显然，它们在许多方面是不一样的。）

第 20 章

论共存物动力学和整体、有机思维

优秀的管理、优秀的工人、优秀的企业、优秀的产品、优秀的社区、优秀的州都是互为条件的，都是良好的相互关系的条件。如果社区的改进最终对产品质量提高没有产生影响，那一定是什么地方出错了。

——亚伯拉罕·马斯洛

　　在我看过的论述管理的书籍中，要么用原子论的、因果关系的、串珠式的方式组织数据（像一堆事实般来看待），要么用人们可以理解的有机的术语来组织数据，好像它们相互是有关联的。现在，后一种方式实际上更真实、更现实、更容易成功。例如，我之所以会提出这个问题并将它列入企业管理理论的所有根本性讨论中去，原因是有必要指出许多论述管理的著作，特别是20世纪二三十年代老掉牙的著作是以原子论的企业概念为基础的，即好像把企业本身看作一个世界，企业与其他任何事物都无关联，好像它是以自私为立足之本的。这是小食品杂货店老板的典型看法——他的杂货店完全是独立的，不依赖于世界上的任何人。他做生意，他是老板，杂货店就像他口袋里的钥匙一样是他的财产。事实是，这原本就是不正确的，像任何工业化社会一样，我们的社会变得越来越相互依赖了，这个概念变得越来越不真实了，最后，它会变得愚不可及、荒谬无比。

　　事实上，企业嵌入其所在的社区（比方说非线性系统公司），而这个社区以各种具体方式嵌入更大的地区（比方说南加利福尼亚地区），这个地区转而与加利福尼亚州有着非常明确的功能联系，加利福尼亚州转而嵌入美国，美国转而嵌入西方世界，而西方世界转而嵌入全人类和全世界。这些都是有明显因果关系的功能意义上的联系。这些因果关系可以一一列举出来，可以列举出上千条之多。但这些事实通常被忽视了，并被认为与情况无关是理所当然的。例如，非线性系统公司只有一个值夜人，而不是（当然不是）一支由3000人组成的装备有机枪和加农炮的私家军队，但只有在各种关系处理得很好的情况下，这样的安排才能被认为是理所当然的。又如，该企业依赖所在城镇供水、供电和供气，还有道路维护、消防和治安，更别提许多其他服务了（如餐馆、购物中心和商业中心等的服务），所有基础设施使人们生活在这个地区成为可能，这转而使人们在该企业里工作成为可能。如果在非线性系统公司上班的任何人有在大街上被刺杀的危险，该企业当然会迁走，这应该好理解。非线性系统公司依靠整个假定的关系网络和服务网络等，也应该好理解。简而言之，它是"身在其中"，就像共存物，或者更确切地说它是"身在并建构其中"。各个层次都是如此，我们可以谈论税收，可以谈论提供交换的服务。美国还保留着军队、联邦调查局、国会图书馆，还有所有各种必要的联邦事务，没有这些机构，非线性系统公司就会崩溃，就不可能存在。对北大西洋公约组织，或许对联合国等而言，也是如此。

如果这家企业认为自身就是共存物，就是一种可以进行所有各种相互关系分析的有机体，那么该有机体根植于一个大的有机体，后者根植于更大的有机体，而此后者根植于比更大还大的有机体，依此类推。这是我在《动机与人格》第 3 章（57）提到的套叠盒⊖问题——一个共存物包含在另一个更大的、更有包容性的共存物当中。我使用的另一个比喻是"放大倍数"。在显微镜不同的放大倍数下，一个人能看到连续的组织结构，所以一个人能够看到更细微的细节，看到范围很小的细微之处。

现在，共存物 1 的内部联系，也就是非线性系统公司作为共存物的内部联系，比如说友谊、联系、相互依赖、相互需要、相互学习，可以测量为 0.6 级联系。现在共存物 1 的内部细节和共存物 2（共存物 1 根植于*其中*的、更有包容性、更大的共存物）的内部细节之间的联系，这些联系较少，也许平均为 0.4。共存物 1 与共存物 3、共存物 4，与更大、更有包容性的共存物之间的联系会越来越少。这意味着共存物 1 内部的任何变化对共存物 1 内部的一切联系的影响，要比对共存物 3 的影响更直接、更强烈，**但共存物 1 的任何变化在理论上都会对共存物 2、共存物 3、共存物 4 等产生*某种*影响**。

换句话说，这意味着非线性系统公司的任何好的变化或是坏的变化，都会对德尔玛市（Del Mar）、南加利福尼亚、加利福尼亚州、美国、西方世界、全世界有影响，这些影响会随着共存物越来越大和更有包容性而逐渐变弱。比如，失业或非线性系统公司的一次将整个公司全部摧毁的爆炸，会给德尔玛市带来灾难，肯定会对加利福尼亚州带来重大影响，而对中国的影响几乎

⊖　指由小到大依次套叠的一组盒子。——译者注

觉察不到，但即使非常微弱，也确实会有影响。

共存物内部的影响比共存物之间的影响更强烈，反过来情况也是如此——中国、保加利亚、伊朗或世界其他什么地方的变化，最终会对非线性系统公司及公司里的每个员工产生影响。也许一个世纪他们也不能意识到这种影响，这无关要紧。这种影响是可测量的、看得见的和实际存在的。比方说，政权更替、伊朗国王被刺杀对非线性系统公司都会有一定的影响。套叠盒由里到外每层都是如此。

这在可检验的理论上和试验上意味着什么？意味着所有假说或断言都可以被说明和得到检验，这些假说与我已经从心理健康相关的管理政策中得出的假说是完全相同的。例如，我可以说世界越好，国家越好，当地政府越好，企业越好，经理越好，工人越好，产品也就越好。这是整体陈述，它可以分解成一万个分假说，每个假说都可以检验。当然，这个整体陈述也可以用其他方式表述：产品越好，工人越好，经理越好，企业越好，社区越好，州越好，国家越好，世界也就越好。这个假说也可以检验。

还有一种说法（这种说法更惊人、更有争议），对世界有利的对国家有利，对国家有利的对州有利，对州有利的对社区有利，对社区有利的对企业有利，对企业有利的对经理有利，对经理有利的对工人有利，对工人有利的对产品就有利。（这非常接近对协同作用的陈述。）这颇像激起很大争论的说法"对通用汽车有利的对国家也有利"，可事实上，在整体的、有机的、整合的理想世界中，这是真的，也应该是真的。对我有利的对全世界也有利，对全世界有利的对我也有利，对地区有利的对州也有利，等等，依此类推。如果一个人想了解制造优质电压表需要的是什么，我们会发现我们处在一系列同心圆之中——越来越大的解释圈，直到最后我们会谈起太阳方面的条件、地理方面的条件，谈起海洋潮汐会发生什么、平流层会发生什么，等等。例如，一些大爆炸引起的太阳表面温度升高，可能使整个地球完全消失，当然，也就不会有电压表了。因此，有利的太阳条件是制造优质电压表的先决条件——这是我能想到的最极端的例子，但也是非常真实和现实的例子。

现在，为了更好地理解，也为了更好地检验和使结论更科学，理解整体陈述的另一个方法是，所有这些整体上的相互关系（这种套叠盒）实质上是一种整体理论、一种整合理论、一种协调理论、一种和谐理论与一种快乐地共同工作理论。我提到的所有这些整合标记和互相影响都是它们自身整合优良程度的征兆。我的意思是：整合得越好，这些影响越大；整合得越差（社区、州、国家、个人、企业、阶级和等级等之间的分化越大、互相排斥越多、分裂越大），现有这些影响也就越小。

我还可以换一种说法：优秀的管理、优秀的工人、优秀的企业、优秀的产品、优秀的社区、优秀的州都是互为条件的，都是良好的相互关系的条件。如果社区的改进最终对产品质量提高没有产生影响，那一定是什么地方出错了，也许是系统不够整合，交流不畅，集体彼此对抗而不是协同。实际上，这是一种病态的情形，拿人的身体来比喻或许更好理解。我的身体内部越是缺乏协调和整合，对我而言越是危险。例如，如果我的神经系统有一个协调机制出了毛病，那么我的左手就不知道右手干什么，它们就完全不能一起工作了，这对我而言是一件坏事而不是好事。

由此，我认为可以对一些因素进行非常有意义的理论和学术研究，这些因素就是那些分化社会、分裂社会而不是整合社会的因素，例如，如果我们从共存物的角度，特别是从长期的角度考虑，黑人在企业中的待遇最终会证明这对产品、对其他工人、对经理、对工厂、对社区等会有不良的影响。事实上，他们被分化出来了——现在美国黑人中发展出的敌对和反抗情绪最终可能使他们采取焚烧工厂、暗杀或内战的行动。显而易见，其中已经有了挑衅、犯罪、违法等形式，当然，这对所有在纽约哈莱姆区[⊖]行走的白人而言都是危险的，因为黑人对过去遭受的不公正对待的所有积怨会发泄在碰巧路

⊖　美国纽约的一个黑人居住区。——译者注

经此地的某个白人身上——这个遭到毫无目的的袭击、暴打并被抢劫的白人，为与他毫无关系的不公正对待付出了代价。在非线性系统公司的管理情形中，我们可以想象得出不公正待遇会引发什么，如蓄意破坏、犯罪活动或其他行为。或许一些道德败坏的人在亚拉巴马州莫比尔市干的事，在30年后最终会影响加利福尼亚州德尔玛市非线性系统公司电压表的品质。

换句话说，制造优质电压表的最佳条件就是有一个完美的世界，反之亦然，世界上任何不完美的条件最终都会影响到我们的电压表、自来水笔、汽车等的生产。

区分对环境的长期影响与短期影响是完全必要的，一定要把对协同、对道德会计实践等的讨论包括进来。比如说，今天诈骗黑人、剥削印第安工人、恶待红发人或在企业中不公平对待妇女等，都可以带来短期利益，这完全是有可能的。显然，如果我经营一个杂货店，少找钱给顾客，我会得到暂时的金钱上的好处。但是，如果计划将长期考虑和世界一体化纳入资产负债表，全部交易看上去就不一样了。例如，我欺骗得越多，我对其他人的影响越大，对世界的影响也越大，我也许看不到即时的负面影响，但我的儿子或孙子会看到。如果我瞧不起墨西哥人，在我的杂货店里不公正地对待他们、诈骗他们，到了月底我的存款也许会增加，也看不到即时的伤害，这完全是有可能的。但在将来的某个时候，如果（虽然不可能，但完全可以想象）一场巨大的战争灾难摧毁了整个美国社会，我们美国人流落到墨西哥乞讨食物，我的儿子或孙子必定会受影响。如果今天白人到哈莱姆区乞讨食物，我不知道会发生什么。

又如，发生在朝鲜的战争部分是由美国国会和美国人过去愚蠢的移民政策造成的，我们正在为这些过错付出代价。所有这些表明，我们今天犯下的任何过错，最终都将由我们的孩子来承受苦果。

有机思维和整体思维会使所有这类事实更积极、更明显、更容易地得到承认、重视。事实上，世界上的每件事情都是与其他事情有关联的，世界上的每个人也都是与其他人有关联的，生活在现在的每个人都是与生活在将来的每个人有关联的——从这个意义上来讲，我们都是相互影响的，我们完全有可能科学地认识其中原理。

当然，对这种相互关系进行时间和空间上的理解需要有远见的、富有经验的和受过教育的头脑。但是，如果不能完全做到，至少管理理论家和哲学家可以稳定地朝这个方向逐步发展，即证明在任何特定情形下越来越多的相互关系，越来越多的"因果"共存物。例如，莫尔斯和雷默（Reimer）1956年的实验之所以非常重要，不仅是因为它的目的，也是因为它是一个范例、一种模式、一个例证、一种实情：莫尔斯和雷默证明了长期的人的后果与短期的生产率的后果是不一样的，通过短期加压、耗尽资源和能量、放弃长期投资等来增加利润、提高产量和做一张漂亮的资产负债表是非常容易的。⊖ 我认为管理人员的这种洞察力应是他们的公民责任的一部分，是他们的优心责任的一部分，是他们必须让全世界知道的事情的一部分。这种公民责任与说出全部事实真相的科学责任是完全一致的（说实话是必要的，我并没有任何说假话或谎话的暗示）。

现在，我要详尽谈的另一个问题是我曾经提到的，即协同作用、相互依赖、共同利益、"对我有利的对你也有利"之类的哲学，**在良好的条件下**，从长期来看，这些都是非常真实的。从短期来看，在紧急情况下，在不良条件下特别是在短缺条件下，则肯定是不真实的。如果人们共有十块小羊排的需求但只有一块小羊排供应，那么我的利益与你的利益就不相容了，无论是谁得到了那块小羊排，都会伤害另一个人。在这种情形下，对我有利的，对你就是不利的。对此，我们必须有清醒的认识——所有我们称为道德、人道主义和好心的品质（仁慈、利他、无私、友好、互助等）都取决于一个富裕的、公正的世界，而且需要每个部分与其他部分基于良好交流整合成为一个

⊖ N. Morse and E. Reimer, "The Experimental Change of a Major Organizational Variable," *Journal of Abnormal Social Psychology*, 1956, 52：120-129.

整体，使得相互依赖的整体利益能够快速地获得满足。

如果我要从与整体观点总体上有关联的社会心理学的角度多谈一些的话，我想我会由科特·戈德斯坦（Kurt Goldstein）的材料⊖开始，或许从对中枢神经系统的综合功能的研究，到更为复杂、更为广泛的含义，最后扩展到世界一体的社会心理学。我也会用到格式塔心理学的基本信条⊜，我的《动机与人格》的第 3 章则是该思想的理论基础，或许这只是我的思想在社会心理学的应用而已。

言归正传，我忘记了展开我在本文开始提出的观点：如果共存物 1 "包含于"共存物 2 之中，这与共存物 1 "包含并建构于"共存物 2 之中的陈述是不一样的——只是包含在内并不一定表示存在实际的功能性关系，就好像有人通过外科手术将一块卵石植入我的皮下，使我的身体可以包含某个东西在内，这与我的肝脏包含并建构于我的身体内部是不一样的，因为后者有明确的功能和必要的相互依赖与相互关系。这个道理同样适用于企业与社区的关系：企业嵌入了社区，它要么建构于其中，要么像一个与其他组织没有任何关系的、难以消去的肿块包含于其中。

在共存物动力学 - 整体、层次性整合与协同作用之间建立明确的联系是必要的。它们部分相同但不完全相同，每个部分都需要专门讨论和专门解释。

对整体的一般背景而言，还有一点非常重要，就是大体上真理往往变得越来越全面，越来越具有相同特征，越来越一致，越来越整合，体系越来越完整，越来越唯一——知识体系里的每个观点都明确地朝向一致性。当然，最典型的例子是数学和逻辑学，但科学一般来说也是如此。事实上，所有的知识一般来说都是如此。人类恰恰不喜欢不一致，他们能够控制它们的唯一方式是抑制、忽视它们，不去注意它们，等等。一旦不一致或矛盾引起人类

⊖ K. Goldstein, *The Organism* (Boston: Beacon Press Paperback, 1963).

⊜ M. Henle (Ed.). *Documents of Gestalt Psychology* (Berkeley: University of California Press, 1961).

的关注，"车轮"就会转动起来——不管愿意与否，人们必须思考并设法达到一致。一个人可以对此谈论认知不一致实验，在某种程度上这与我在我的专著《论存在心理学》（*Notes on the Psychology of Being*）中对超越性动机和超越性需求的讨论是相联系的（89）。B- 价值观念之一是整合、统一、一体化趋势，那本专著谈论的一切与我在这篇文章中谈论的一切是可以结合起来的。例如，可以把"一致性"看作人的超越性需求，即一种更高形式的动机。像每一种需求和超越性需求那样，它也会引起反动机、反价值，即它会引起恐惧、反感、威胁和抵抗。后果涉及一种辩证法，就像想要知道而又害怕知道的情况一样。

所有这些理论性材料都可以应用于具体的管理图书和理论。我还认为，我也许最终应该把个人与世界之间的心物同态学说加入这个整体理论框架中去——人像世界感知他一样感知世界并使它成为像他一样的趋势，世界塑造人并把人塑造成与自己一致的趋势，结果，人与世界往往变得彼此越来越相像，他们有互为因果、反馈、互相影响的关系。我变得越整合，我越能够看到世界的整合，我对瓦解越不满，因此我会设法改变，使它整合。而世界变得越是整合，对我施加的使瓦解向整合改变的压力越大，世界变得越是一体，它往往使我越是一体。我变得越是一体，我往往使世界越是一体。这就是我所说的心物同态。附带说说，这本身也是知识同质性和整体性压力的例子，是知识一体化压力的例子。知者与已知之间的区别与差异往往会自动消失，即知者将自己转变成为整体。

对布赖恩·莱恩的访谈

在大多数贫穷国家，最缺乏的并不是外国资本，而是充满自信的企业家。

——亚伯拉罕·马斯洛

乡村企业信托基金联合发起人布赖恩·莱恩（Brian Lehnen）在世界上一些最贫穷的国家把马斯洛的名言讲活了。乡村企业信托基金（Village Enterprise Trust）是差不多10年前由莱恩和他妻子琼创立的。通过100美元的小额补助和遍布全球的当地协调员网络，乡村企业信托基金帮助人们采用资本主义方法进行自救、脱离贫穷。世界上最贫穷的国家有数以千计想当企业家的人通过乡村企业信托基金实现了梦想。

问：您为什么决定抛弃稳定的职业去创办这个基金呢？

答：一次去多米尼加共和国的宗教旅行使我对发展中国家产生了兴趣。像其他人一样，我们都有干点什么的愿望。我把这看作对人生意义的完美追求，我是这么想的。我记得在大学时，一位教授对我说："追求幸福是得不到幸福的，只有帮助别人才能找到幸福。"我们的行动确实来自我们的宗教信念，那些信念是我们工作的动机。我们的使命主要是阐明整体信息——创业和资本主义能够帮助穷人开办企业和体验长久工作的尊严。我只是其中一分子——一个听上帝使唤的人。我们不能把个人的成功看得太重，也不能把个人的失败看得太重。

问：您是如何完成您的"通过创业补助帮助穷人救助自己"的使命的？

答：我认为我们成功的关键之一是我们早先学到的、对我有终生影响的东西。在与我们共事的每个人身上，我们看到了人性的火花。在美国，我们往往把穷人或贫穷看作非常没有人性的"体验"。可是，当一个人与世界上最贫穷的人面对面时，相似之处（人性的火花）是显而易见的，我们所有人都非常相像。

问：这与马斯洛在他的日记中谈到的他面对黑脚族印第安人和大平原印第安人时的体验相似。他说他发现他们首先是人，其次才是印第安人。这是您提到的人性的火花吗？

答：是的，我认为迄今为止，在这个我们预料人性总会有很大差异的国家，我们远离了国际背景。例如，最近我陪我们一位主要捐款人去了一趟海地。我们在那里待了几天，会见了早期我们资助过的一些人。我们资助过的一位海地妇女向这位捐款人介绍了她的企业，然后说声"请原谅"就去喂双胞胎孩子了。这位捐款人曾经创办和出售过几家成功的美国企业，他对我说："如果他们有我一半的机会，我可能就在为他们打工了。"我认为他的反应正是我们希望得到的：我们不是在"救助"穷人，实际上我们只是助他们一臂之力，一次一人。

问：您已经引起了风险资本界的极大兴趣——就是那些每天开办企业和让企业破产的自命不凡的家伙。您如何吸引他们的关注并获得他们的投资？

答：在我看来，风险资本界实际上有两种类型的人。第一种类型是唐纳德·特朗普（Donald Trump）在《交易的艺术》（*Art of the Deal*）中描述的那种人，即使是退一双鞋给凯马特（Kmart）的生意他们也做！我们吸引这类风险资本者帮助一个人开办只需 100 美元的企业！一旦看到了结果，他们就想成为在全世界创业的一分子。尽管他们在那些企业中拿不到利润或不能拥有所有权，但他们喜欢在初创阶段参与进来——帮助特别贫困的穷人制订简单的商业计划，确定竞争范围（如果需要的话）。对他们而言，这种投资是交易的艺术和思想过程背后的创新。他们中的每个人都非常兴奋地看到了"人性的结果"。

第二种类型的人是上了年纪的人，他们是 20 世纪五六十年代成长起来的，怀有慈善心肠，反正要捐钱，他们觉得把钱捐给帮助人们创业的基金会更好。他们知道所有权的力量有多么强大，因此，他们往往把钱交给我们这些想干一番事业的人，而不是交给其他非营利性基金会。

问：可以说您实际上是一个社会企业家吗？

答：是的，我和那些营利的企业家说同样的语言，使用同样的工具和技术。我们指导贫穷但勤劳的人创办小企业，帮助他们学习制订简单的创业计划，如果我们认为计划有成功的可能性，就会提供资助。钱分别使用在三个部分：第一部分用于批准计划；第二部分用于企业的开办和经营；第三部分用于达到具体目标。

社会企业家喜欢成就感，喜欢看到结果时的兴奋以及直接见证有时用不到100美元的投资带来的结果。这与营利性企业的创办实际上并没有太大区别，我们只是最终结果不同而已——我们的收入是内在的收入。

问：能解释一下一个人是如何用100美元创业的吗？

答：我想美国人难以明白，两个人在一家不错的餐馆吃一次正餐花掉的钱，有时相当于发展中国家一个人一年的收入。在海地、孟加拉国、埃塞俄比亚、缅甸和许多其他国家，那是数目很大的一笔钱。因此，我们的100美元能起很大作用。

问：你们帮助创办的企业明显都是低技术类型，而你们有许多高技术投资家。我想知道有人鼓动你去寻找技术项目或创办技术导向的企业吗？

答：尽管技术在世界上起着非常重要的作用，但在我们工作的那些国家中，许多人甚至没有打过电话，电视对于他们仍是陌生的事物。我们帮助人们创办企业，让他们在今天的世界中有成功的机会，例如，种地、制作家具、开杂货店、当裁缝、修自行车、当木匠、维修摩托车。我们接触那些最优秀、最有商业头脑的人，我们把他们的想法变成这些"低技术 - 高成功的企业"。

问：马斯洛在其日记中认为人们在他们的工作中寻找人生的意义。我想不出在寻找人生的意义上还有什么是比您从事的工作更好的例子了。您的三个孩子对这项工作有什么看法？

答：我想我们的三个孩子会因我们做的工作而自豪。但是，他们毕竟还是孩子，许多时候，他们并不太明白这些工作的意义。小孩子很难理解这个事实，即你不能住更好的房子、不能驾驶更好的汽车、不能穿最新式的网球鞋或者不能得到小玩具，因为你父母的工作挣不了许多钱。但是，我唯一的希望是，他们长大后回忆往事时，能够理解我们所选择的人生道路的价值。

从寻找工作意义的角度来看，几年前，有一段时间由于经济上的原因，我真的需要重新过回以前的生活，以更好地供养我们的家庭。于是我们在当地报纸上刊登广告，找接手人。广告语是："低收入但高奖励！"这就是乡村企业信托基金的工作。我们收到了 200 份简历和信件，都是很有潜力的申请人！

其中大多数人具有你所说的目标——寻找人生和工作的意义。我希望我的孩子长大成人后会看到我是其中一个幸运者！

阿斯彭滑雪公司：关联的故事

实际上，企业嵌入了其所在的社区，而这个社区以各种具体方式嵌入了更大的社区……它要么以惯例与和谐的方式建构于其中，要么像一个与其他任何组织没有关系的、难消去的肿块包含于其中。特别是如果我们考虑到要在一个世纪里保持组织健康的话，企业与社会之间的关系就愈加重要了。

——亚伯拉罕·马斯洛

科罗拉多州的阿斯彭一直是一处与众不同的地方，这里有无与伦比的自然景色，有世界著名的培养领导者的教育机构和美妙的音乐，每平方米街区世界水平餐馆的数目超过了这个星球上的任何地方。它也是一个公司镇，阿斯彭滑雪公司不仅雇用了其中 Roaring Fork Valley 的大多数居民，而且影响着在该地区居住、工作或来此观光的几乎每一个人。

与公司镇常见的情况一样，阿斯彭滑雪公司并不总是受当地居民喜欢。就在几年前，"合作"还不是用来描述该公司与该地区居民的一个词。过去居民往往以怀疑的态度看待阿斯彭滑雪公司，因为许多居民认为该公司不能"分享"该地区的价值观念。

1995 年，阿斯彭滑雪公司的领导团队开会时确定，他们应设法找到与当地居民建立合作和改变每年来阿斯彭观光的数以百计的游客与旅行者的价值观念的方式。他们知道他们必须要找到一个公司和居民都愿意为实现它而一起工作的目标。

阿斯彭滑雪公司面临的艰难任务是找到吸引更多滑雪者到阿斯彭来的办法（参与这项运动的人数在下降）。该公司也知道游客在阿斯彭的体验感受会受到航空公司、旅馆、出租车、餐馆和商店的影响，事实上，那些体验感受给游客留下的印象，远远超过了他们在山上与阿斯彭滑雪公司的工作人员接触的短暂时间留下的印象。

目标清楚了，滑雪公司领导团队决定引导该镇改进游客在阿斯彭逗留期间留下的印象。

在这个团队努力宣传他们的目的时，他们发现他们的价值观念与当地居民的价值观念都有助于为游客提供独特的体验感受——他们认为他们的目标是成为机会的提供者，让每一个游客"振奋精神"，让更多居民参与到行动中来。

当公司 CEO 帕特·奥唐奈尔向阿斯彭的居民提供每周一天无薪（滑雪票和工作服是唯一的补偿）为游客导游的工作机会时，我们许多人都认为他发疯了！但是，奥唐奈尔认为以有意义的方式提供参与的机会，阿斯彭的居民会高兴得跳起来。最初的志愿者是被阿斯彭滑雪公司宣传的最新价值观念吸引来的，他们为公司的服务承诺和他们希望达到的高服务标准感到骄傲。事实上，志愿者与居民的相遇很快就变成了志愿者讲述棒极了的服务故事的机会。相遇如此有趣，以至于当地电视台都将其当作"新闻事件"播放了！阿斯彭的居民陆续看到为游客服务是有趣的和令人满足的。

第二年，志愿者团体向帕特·奥唐奈尔提出了一个问题——志愿者的人数是职位的两倍。有些美国大企业的高层经理（他们中许多人恰好也是阿斯彭的居民）向滑雪公司的 CEO 抱怨，他们受到了不公正对待，因为他们滑雪技术不够好而不能成为志愿者团体的成员。奥唐奈尔和其团队成员立刻寻找使用这个志愿者团体的其他方式。现在，有一组志愿者在丹佛国际机场工作，迎接转机去阿斯彭旅行的旅客，以弥补旅客在航空公司可能遇到的较差服务！

志愿者团体的成员认为他们从活动中得到的是兴奋感、归属感和成就感。而游客，即使是在这个镇短暂停留，也能感觉到这些，甚至更多。

尽管我们一直相信马斯洛博士认为人们渴望分享目的感、渴望成为某个更大集体的一分子、渴望在工作中寻找工作意义的理论，但当第一次看到他的理论在一个完整的社区变为现实时，我们还是惊讶不已。美妙的音乐、世界级的滑雪体验、菜肴精美的餐馆，还有为欢迎快乐无比的游客而自豪的社区居民——阿斯彭已经变了。在这个过程中，不仅游客更喜欢阿斯彭了，而且阿斯彭成为居住和工作的最佳去处。

第 21 章

论 B- 价值观念
（长远目标、终极目标）

我们担心最有可能发生的事情（也担心最没有可能发生的事情）。在我们最美好的时刻，我们通常害怕看见我们的样子。对在我们身上发现的神圣的可能性，我们欣喜若狂，甚至非常兴奋。但同时由于懦弱、畏怯和害怕，我们在这些同样的可能性面前颤抖……

——亚伯拉罕·马斯洛

　　在将开明管理作为发展方向的讨论中，在将优心同样作为任一社会机构发展方向的讨论中，最好放弃"一个成功的价值观念"式的理论（如"一切都是爱"，或者如一位开明的工业家所言"我的一切努力都是为了服务于其他人的利益"）而接受终极价值观念的多元化——至少是目前。这是真的，从实用角度看至少这也是权宜之计，尽管我们今天已经可以用这个包罗万象的概念推断未来。这是因为**每种** B- 价值观念最后都是根据每个其他或全部 B- 价值观念来定义的，如果它是在范围内充分定义的话。那就是说，在我试图尽可能给真理和诚实下一个全面的、最终的定义时，我发现真理可以根据我的清单上其他某个 B- 价值观念或其他全部 B- 价值观念来定义。例如，真理是美的，它已被证明了；真理是善良的，真理是公正的，真理是最终的，真理是完美的，真理是圆满的，真理是整体的，真理是丰富的，等等，这涉及了清单上所有的其他 B- 价值观念。这是我实际做过的一个练习，对其他B- 价值观念我没有做过同样的练习，但即使我在这个发展方向上只做过的小小尝试，结果也清楚地表明，如果对美下一个全面、最终的定义的话，最终会涉及其他每个或全部 B- 价值观念，它们成为美自身性质的部分特征。

　　这个意思是说，将来有一天我们也许会找到叙述所有 B- 价值观念的同一性、整体性的某种方法。我认为因素分析技术对这一方向的发展会有帮助。

　　但这给了我们一个判断某个事物实际上是不是 B- 价值观念的标准。由此，如果基督教科学派成员声称他把爱作为最高价值观念，或者某个学者声称只有真理是唯一的，或者济慈（Keats）声称只有美是最高价值观念，又或者律师声称公正是唯一的终极价值观念，那么，我们可以运用我们的评价原则，来判断这个说法是假的还是真的。例如，如果基督教科学派成员给爱下的定义与医学的和生物学的事实相矛盾的话，我们马上会意识到它已经与其他 B- 价值观念相分离了，它已经从中脱离出来、分割开来、分离开来了。当然，这会立刻使它遭遇毁灭。这表明给它下的定义是不完全的，或者基督教科学派成员有一个不完整的爱的概念，即它的内涵不够广泛。对那些寻找真理而忽略其他 B- 价值观念的纯粹的科学家而言，将真理作为终极目标时也是这样。例如，无论是一个盲目的原子物理学家或火箭专家，还是所有纳粹集中营的医生，也许并不是像他们所有人认为的那样是在追求纯粹的真理。或许他们是在追求真理，事实上是在反省而已；或许他们觉得自己的道德是高尚的，但事实并没有改变，他们的真理与爱、善良、美等其他价值观念明显是矛盾的，因此，必须认定他们的真理是残缺的、不完全的、错误的、被删减过的。没有哪一种 B- 价值观念可以用这种抵触或排斥其他 B- 价值观念的方式下定义。一种 B- 价值观念一定不能与其他 B- 价值观念相脱离、相分割或相分离。

这还暗示，只要继续用所有其他 B- 价值观念来下定义，强调任何长远目标或 B- 价值观念都是可以的。例如，一个科学家是有可能在全神贯注地追求真理时，在各方面都是正确的和对的，因为他在寻求的真理与所有其他长远目标或 B- 价值观念是一致的或相互包容的。对开明管理的原则而言，必定也是如此。一个人可以谈论限制性目标或单一价值观念，如服务，但不可排斥完整的服务定义的全部含义。或许我应该这样说，B- 爱、B- 真理等与任何其他 B- 价值观念最终是相等的，或者说，B- 爱可以用所有其他 B- 价值观念来下定义，或者 B- 爱是所有其他 B- 价值观念的总和。

如果我们同时注意 B- 价值观念的当前多元化和它们的未来推断同一性，或许有另一种解释的办法：通过**任何** B- 价值观念，一个人也许可以接近身心的同一性。将全部生命献给 B- 诚实或 B- 公正等，一个人也许可以培养诚实、美、公正和完美等品质。

第 22 章

论领导

……追逐权力的人恰恰是不该得到权
力的人……这种人往往会滥用权力，为了
压服人、制伏人和危害人而使用权力。

——亚伯拉罕·马斯洛

我对管理文献中论述领导的材料是不满意的。我再次想到了存在某种对民主教条的虔敬，而不是把环境的客观要求当作领导的中心或组织观点的倾向，如在麦格雷戈的著作中就有。我认为我探讨该问题基于完美（范式的）情形或开明情形的观点。在该情形中，情形的客观要求、任务的客观要求、问题的客观要求、集体的客观要求绝对起支配作用；而且在该情形中，实际上并不存在其他决定因素。这将给出谁是这种特定情形下的最佳领导者这一问题的答案。在这个范式情形中，我必须假定对集体中的每个人（一个人自己的和其他人的）的技能、才干和能力的认识是非常清楚的；我要假定对问题情形所有相关细节的认识是完全率真的 B- 认识（89）；我要假定所有人都具有健康的特性（只有这样人才不会太敏感，不会感觉受到侮辱或伤害，不会缺乏自信或自我，以为被花言巧语和虚情假意所操纵）；我还要假定这是个完美的情形，每个人的任务、问题和目的完全被融合了，也就是说，任务或责任不再是与自我相分离的东西，不再是外部强加于个人的东西，而是个人强烈地认同某项任务以至于离开了那项任务他无法确定真实的自我。

现在有一个典型的例子。一个人热爱他的工作，全神贯注于他的工作，喜欢他的工作到了他认为自己与工作几乎无法分离的程度。如果我是一个心理学家，热爱心理学，而且我天生是一个心理学家，能够从中得到完全的满足，等等，那么试图想象我不是一个心理学家就完全没有意义了——我就完全不是同一个人了。如果这是在肢解我，我就不是一个完整意义上的人了。噢，这种对任务或责任的完全认同是 B- 心理学（86）的一个方面。人们对此可能还不太了解，因此我最好想出一个容易的方式来解释。这有些困难，因为这跳过了工作和娱乐之间的对分，跳过了个人和其劳动之间的对分，跳过了自我和非心理现实之间的对分，等等。任务的概念、职业的概念和责任的概念成为自我的一部分，而且是确切和必要的部分，是必不可少的部分，我认为在这些概念被分割和将它们对分的文化中，这是难以理解的。

噢，就算所有这些理想的条件都具备，那么，将会出现的 B- 领导与我在印第安黑脚族中看到的功能性领导是一样的，或许与我在一群年轻人组成的篮球队中看到的良好的团队精神、没有人私自不听从指挥也是一样的。印第安黑脚族往往没有掌握最高权力的总领导者（像我们的美国总统），而是不同的领导者掌管不同的功能。例如，作战小组的领导者是每个人都认为是领导作战小组最优秀的那个人，在饲养牲畜方面最受尊重的人或领导人是最适合做这项工作的那个人，因此，一个人有可能在一个小组中被选为领导者，而在另一个小组中被排在最后。当然，这都是非常明智、符合逻辑且理性的，因为事实上我们的确有不同的能力，特别是在成百上千人的集体中，比如说，我们不能指望最适合安排拜日舞的人，与最适合充当和加拿大政府谈判的政治代表的人，正好是同一个人。黑脚族对他们自己及他们的才干是非常现实的，总是选择干得最好的人去干具体的工作，从不感情用事，也不考虑他在其他工作上干得好不好，这可以称为功能性领导，或者采用我喜欢的叫法——B- 领导。这种安排与客观情形的客观要求相符合，与总体现实、自然现实和心理现实的客观要求相符合。

黑脚族中这种 B- 领导的另一个方面是，领导者完全没有专门给予他的任何权力，也就是说，他并不能真正地影响或命令任何人。通常，选定的领导者非常客观地认为他是那项工作的最佳人选，集体也认为他是那项工作的最佳人选，因此在集体和选定的领导者之间有一种相互的给予和付出。假定他们都有同样的目的，那么领导者就是一个枢纽前卫，他发出信号，协调集体达到共同目标，而不是由他发布命令、行使权力、想方设法去影响和控制别人。事实上，他完全是应这个集体的要求，出来充当集体的得力助手或集体的仆人，将集体组织起来，形成合力（就像一支足球队那样），并在正确的时间发出正确的信号，不然就会出现混乱。附带说说，在领导者无必要存在时，印第安黑脚族也不去烦扰领导者，在某些情形下，他们只有无固定界线的、无组织的集体，全然是无结构的，但也运行顺畅。

在这种情形下，集体与领导者之间的关系与我在这些论述管理的图书中读到的那种情形就完全不同了。例如，在黑脚族的集体中和在我见过的其他 B- 集体中，集体往往对领导者充满感激而不是充满怨恨，好像大家明白让他承担了责任，是因为碰巧他最适合做那项工作。同时他也明白，在完美的情形下他最适合做那项具体工作，无论喜欢不喜欢，无论愿意不愿意，他都要做那些工作，完全出于一种责任感。

这与我们美国的政治情形是完全不一样的，例如，美国领导人往往自己选自己。有些家伙有当州长（或其他什么长官）的野心，那么他会参加竞选并说："我要当州长。"然后他参加竞选运动，与所有其他想当州长的人竞争，我们把这称为竞选、进行一场艰苦斗争等。从 B- 心理学的观点来看，这种做法是非常不合适的，甚至是危险的。不管怎样，它是为合法的工作挑选合适的功能性领导人的一种非常差劲的方法。

说它危险是因为它往往将候选人的资格正好交给了那些追逐私利者，交给了那些神经质般地需要权力去统治其他人（D- 权力）的人，而不是让最适合这项工作的人、做事谦虚和不喜欢出风头的人担任公职。或者如我在谈论领导的一篇文章（24）中说过的，追逐权力的人恰恰是不该得到权力的人，因为他对权力的需要是神经质般的和强迫般的。这种人往往会滥用权力，为了压服人、制伏人和危害人而使用权力。也就是说，为了满足他们自己的私利，而有意无意地使用权力。这种人当上领导者之后，任务、工作、情形的客观要求往往被忘记了或在混乱中遗漏了。他基本上是为自己筹措一切，是为了神经症的自我治愈，是为了自我满足。

那么，如果我们寻找最适合做领导者的人，也就是实际上最适合解决问题或使任务完成的人、最能理解情形的客观要求的人、这种情形下最无私的人，就要寻找绝对不能盛气凌人地对待人和随便差遣人的人，因为根据定义，他得是心理健康者。领导工作本身完全不能给他带来乐趣和满足，因此，通常必须由别人推举他出来，他清楚地知道他承担了责任，他要做有利于集体的事情，而不是反过来。我们的情形是大多数政客自己选自己且追逐权力，而不是谦逊地等待邀请和理解。好胜而爱出风头的人恰恰是不该掌握权力的人，最可靠的掌权人是不喜欢权力的人，因为他最没有可能为自私的、神经质的或施虐的目的而使用权力，最没有可能为炫耀的目的而使用权力，所有这些都是 D- 领导者的动机，所有这些都意味着遮掩，意味着忽视或忽略集体的、情形的或工作的客观实际要求。我记得在谈论领导的那篇文章中我曾经指出，这些是判断你能当还是不能当领导者的最适当的标准。如果一个人对领导没有任何渴望，这是对他有利的关键点。如果一个人为当领导、为当头儿而奋斗，那么这是对他不利的关键点，我们会怀疑他是否符合要求。

还有一种说法，这是区分 B- 领导与 D- 领导，区分追逐凌驾于其他人之上的权力和寻求做好工作的权力的最适当标准。后者使我想到有必要解释一下什么是 B- 权力。

B- 权力

B- 权力就是做该做的事情的权力，就是干该干的工作的权力，就是解决客观问题的权力，就是把该办的工作办成的权力，或者用更时髦的话说，B- 权力是培养、保护和增强所有 B- 价值观念（诚实、善良、美、公正、完美、秩序等）的权力。B- 权力是建立美好世界的权力，是使世界更接近完美的权力，用最容易理解的话讲，它像将弯曲的东西弄直或将未完成的事情完成的格式塔动机，例如，将墙上一幅弄皱的画抚平——实际上，遇到这种情形的所有人都会有点恼怒，"要求"弄皱这幅画的参观者站出来并把它搞平。在这里，搞平是一种满足，被弄皱的画是激励的触发器。这是一个将事物恢复正常的问题，是一个把肮脏的房间打扫干净的问题，是一个使凌乱变得整齐的问题，是一个正确地做事的问题，是一个完成未完成工作的问题，是一个产生闭合、产生良好格式塔的问题。我们或多或少都有这种倾向，尽管我们其中一些人对某种 B- 价值观念比对另一种更厌烦、更有动机。例如，如果在钢琴上弹错了一个音符，对艺术敏感的人或对音乐敏感的人可能就会局促不安。有一则关于勃拉姆斯（Brahms）的轶事能说明这个问题。有人随意地拨弄钢琴，并不经意地弹奏起来，但演奏到一半就离开了。勃拉姆斯不得不起身将曲子弹奏完毕，并说："我们不能让乐曲永远没有结束。"

这与一个人要等听到楼上的人鞋子落地的声音才能入睡的故事有点像；优秀的家庭主妇有整理东西、清洁东西、不在饭后留下肮脏厨房的冲动。这些都是库尔特·勒温（Kurt Lewin）所说的要求特质的小例子。在要求特质的情形中，环境、现实、自然或者情形要求将某些事情干完，我们可以非常容易地从这些不重要的例子进入为大部分人生提供巨大动机的重要例子，例如，不公正、不公平、虚假的拨正。我们都有某些与 B- 价值观念有关系的敏感点，这些敏感点使我们感到愤怒并迫使我们采取纠正措施。例如，《星期六评论》（Saturday Review）上有一则说明这个问题的小趣闻，一个男人对机场餐馆提供的令人作呕的牛排和高得离谱的价格表现得非常倔强——他将牛排送回厨房，他们给他端上来一份更难吃的牛排；他又将牛排送回厨房，他们给他端上来一份还要难吃的牛排；他又把牛排送回厨房。这里的关键是他对这种不公平的待遇表现出的倔强。我想可以这样说，这就是我称为义愤的概念——一种非常可取的愤怒。有时，这是一种激励我们追查某些骗子的推动力，即使受骗的不是我们自己。特别地，对科学家和知识分子而言，这是一种使谎言必须被揭穿、真理必须被宣扬的动力。历史上确实发生过人们为真理而甘冒生命危险的情形，他们宁愿赴刑场也不肯撒谎。

对非常善良的人、非常健康的人、非常正派的人，即得到完全发展的人而言，世界的情形完全是引起愤怒和需要整顿的情形。要扭转这种情形，要使万物更完善、更真、更美、更正确、更公正、更合适等，就需要权力。B-权力就是这样一种令人惊奇的存在，一种所有正派的人都应该去追求而不是回避的存在。如果我们都这样想的话，那么，B-权力就是世界上最使人愉快的存在，而不是我们在美国一直认为的那样是最令人不快的存在。这种混乱是不能区分邪恶的权力、不健康的权力、神经质的权力、D-权力、凌驾于其他人之上的权力，与干一件好工作的权力、正确干的权力、干好的权力而带来的混乱，就好像我们假定唯一的权力就是施虐的或自私的权力，但在心理上它完全是与事实相反的。

那么，如果我们理解B-权力，B-领导者就是寻求B-权力的人，就是依据B-价值观念的目的而正确行使B-权力的人。这是与我在那些管理图书中看到的概念完全不同的领导概念和权力概念——它与责任几乎是同义词。

在工作情形中，如果我们理解上述客观的分析，B-领导者可定义为能将工作干得最出色的人，至少是能组织安排各类事情、将工作干得最出色的人。我不能理解任何其他的领导定义，如领导者是能够影响人们的人，是能够控制人们的人，是能够任意摆布人们的人，等等。首先，这些定义太一般化了，不够多元化，即我也许非常愿意服从比如说狩猎探险方面干得比我好的一个优秀的功能性领导者的命令，但我难以想象接受他在出版方面给我的命令。如果哪个人有任意摆布我的权力，无论什么时候、什么场合，他想干什么就干什么，那么我一定是个病得非常严重的人，他也一定是个病得非常严重的人——如果他要任意摆布我的话。

B-领导者不需要任意摆布任何人，既然讲开了，我再谈谈B-追随者吧。实际上可以用定义B-领导者的方式来定义B-追随者。B-领导者是在令人困惑的情形下融合了目标、命令或目的的人，他如此认同他人，以至于要他们以尽可能最好的方式去做。这可能意味着其他家伙是这项工作最合适的人选而不是领导者自己，因此B-追随者很可能是与B-领导者一样最渴望B-领导者来当领导者的人。

不同情形的要求不尽相同，对领导者的要求也不尽相同。例如，在完全民主的情形下，我们也许会选择一个领导者，并给予他很大的权力，甚至是生杀大权，就因为特定情形要求特定的领导，例如，在一艘救生艇上，在一支军队里，或在一个外科手术小组里。那么，在这种情形中，可能有直截了当的命令，没有道歉，没有婉转，也没有矜持。当然，在这种情形中，B-领导者必须有发布命令的能力，不会因发布的命令而感到内疚，不会觉得他是在利用别人，也不会有任何的惊慌失措。此外，如果他的工作是宣布无期徒刑或死刑，他也必须能够这样做而不会崩溃。这就是客观的情形对客观的领导者的客观要求。当然，这在其他情形下也许是极其不合适的。我想现在我要说的是，在许多情形下，上司应该是非常强硬和专制的上司，虽然我认为在大规模工业化生产的情形下，客观上更加需要参与管理和参与式经理，而不是厉声地下命令并要求无条件立即执行的强硬上司。

但在某种程度上，我有一种模糊的感觉，就是实际上我们可以做出推断，所有的领导者或上司**应该**能够注意到这种情形的客观要求，不必为追随者、员工或接受命令的其他人的敏锐的敏感性而过于紧张不安。我认为大多数领导者必须要能经受敌意，要能做出不得人心的但不至于导致崩溃的决定，那种必须要所有人爱戴的人，在大多数情形下不会成为优秀的领导者（尽管我想象得到这种特性会是"资产"而不是责任的一些情形）。如果客观需要的话，领导者必须说"不"，要果断，要坚强，要敢于进行斗争，要坚忍不拔，要充满激情，要不怕伤害感情，等等。换句话说，上司在大多数情形下不能有懦弱的表现，也就是与我上述相反的表现。他绝不能被恐惧所支配，必须有足够的勇气面对现实。

（因此，我要说某些神经质的人可能要处于大多数上司的行列之外。例如，一个坚持停留在安全需求层次上的人，在大多数情形下不可能是一个优秀的上司，因为他太害怕报复了，因为他追求安全而不是追求问题解决、生产力和创造力，等等。简而言之，他太脆弱了。同样，坚持停留在爱的需求层次上的人也是如此，他的主要目的是被所有人爱戴，被所有人接受，被所有人赏识，因此，他禁不起放弃任何一个人的爱。）

理想的情况是，强有力的上司应该是一个所有基本需求都已获得满足的人，即安全的需求、归属的需求、爱与被爱的需求、声望和尊重的需求以及自信与自尊的需求。可以这样说，一个人越是接近达到自我实现，大多数情形下，他也越是一个优秀的领导者或上司。

当然，对 B- 追随者而言情况也是这样，因为对他的人格要求与 B- 领导者是一样的。说到这儿我想起了一句在许多这类理论情形下对我有帮助的口号，即"人人都是将军"。在理想的或完美的社会或情形下，在他最适合的一项工作上，每个人都能够成为功能性领导者——他可以控制，可以指挥、发布命令、判断形势，等等。在民主社会里，每个人都应该是将军，都应该是上司，至少是某些情形下的领导者。这像是在说每个人都应该重视 B- 价值观念，应该有义愤，应该**渴望**培育诚实、美和正义，等等。那么，每个人都应该能担当重任，应该乐于承担责任，而不是把责任看作负担。

事情的另一面是，在大多数情形下，优秀的上司或优秀的领导者必须有从其他人的成长和自我实现中获得满足的能力，这是心理上的先决条件。也就是说，他应该是个家长或父亲。如果一个人一定要给父亲下定义，非常简单，那就是我给完美的上司下的定义——他必须符合上述要求，必须乐于承担责任，必须供养妻子和孩子；他必须给予必要的惩罚，既严厉又关爱；他应该是船长和将军；他应该从孩子的健康成长中获得极大的满足，从妻子人格的健康成长、不断成熟和自我实现中获得极大的满足。这些也是对优秀经理的要求。唯一不同的是，优秀经理还必须是一个优秀的 B- 追随者，也就是说，他必须能够控制局面，在必须干好的情形下必须是上司，但他也没有必要在每一种可以想象的情形下都是上司，即在有更出色的第一小提琴手时他必须能够出任第二小提琴手，而且必须喜欢这个位置，就像他自己是第一小提琴手或在独奏一样。

还有一个关于优秀的父亲也是优秀的领导者的问题，就是如果他对现实的要求非常敏感，那么他要能够忍受眼下不受孩子欢迎。他必须说"不"，要实施惩罚，要拒绝，要严格要求。在这种情形下，放弃或延迟满足的丰富知识或卓越能力告诉他，他对孩子的冲动和不能延迟是一件坏事。在这种情形下说"不"的父亲容易成为不受欢迎的人，但他必须要坚守这个信念，长期来看，真诚、诚实、公正和客观将赢得每个人的喜爱，这就是对他的回报——他必须不被人喜欢、不受人欢迎、被人嘲笑、受人抨击，还要看到这种情形的客观要求并做出回应，而不是只顾一时的人际满足。

（我认为作为一种社会制度，科学是上述所有要点的例证。"科学无领导"，或者说得委婉些，每个科学家都是领导者。）

对琳达·阿莱平和戴维·赖特的访谈

老式管理已经过时了。人们的（需求）层次越高、心理越健康，要在竞争中获胜，采取开明管理政策就越必要，而采取专制政策就越不利。

这就是我对开明管理如此乐观的原因……是我认为它是未来潮流的原因。

——亚伯拉罕·马斯洛

戴维·赖特（David Wright）是安达尔公司（Amdahl Corporation）的CEO，也是加利福尼亚高新技术区（硅谷）的领导者。作为掌管一家高科技公司的领导者，他的工作环境有时会在一夜之间发生巨变。他有预见、重实效，行事以价值观念为基础，使自己领导者的角色适应高度竞争的、风险驱动的、由知识刺激的、发展迅速的新经济。

琳达·阿莱平（Linda Alepin）是Pebblesoft Learning公司的CEO。这是一家创立不久的互联网公司，是那些每天都在改变美国公司面貌的、快速发展的成百上千家风险投资公司之中具有代表性的一家公司。琳达是风险投资事业战略家和硅谷的领导者，是未来领导者形象的体现。

在升任美国公司的高层之前，琳达和戴维是同事——不能和睦相处、体现粗犷管理风格、通常彼此视为敌人的同事。可是今天，他们是非常不同的领导者，他们获得的经验与马斯洛博士日记中的思想非常吻合。他们发现，在改变工作关系过程的同时，他们为同事改进了工作环境。我们在加利福尼亚硅谷的安达尔公司总部见到了他们两位，一起讨论了马斯洛称为"开明的"领导者的两个例子。

琳达：我刚刚完成了管理开发这门课程，前面有一道练习是"我认为应该做的第一件事情"，要求列出一位我难以与其共事或和睦相处的同事。我认为应该列出我观察的这个人的行为方式，这个人就是戴维。我记得我是这样描述他的：

- 行动先生
- 正在竞逐 CEO
- 不喜欢我
- 和我过不去
- 没有战略
- 好妒忌
- 只有底线

这门管理课程并不是仅仅要你把看法写下来，还要求写出打算如何改善我们的关系。事实上，课程要求你列出具体的可以采取的行动或避免采取的行动，目标并不是要改变他，而是改变我与他的交往，进而改善关系。我写的是：

- 避免谈论战略话题
- 回顾谈话并使谈话变成"对他有什么好处"式的谈话
- 从日常事务入手
- 不感情用事

这就是我写下来首先要做的事情。现在，我知道我完全错怪了他。我认为这种误解会在组织内部长期存在下去。

戴维：我同意。我感觉到琳达不喜欢我。我总是习惯设法搞清楚全景看来像是什么。我是做销售出身的，所以会快速地估计关系，以尽快知道客户是否认同你，而且完全是凭直觉去体验。事实上，我从来不清楚与琳达之间存在什么问题，我也根本没有时间去搞清楚这些问题。并不是我不关心，而是太忙了。让我发生改变的是我意识到，一切看起来不同是因为你站的位置不同。我整日疲于奔命，太专注了，我不知道当时我是否在竞逐 CEO。

事情很有趣，当你的组织不大时，有些领导者采取的态度是"顺我者昌，逆我者亡"——要么你照我说的办，要么你走人，滚出去。随着你在商界不断高升，你必会意识到严重失去了平衡。你必须对世界、对人有深入认识，实际上你必须开始了解每个人对事物的看法。琳达提供的帮助比我身边的老朋友还要多——他们总是同意我的看法。他们和我一样，我认识到了如果我要在硅谷企业界长期干下去，我身旁不能全是和我一样的人。现在"像我"的问题太普遍了。事实上，现在这家公司就存在着一种叫"戴维的朋友"的刻板印象，我甚至不知道它的存在，一直到我当上了安达尔的 CEO。

琳达：是这样。人们认为如果你是戴维的朋友，你就会在这家公司成功；如果你不是戴维的朋友，你就不会有出息。

戴维：但是，对这个看法我是被蒙在鼓里的。我想真正让我了解事实真相的是琳达开始对我采取的新态度。事情完全被搞乱了，我记得我在想这是一件幸事还是一件该担忧的事？你有一种感觉，这个人实际上并不支持你，然而出乎意料的是，她看上去有点不同于往日了。

当我们开始交谈时，我对自己说，这个人具有我身上没有的某种东西，她能适应各种观点。实际上，在我们开始交谈时，我就意识到了这是一件幸事。她对财务很在行，比我更有战略思维（今天仍是如此），看问题的角度也与我完全不同。

琳达：除非你做出战略性的努力，听听不同的意见，广纳良言，找出行家里手，你才能真正做到集思广益。特别是在你进入组织的高层后，与你在中层遇到的情形是相反的。你在中层时，你可以与许多人交谈，从他们那里获得许多知识；当你到了高层，你要主动与人交流才能集思广益。

戴维：真是如此。除这个事实外，附带说说，实际上我发现我喜欢琳达了；我想她也开始明白她喜欢我了。然后，突然之间，精力开始以更加积极的方式发挥作用了。

琳达：作为一个领导者，我更像一个促进者。我的作用当然是让每个人的观点都能得到讨论，确保他们相互理解对方的观点，将精力集中在寻找答案上。例如，像许多新创立的公司一样，我们现在正处于危急关头。几个星期前，我召开了一次头脑风暴会议，我们花了几个小时讨论方案和战略。在会后的几天里，我问自己我是否应该做一个更专制的领导者，因为我处在危急关头。尽管事实上我并不相信专制管理，但是，我发觉那种管理方式的适用场合之一就是危急关头。我知道我仍旧相信当公司处于危急关头时，作为领导者，我必须复归专制领导。为什么？因为这是我的工作。但是，我现在不再相信危急关头是采取专制管理的场合了，那次会议后我看到了这一点。我收到了每个与会者发来的语音邮件，他们向我提供那次会议以后发生的最新情况。我知道没有哪种专制领导可以激励公司之外的人，他们在采取行动时发挥了关键性作用。

戴维：专制关系是命令的一种方式，不一定就是控制和指挥。

琳达：对，我同意。可是，我还是认为在危急关头需要一个独裁者。最好的方式是绕开那种环境，事情肯定就简单多了。可是，我不相信它会导致同样的后果。有了这次经历，现在我很怀疑在危急关头需要专制领导。我和一些杰出人士一起共事过，我要说我的认识已经完全改变了。我认为管理由好心人组成，而不是仅仅由不同领域的专家组成。他们是愿意表达自己意见的人，是把自我抛在脑后的人。参加了这次会议的有三四位前任 CEO，他们都把自我抛到了脑后。一个优秀的团队成员也不必是那种老派之人。作为领导者，你更要无保留地与团队其他成员交往。成为团队成员是非常重要的，但也不能默从——它涉及优点、愿望和弱点的奇特结合，它涉及倾听和参与而不是非要正确的愿望。这完全不同于10年前我们两人的行事方式。

戴维：这是我10年前相信的方式，对此我毫无疑问；但是，它并不是我10年前的行事方式。我想你看到今天硅谷的这些人了，这是一个有趣的研究话题。几天前思科的约翰·钱伯斯（John Chambers）还来过这里，他是我们正在谈论的话题的一个例子。他是一个非常沉稳的家伙，知道自己来自哪里，要去哪里，他允许人们在必要时成为他们需要的领导者。

过去说知识就是力量，现在知识到处都是。如果今天你想做知识力量的经纪人，你会在市场上消失，你完全达不到目的，因此，我认为今天CEO的角色要根据环境而改变，但风格不应该改变，只是改变所扮演的角色——有时你是班长，有时你也要听听班上其他人的意见。我认为当一个人走进门来时，你是男人还是女人并不重要，你是科学家、会计师、CEO还是项目经理也并不重要，重要的是你是这个组织整体中的一员，你和这个组织有共同的目标。

我想，在我记下我和公司其他人的目标和承诺时，我对这些问题更加清楚了。这个过程使得与我共事的人认识到，我和他们的基本价值观念和方向是一致的。

琳达：了解企业的盈亏并不难。一直以来最困难的是让人们去执行、去承担义务、去创造。

戴维：我认为有助于世界稳定的是商业界——不是政治也不是政府。企业领导者认识到了人的问题是比企业更重要的问题，只要我们继续用技术去教育、去学习，我们就必须关心、关注我们的价值观念和"穷人"，特别是第三世界国家。技术是没有界限的，所以实际上我们是统一的，但有人没有相关的基础结构和价值观念，这是非常普遍的世界性问题。这种"软性要素"，即人的问题，在今天我们生活的世界里变得越来越重要了。

对南希·奥尔森的访谈

人并不是分为领导者和追随者。每个人都完全知道目标是什么，知道他最擅长做什么，并且为实现这个目标做出最大的贡献。因此，他和其他人一样，也是一位将军。

——亚伯拉罕·马斯洛

南希·奥尔森（Nancy Olsen）是一位杰出的企业家，她开办过几家成功的企业，其中名叫 Imposters 的全国性珠宝零售连锁店最引人注目。在南希的领导下，这家连锁店在全国各地已发展到了 120 家。

问：您认为领导者的作用是什么？

答：成为领导者的过程类似于成为乐队指挥的过程。一开始，你要花几年时间掌握演奏乐器需要的知识和技能，也许你还要学几样乐器。你由弹奏独奏曲开始，此时你孤独无伴。不久以后，你和另一个人弹奏二重奏。二重奏相对会容易些，因为你可以接近另一个演奏者，可以看他的眼睛来保持节拍并奏出和声。

随着对音乐的理解加深和经验的积累，你发现你可以指挥四重奏了，然后是室内乐队。你知道每件乐器和每个演奏者的重要性，如果第一小提琴手走了调，或者法国号不合拍子，整首乐曲都会受影响。引起听众关注的不是乐曲的优美动听，而是滥竽充数的演奏者，或是整首乐曲中的一个失误。在这时，你可能要在替补乐师中找人充任。

终于，你站在了指挥整个交响乐团的位置上。你知道所有的乐师都希望有你相伴，他们想要演奏，毕竟，没有人练习了几年的低音提琴而不想演奏。你也知道作为指挥，他们在企盼着你把他们整合在一起，企盼着你把激情和感染力整合在一起，企盼着你让每个乐师融入整体。你窘迫地意识到你不仅不能亲自演奏每一种乐器，甚至不知道如何演奏其中的大部分乐器！之后，你开始了——你把你掌握的一切，把你学到的一切，把你的一切和你的领导结合在一起，开始了。

乐曲结束了，乐师激动不已，纷纷说："哇！我太高兴了，我是这支了不起的乐队中的一员！"当你转身面对听众时，你从他们的掌声中也听到了他们的想法："哇！我太高兴了，我是其中的一名听众！"

第 23 章

出类拔萃者："阿格里丹人"（生物上的优越性和优势）

这项新的管理事业（开明管理）的好处在于，无论你从哪个角度开始，是从有利于个人发展的观点，还是从有利于产生利润和生产优质产品的观点，结果几乎完全是一样的——对个人发展有利的对生产优质产品等也有利。

——亚伯拉罕·马斯洛

我想在此引用达夫的阿格里丹鸡（更大、更强壮、占优势的鸡）实验是切题的。[一]它们是优秀的选择者，因此，与此相区别的就是平庸的选择者。在我阅读过的管理文献中，没有一位作者敢于面对这个有深刻政治含义的事实，即在任何民主政治中，有些不受欢迎的人是出类拔萃者，他们在任何特定技能或能力上都比其他人占优势。有些证据也表明有些人往往是出类拔萃者，他们在世界上出生时就是生物有机体的出类拔萃者。对于后者，我可以引用特曼的数据[二]，其表明所有有利的特性实际上往往是相互关联的：那些在智力上出类拔萃的人往往在一切事情上也是出类拔萃者；那些完全因为健康被挑选出来的人往往在一切事情上也是出类拔萃者。（在此想到，这种一般的出类拔萃能够部分地解释那些好像总是不走运的人或总是走运的人吗？也许这是生来倒霉人格讨论的领域。）

达夫的阿格里丹鸡（优等鸡）在一切方面都是出类拔萃者，它们得到最好的一切，在优势等级中处于最顶层，它们个头最大、最强壮、最健康，它们的羽毛更漂亮，它们的性欲更强烈、交配更多，它们得到最好的食物等。但重要的是，当达夫在自助情形下分析它们在日常食物上的选择时，从人的观点来看，是将优等鸡挑选出来的食物去喂较小的、较弱的、地位较低的、较不健康的劣等鸡。达夫试图安排好所有事情，避开各种难题，然后拿优等鸡挑选吃的食物去喂劣等鸡。结果，劣等鸡的状况改善了，它们变得更大、更强壮、更占优势，羽毛也更漂亮等，但它们还是不能像优等鸡一样优越。它们从劣等鸡向优等鸡提升了大约50%，变重了，变强壮了，但还是不如那些由于遗传原先就优越的鸡强壮。

这对管理和工作情形的暗示是惊人的。如果我们寻找 B- 领导者，由于体质和遗传，由于生物天赋，他们是适合特定工作的优秀的功能性领导者或

[一] W. F. Dove, "A Study of Individuality in the Nutritive Instincts," *American Naturalist*, vol.69 (1935), pp. 469-574.

[二] L. M. Terman and M. H. Oden, *The Gifted Group at Mid-Life* (Stanford: Stanford University Press, 1959).

上司（例如，他们可能是智力最发达的人），那么这就暗示了几种假定，其中一种假定是他们天生如此，当然，这种可能性必须经过长期的调查研究才能得出结论（遗传和体质好到什么程度才有高智商、好身体、出类拔萃的生理能力、出类拔萃的精力和毅力、出类拔萃的自我力量等）。

另一个问题是该如何对待他们。这类人会进入上流社会，就像奶油会浮到牛奶的表层一样。这在某种程度上否认了我在前面描述的功能性领导的概念，可能是因为，毕竟出类拔萃者往往在一切方面都是出类拔萃者，在一种情形中是最好的领导人，很有可能在不同的情形中也是最好的领导者（不可能是因为运气）。这像是在问，出类拔萃的领导者、平庸的领导者和追随者是先天的吗？对这种情况，社会应该怎么办？这种情形与民主政治如何配合？诸如此类。它还引出了"反价值观念"、尼采式怨恨、怨恨出类拔萃者、忌妒贤能等问题，引出了憎恨和敌视比我们更漂亮的人、比我们更聪明的人、比我们更走运的人等问题。除非其他人有钦佩出类拔萃者的能力，至少不憎恨他们，不攻击他们，否则没有哪个社会能够运转。同样，除非出类拔萃者被其他人自由地选择出来，否则没有哪个社会、没有哪个企业是真正有效的。这是理想条件要求的一部分。例如，一个人能够客观地发现另一个人的智商水平或体力，然后对他说："你的能力比我强，因此，你更适合做这项工作的领导者。"然后这样去做，毫无怨恨，也不觉得失去了自尊。

如何让全社会人人回避这个棘手的问题是件有趣的事。例如，我们谈到每个人都来投票决定，但事实是占人口 10%～20% 的人不能投票或从来不投票，例如那些关在监狱和精神病院的人，那些智力低下者，那些因生理残障需终生住院和不能活动的人，那些需要照顾的老年人，那些无助的伤残人，以及天晓得的其他各种人。这些至少占人口整整 10% 的人，我们需要告诉他们做什么，像照顾宠物或某种物件那样照顾他们，而他们不能投票——没有人会听信精神病人或智力低下者的话。如果我们记住从严格的法律意义来说 2% 的人口是智力低下者的话，已经是 50 人中就有一人实际上是不起作用的，他不是这个社会的独立成员。我还没有完全考虑清楚这个问题，但我确信需要透彻思考。我想要做的事情是重读尼采论奴隶道德或论与强者道德截然相反的弱者道德的著作——这会帮我厘清头绪。

例如，我们的社会有一种倾向，就是在任何方面都出类拔萃的人会对此感觉内疚和懊悔。"失败者"在某种意义上只是许多人不能赢而已，他们过于烦恼不安、过于内疚、过于自私、过于愚钝、过于专横。这种失败型的人，或者说得好听些，这种不敢赢的人，还没有得到充分的研究和分析。如果我们要理解民主的领导和上司，最好研究他们，更多地了解他们。

我想到的另一个问题是：从总体来看最好是每人都可投一票，体质优越的事实无关紧要。这对普通的企业情形来说显然不是一个好主意。在竞争的环境下，简单有实效的成功和生产率意味着企业的生存和死亡，不管是任何形态的社会，在这一点上不会有任何差别。由于存在自由和公开的市场和竞争，一家工厂需要经营得出色，否则它就要失败。因此，必须找出事实上的优越。在普通的企业情形中，人们肯定是不可互替的，肯定不能每人一票，至少不应该每人一票。我能够想到的允许这种情形发生的唯一条件就是停止竞争，或者是处于受保护的情形下，像现在的西班牙，那里的工厂肯定是无效率的，但由于没有竞争倒也无所谓。只要世界上有自由选择的情形，只要有像现在的共同市场那样的公开竞争，只要有找到出类拔萃的经理和工人的实际需求，就会有以尽可能最佳的方式做事的客观实际需求。以尽可能最佳的方式做事的人就是垄断整个汽车市场、收音机市场或其他什么产品市场的人，其他人只能是在经济上死亡。

那么，对于"阿格里丹人"，问题是，我们应该允许这样的人具有多少自尊、公开承认的优越、傲慢、自夸或健康的自私？在美国，出类拔萃者通常是隐藏起来的。没有人在公司到处说他如何出类拔萃。这种事情不会发生，可事实仍是心理科学在向前发展，我们对自己的了解越来越多，而且是采用非常客观的方式：我知道我的智商是多少，我的人格测试分数是多少，我知道罗夏测试是什么，等等。我可以公开地说我的弱点是什么，这是允许的；但我说我的优势是什么，则肯定是不允许的，这就是这个社会真正的弊端所在。我应该说经理和上司的情形也是如此。我们以这种方式安排事情，即上司、领导者、将军和成功人士往往使自己处于防御地位。但在一个完全流动的和理想的社会里就应该这样吗？反之亦然，奶油会浮到表层，但浮到表层的就是奶油吗？

我想起了印第安黑脚族，在那里，财富、技能和智力等之间的相互联系几乎是完美的，财富是能力的非常好的象征。在理想的社会里这种情况肯定会发生：成功、任何形式的财富和地位都是与实际能力、技能和才能完美联系在一起的。如果我们想要的话，事实上这才是我们定义良好社会的方式，在这个社会里，那些在上层的人值得留在那里；那些被选出来担任高官的人是社会的非常优秀的人才；社会中最优秀的人才也一定会被选出来担任高官；等等。例如，在美国我们都非常谨慎，不去炫耀。但在印第安黑脚族的情况就完全不同了，他们毫不掩饰地自夸——不是我们那种贬义意义上的，而是与我们将学位放在名字后面那种意义相同，就像我们有权利拥有的成就的普通象征。

大平原印第安人通常有权利为他们的每次棒击⊖或每次胜利在他们的羽毛头饰上插上一根鹰的羽毛。我们也有同样的情形和同样的做法，特别是陆军，把奖章挂在胸前显示他们有多么优秀。在法国，一条红绶带表示你是科学院的院士；在美国，ΦBK 联谊会⊜钥匙表示你是多么优秀的学生；等等。我认为这种率真的自夸、率真的炫耀根植于人的本性，应该允许其存在，甚至应该鼓励。

所有这些考虑引发的问题是领导者或上司与那些他不得不差遣、解雇或惩罚的那些人的关系。这个问题我在其他地方也提出过。我认为对此我们

　⊖　指印第安人打仗时棒击敌人后继续前进而不将其打死，以示勇敢。——译者注
　⊜　美国大学优等生荣誉学会，成立于 1776 年。——译者注

不如现实一点，事实的真相是，我们对任何能力（即使是行善的能力）胜过我们的人的态度，与我们对那些与我们相同的、能力没有超过我们的人的态度，是有些不同的。这与参与管理、民主管理及工业情形中的人际关系有关。在某些情形下或许在许多情形下，对经理或上司来说，最好与他可能不得不惩罚的人保持某种程度的孤立，保持一定的距离、客观性和冷漠，就像我们现在意识到的，心理治疗师不应该介入与病人相关的任何其他奖励或惩罚的关系当中。例如，心理治疗师不能当病人的教师，不能给他的病人评分，因为这会破坏治疗效果。这与现在军队中将军面临的情形是一样的。

我想我应该再次申明，在许多情形下，领导者**不应该**像其他人那样允许和鼓励自己富于表现力和公开。现在，我再次想到了处在危急之中的船长、外科医生和军队将军的例子，他们可能有各种隐秘的疑虑和担心等，但最好是保持缄默而不是将他们的焦虑公开讲出来。原因很简单，这种公开的表露往往会导致机能障碍，会打击组织的士气，会使人们失去信心，等等。对上司的一般要求或许该加上这一条，就是其应该有保持缄默的能力，不透露会导致集体机能障碍的任何事情，他承担起担心、焦虑和紧张或许也是必要的责任。（现在要确信没有混淆公开和聆听的意义。当然，任何优秀的经理和领导者的特征之一是他能够了解正在发生的事情，因此，他必须做到眼观六路、耳听八方，能够接收和吸收信息，能够仔细观察，但这与谈论和泄露你自己和你内心的体验意义上的公开是不同的。）

当领导者的好处之一是一个人可以自主行事。这意味着上司是特别需要自主行事的人，或能从中得到乐趣的人。那么，假定 B- 领导者喜欢和鼓励 B- 价值观念，他的自主行事就意味着把世界上需要纠正的事情纠正过来，并从中得到极大的个人乐趣。如果我是 B- 上司，那么，我必须从干一件好工作或看见一件好工作被干好中，从建立一个良好、有效、平稳经营的组织中，或从生产出特别优秀的产品中，得到极大的乐趣。这是一种高层次的、未来必定要认真考虑的工作的本能。

这种理想的情形暗示的另一件事情是 B- 上司最好是弗洛姆所称的健康的自私人。[一]如果他根据个人的冲动去做他最乐意做的事情，去做他凭直觉想做的事情，摆脱最让他烦恼的事情，尽力使自己快乐并在满足中得到乐趣，那么，对世界来说这大概是件好事。（因为让他最愉快的事情就是改进世界，让他最烦恼的事情就是看见 B- 价值观念被摧毁。）这又是一个典型的协同作用的例子。他可以通过让自己做一个完全自私的人，通过我们希望他或鼓励他做一个完全自私的人，通过根据他的冲动去做事情，来证明这就是使世界更美好的最佳方式。

用三维概念解释 B- 领导者的另一种方法是这样的：假定有一家合伙企业，比如说由 300 人开办的吧，那么，从长期来看这 300 人会选择什么管理原则，即他们的不同利益是什么？让我们假定他们是聪颖的和十分健康的，那么我认为显而易见和不可避免的是，他们必须提出开明管理原则；他们必须雇用和选择 B- 领导者（如果他们需要领导者的话）；他们必须成为 B- 追随者；在追求他们自己的完全自私的利益时，他们必须融合工厂的命令和目标，既要考虑生产率——工厂的、利润的、良好组织的，又要考虑个人开发、成长、自我实现、快乐的工作场所等所有要求。理想情形下的所有这些方面在理论上必须是协同的。

这个 300 人的集体肯定不希望企业倒闭，而让企业不倒闭的最好方法就是有最好的管理、最好的社会组织、最好的个人成长，等等，在这些点上，一切都要遵从逻辑和秩序。首先，我确信，显然非常可取的办法是投票决定建立他们喜欢的工作环境，也就是使他们能够享受生活乐趣的环境，他们喜欢的生活环境——特别是由于这 300 个人，人人都是将军。需要指出的是，这项新的管理事业的好处在于，无论你从哪个角度开始，是从有利于个人发展的观点，还是从有利于产生利润和生产优质产品的观点，结果几乎完全是一样的——对个人发展有利的对生产优质产品也有利，至少长期来看是这

㊀　E. Fromm, *Escape from Freedom* (New York: Farrar & Rinehart, 1941).

样。长期来看，对生产优质汽车有利的，对良好经营工厂有利的，对工人的个人发展也是有利的。

我要引述坦南鲍姆论述领导的著作中的一段话："经理在对其他人的信任程度上通常差别很大，在一个时期这会扩大到他管理的每个雇员。"[○]对"信任"的强调再次使我想起民主管理的新虔敬和新教条之间的对比——一种可与现实和对现实情形的真实判断相对比的民主管理。在这段话中，坦南鲍姆指出对人的信任问题事关性格特征，经理之间肯定是不同的，但其还牵涉到"谁最适合解决这个问题"这一现实问题。有时信任是现实的，有时信任是不现实的。信任一个精神变态者或偏执狂患者是一件非常愚蠢的事情。任何要我们必须信任某某人的教条往往是不现实的。

他还提出了命令的性格特征差异问题。"有些经理似乎指挥起来更轻松、更自然，是一个非常善于指挥的领导者，解决问题和发布命令对于他们显得轻而易举。有些经理则似乎更适合在团队活动中发挥作用，他们不断地与他们的下属分享他们的职责。"这不仅事关性格学的变量，也事关环境变量。有些环境需要非常善于指挥的领导者，像一艘船的船长、一个集团军或一艘潜艇的指挥官，而有些环境实际上需要团队分享者。这就是说，我们必须接受两种变量的现实，然后设法将合适的经理安排到合适的环境中去。无疑，我们必须非常小心，不要跌入陷阱，把那些非常善于指挥的人看作不民主的人。有些人生来就是这样子，就是这样做事，要尽可能地理解和接受他们，让他们在最有利的环境中发挥最有益的作用。这里的一个危险还是教条主义。

我认为我们应该增加一个因素，它在善于指挥的领导者的心理构造中还没有得到充分的讨论，那就是强烈的格式塔动机。有些人比一般人对缺乏整洁、缺乏秩序、缺乏美感和完美、缺乏完整等更感到厌烦，他们是那种**非要**

○ R. Tannenbaum, I. Weschler, and F. Massarik, *Leadership and Management* (NewYork: McGraw-Hill, 1961).

把墙上弄皱的画搞平不可的人，比起其他人，这幅画让他更不安。他们是那种比其他人更需要完美环境的人，对他们而言，有权力做到完美是一件非常愉快的事情（事实上，这也许是拥有权力的主要回报）。这种人也许愿意承担所有恼人的事情、责任、恼怒和权力的自我牺牲，使得他们能够运用手中的权力消除令他们难受的不完善、缺乏整洁、缺乏闭合等。

这个因素应该对通常似乎更强调体质上的天赋、强调优势问题的讨论进行了补充。即使在优势方面，领导理论的学者也没有研究透彻，他们似乎不知道对动物，特别是对猴子和猩猩已经进行了大量的研究。（在我看来）似乎没有什么问题涉及所有这些材料，即与其他因素一样，出类拔萃也是一个先天的决定因素。我们可以假定，在需求的性质、需求的延迟、被动的需求和主动的需求、容易发怒或容易争斗等方面，人们天生是不同的。它们还应该增加进新的生理学信息，即肾上腺素和去甲肾上腺素之间的区别，单单这个有可能是遗传的因素就足以解释许多个人差异，如容易争斗或容易逃避，主动的还是被动的（9，12，19，28，78）。

在影响有关领导的讨论的复杂多样的变量中，我不想遗漏一般生物优越——或许是被忽略的变量和骇人的变量。在所有普通情形中的领导者往往在所有有利的特性上都是出类拔萃者，而这正是应该的。依据现实的客观要求，领导者应该比追随者更有效率、更有能力、更有才干，这才更有实际意义，更有可能确保成功的结果。坦南鲍姆在其著作⊖中非常正确地强调了对成功领导者的感知是有利的。（显然，一个消息不灵通、不交流信息的领导者不可能准确地评估形势，因此也更不可能成功。）但这种出类拔萃的感知能力，这种超乎寻常的 B- 认知能力，是与心理健康相关的，这又意味着心理健康与成功的领导是共变的。

⊖ *Op. cit.*

第 24 章

极其出类拔萃的上司

特定情形和问题的客观要求将是领导
政策和追随政策的主要决定因素。

——亚伯拉罕·马斯洛

有时会出现一种特别现实的情形，它使我们所有民主的人非常不安，那就是，某个人比其同事占有很大的事实优越。这往往会把情形的必要条件的核心问题与出类拔萃的领导混同。例如，在 5 个智商为 120 的人与一个智商为 160 的人合作的情形下，讨论参与式管理风格显然是不可能的，至少是代价很大的。让事情得到彻底的讨论，让人们自己发现问题，让人们参与，慢慢地以他们的方式找到问题的解决方案——所有这些都要比在普通情形下困难。出类拔萃者在这种情形下非常容易急躁不安和烦躁，由于要控制自己和抑制自己的冲动，他的全身会绷得很紧。他轻而易举地就能发现事实，而其他所有人还在苦苦思考，让他缄默不语可以说是精神上的折磨。

还有一个问题是，在意识的这个层面或那个层面，人人都能感知到智商的差别，那么就会造成智力较低的人慢慢地养成等待智力较高的人拿出解决方案的习惯，即他们容易不努力工作，因为工作是无用的、无价值的。当知道出类拔萃者只要 3 分钟就能拿出解决方案时，为什么他们还要花 3 天时间为拿出某个问题的解决方案而工作呢？因此就会出现所有人都变得更加消极的趋向。对比之下，他们也许觉得自己没有实际上那么能力强，却比实际上更愚蠢。

除这些直接的后果外，敌意和怨恨几乎不可避免地会在无意识层面形成。人们越是不清楚实际情形，越有可能产生怨恨情绪。在内心里感到自己愚蠢的人容易认为自己是可憎恨的目标，即他认为其他人想使他感到自己愚蠢，那么他就会产生敌意和愤怒以保卫自己的尊严。我预料人们越是清楚这种情形，了解越是深入，就越是可能较少产生怨恨和敌意（至少对正派的人是这样），进而越不需要抑制和防御机制来保持自尊。

这种情形下的变量时间和时间跨度也很重要。显然，在需要快速决断的情形下，出类拔萃者必须快速、直接、专断地做出决定，不必与别人商量，命令必须发布而不必加以解释。另外，如果是时间跨度长的情形，如要创立一个延续 50 年或 100 年的企业，特别是在出类拔萃者去世后企业还要稳定延续，那么其就需要极大的耐心，进行高度的参与管理，需要给予更多解释，公布更多事实，对事实给予更多讨论，还需要使人们就结论达成一致意见——从长期经营来看，这是培养优秀经理和优秀领导者的唯一方法。我认为对良好管理的两个主要目标之间进行某些对比，现在变得容易了：单纯的生产和利润目标会驱动合法的出类拔萃者更加专制；开发人格并因此而开发有可能晋升的经理和继承人的目标会驱动合法的出类拔萃者更多地采用讨论和参与管理，而不采用直接的、专制的领导方式。这又有点像是在说，在良好的世界里和良好的条件下管理良好的人，采用理想的管理政策是最好的。如果我们有一个安宁的、世界大同的社会，有一个不会发生不测事件的社会，有一个我们可以耐心地为人类进步工作的社会，那么充分参与的管理会更可取，即使是在这种非常特殊的合法优越的条件下。

合法优越的某种人格特性大体上也是如此，特别是一个人的自我优势，目前我把它定义为高于平均水平的忍受焦虑、抑郁和愤怒的能力。如果上司在这个特性上比他管理的同事们强得多，那么人们就会在与公认的高智商相似的情形下工作。这类上司会担当所有各种责任，不加解释，也不需要参与，只是因为他知道他能够比其他任何人更好地处理问题。

（我想现在我可以用到我对有偏执狂特征的领导者的分析了。总的观点是要理解为什么像希特勒、麦卡锡参议员、个别伯奇主义分子等明显不很正常的人，能够聚集这么多的追随者。一个明显的原因似乎是因为他们非常果断，非常自信，非常坚定，非常清楚他们要什么不要什么，非常清楚什么正确什么错误。在一个大多数人还没有同一性、没有真正自我的国家，在一个大多数人混淆了正确与错误、善良与邪恶的国家，在一个大多数人对他们要什么不要什么基本不确定的国家，人们很容易钦佩似乎清楚地知道自己要什么的任何人，并屈服于或寻求这样的人的领导。大体上，民主的领导者、非专制的领导者往往"宽容"不知道的情形，愿意承认他不是什么都知道，所以有时对于未受过教育的人来说，果断的、有偏执狂特征的独裁主义者可能看上去非常有吸引力，能够缓解追随者的所有焦虑。在这一点上可以引用陀思妥耶夫斯基（Dostoievsky）的《卡拉马佐夫兄弟》（*The Brothers Karamazov*）中"宗教法庭大法官"一节，还可引用大卫·雷斯曼（David Riesman）的"没有自己主张的"人，以及弗洛姆的行动机械呆板人格。在任何情形下，在任何有关领导的讨论中，偏执狂特征显然都是一个相关变量。）

做事果断的人，敢于做决定且坚持到底的人，清楚地知道想要什么、知道喜欢什么不喜欢什么并确信不移的人，从不轻易放弃主张的人，有可能墨守成规和可以依靠的人，不受矛盾影响的人——大体上这些人更容易被人们推举为领导者。我想这也许是强迫症者经常更容易被挑选出担任行政长官、总经理或领导人的一个原因，其实他们只是更墨守成规，更清楚他们喜欢什么和不喜欢什么，更少改变主张等。也许是病态的原因，心理上未发展成熟的人是不易觉察到这个事实的。

在这一点上我还可以引述麦格雷戈的话，在"趋向没落的信任"那一节有一段很像是坦南鲍姆说的话："想想一个让人受到较少尊重的经理吧。他把自己看作少数精英人物中的一员，天生具有与众不同的能力，把大多数人看作能力相当有限的人。"[⊖]但我要反问一个问题，要是他**的确**天生具有与众不同的能力呢？要是他**的确**是少数精英人物中的一员呢？麦格雷戈并没有认真地考虑到这种可能性。我必须向麦格雷戈指出，对异乎寻常优势的现实感知与坚守 Y 理论绝对是相一致的。极其出类拔萃的经理事实上是可以接受麦格雷戈关于天才和普通人的能力的相对深奥的见解的。该书中还写道：

他认为大多数人都有成长和发展的真正能力，有接受责任的能力，有获得成功的能力。他把下属看作帮助他履行责任的真实的资产，他创造条

⊖ D. McGregor, *The Human Side of Enterprise* (New York: McGraw-Hill, 1960).

件使这些资产能够发挥作用。他并不认为人都是愚蠢、懒惰、不负责任、不诚实的，也不都是对抗者。他知道的确有这些人，但他认为这些人简直难得遇到。总之，他坚守 Y 理论。

合法的出类拔萃的经理完全能够接受上述看法，而且认可异乎寻常情形的事实。我认为对 X 理论和 Y 理论的全部讨论可以这种方式阐述得更清楚一些。（附带说说，我还要说这不再完全是理论了，而是事实。有大多数美国老百姓支持 Y 理论的经验证据，也有大多数美国老百姓支持 X 理论的经验证据，几乎可以把它们叫作"X 事实"和"Y 事实"了。）

我感兴趣的是，麦格雷戈仍在使用管理和领导等词，这对 Y 理论方法是非常不适当的。他谈到了统治 - 从属关系、权威的原则、命令链等，显然，B- 领导者和 B- 追随者是完全不用这些字眼的，例如，互相协调的篮球队成员实际上就是不用这些字眼的。我们最好去找其他词语（至今还没有）来描述 B- 心理学的权威、领导等概念，而不使用从专制情形下继承来的词语——该情形认为专制领导是唯一的领导类型。（支持这个结论是因为缺乏描述 B- 心理学领导和追随者的概念的词语。）

在分析这类强人和强势上司的情形时我得出了一个结论，即以理想的方式（或者向上沟通或者向下沟通）公开交流几乎是不可能的事实，因此，上司应对这种情形的一个技巧就是在集体讨论时经常心不在焉，以避免像平时那样咄咄逼人、压得人喘不过气来。毋庸置疑，如果他是极其出类拔萃的人，他会抑制整个集体。如果他想亲自开发他们，如果他想培养他们和他们的能力，那么他最好明白，只有他不在场时，他们才会更自由地讲话，更自由地表现自己，更自由地发挥他们的潜力。这是他证明自己爱护他们、尊重他们、信任他们和为他们的自我实现感到欣慰的一个方法。

缺席所有场合对他也许是一种损失，但我认为这通常是客观事实的要求，就像非常漂亮的母亲为没那么漂亮的女儿所做的最亲切的事情一样——

在有男孩在场时母亲会离开她们，不让她们总是觉得自己不如人。非常明智、非常有想象力、非常聪颖的父母经常不得不这样做，以免孩子受到压抑，或让他们觉得自己比别人差，或让他们觉得无助、被动和无望，或让他们觉得自己无论是绘画能力还是长相、智力、体格等都比不上父母。许多已经实现自我的人经常对他们的孩子产生非常不利的影响，这证明了一个非常惊人的、非常有说服力的观点——许多人认为了不起的人会有了不起的父母，而了不起的父母会有了不起的孩子。需要指出的是，有了不起的父母对小孩未必是好事。至少可以这样说，糟糕的父母会造成一些问题，而了不起的父母也会造成一些问题，问题可能**不同**，但毕竟是问题。

我想我还要向强势人物建议，注意不要落入傲慢态度的陷阱，即华而不实的讨论、假装内行的建议主张、虚假的集体动力。如果强势人物始终知道答案，而又想尽办法让集体成员觉得是他们自己发现了解决方案，那么，通常的后果是这种做法并不灵验，而且会带来怨恨。当然，这是非常难办的问题，是深刻的人的问题和存在主义的问题，即使在理论上也没有有效的解决办法。事实上，极其出类拔萃是不公平的、不应得的；人们可以怨恨（也的确怨恨）它，抱怨命运不公平和不公正。对此没有答案，因为事实是命运是不公平的，它给一个新生儿强壮的身体，而给另一个新生儿糟糕的心脏或糟糕的肾脏等。我不知道在这种需要诚实但诚实和真相必会伤害人的情形下有什么好的解决办法。

在理想的社会里，在优心的社会里，问题似乎非常清楚，为了使**任何**一种文化能起作用，钦佩的能力、追随的能力、选择最胜任的领导者的能力、发现真正优势的能力，所有这些能力都是需要的，它们必须以对出类拔萃者最低限度的对抗和敌意集中在一起。在领导情形中这种对抗和敌意有各种不同的方式，我要说的是，可以强求将它分成各种变量。例如，在我们目前的文化情形中，领导者似乎不谈论或缺乏认识的变量之一是阶级对抗。军队过去能够很好地对付这种对抗，因为军官都是中上阶层，因此都是有身份的人；士兵都是下层阶级，因此不是有身份的人。他们之间的对抗就会被其他人认为是理所当然的，我想这种情况在海军和陆军中可能仍旧存在，即使在我们这个向上流动的社会里情况也是如此。必须得承认，在陆军、海军或其他大型组织或整个社会中，或许需要一本非常详尽的"法律手册"，很像我们的成文宪法、实用的法律课本和法规等。这部分是因为这些人是如此不同，未经任何选择，其中包括许多病态的人、无能力的人、精神变态的人、邪恶的人、专制的人、未成熟的人，等等，所以有必要制定客观的规章，而不依赖个别法官、船长、将军等人的良好判断。现在我们必须再次强调 T-小组的高度选择性、小组"Y 经理"的选择性、其在管理良好的企业中会发现的美国公民的选择等。任何理智的经理都会依据他们的人事政策拒绝接受社会上那些平庸、糟糕、不胜任的人，**因此**，Y 理论、开明管理在需要人事选择的社会里可以发挥作用，而在完全非均一的、没有选择性的社会里，可能不起作用。

我认为，即使在我们这个向上流动的社会里，上层经理人员与下层人员之间的阶层差别也可以部分地解释利益、敌对和反敌对等的差异（对强势 /弱势变量、上级 / 下级变量和统治 / 从属变量也是如此）。我认为不仅可以从有关猴子的材料，从有关体质强弱、智力和天赋优劣等生理学材料中得出结论，甚至也可以从妓女的类似情形中得出结论。妓女对嫖客的可怕的敌意、憎恨和轻蔑等，如果全部加以解释的话，我确信这对理解一个人被别人剥削的情形，至少是一个人相信他被别人剥削的情形，会有很大帮助。

还需要讨论的体质性因素是在脑波中发现的积极和消极因素，这是由弗赖斯在新生婴儿身上发现的，⊖也是在胃溃疡性格类型的身心失调的人身上发现的，内分泌学家在男性激素影响（如肥胖性生殖器退化综合征）中也发现了。这些证据综合起来，十分清楚地表明了积极和消极、依赖和接受的先

⊖　M.E. Fries, "Factors in Character Development, Neuroses, Psychoses, and Delinquency," in E. Drolette (Ed.), *Mastery of Stress* (Cambridge, MA: Harvard University Press, 1957).

天差异，当然，这与领导和追随有关［这与方肯斯坦（Funkenstein）对肾上腺素和去甲肾上腺素的研究数据是一样的］。[⊖]

开明的管理政策和领导政策的制定，部分取决于上司能否放弃对其他人的权威，允许他们是自由的，真正地喜欢他人的自由和他人的自我实现。这恰恰是自我实现人的特征，是不断成长的心理健康的特征。健康的人不需要对别人的权威，他们不喜欢权威，不想要权威，仅在必要时运用权威。这就像健康会使病症消失一样，只是放弃对其他人的权威，只是自然地改变这些人的管理和领导哲学，从 X 理论转向 Y 理论，即使没有意识到所做的任何努力。

我想我对管理和领导文献的忧虑、对新的虔敬和教条的担心，可以概括为将整个组织理论的中心从领导者个人转向特定情形和问题的客观要求，后者是领导政策和追随政策的主要决定因素。重点是事实、知识、技能，而不是交流、民主、人际关系、良好感觉等——更应该尊重事实的权威。这里要说明的是，这不是对分，也不是对比。尊重事实的权威、讲究实际、注重实际等，都倾向支持参与管理理论、Y 管理理论等，至少在文化上良好的组织，参与的人是非常健康的，总体情况是好的。所有这些加起来意味着功能性领导，即相对于技能、能力和情形的一般要求，所有一般类型的人格特征是次要的。因此，更加应该强调对事实的感知、对事实的创造性认识、对新事实的创造性认识，强调正确的事实，坚持和执着于事实，根据事实做出判断。也就是，当事实说"是"而公众说"不"时，出类拔萃的领导者应该能够坚持事实，抵制公众的反对。对知识和经验也应该强调，强调比现在更真实、客观的优越。

在这一点上，我认为没有什么大问题，因为我确信所有人都会同意我的观点——它们是可取的，只涉及重点、理论上的组织和交流的微小转变。这也许是我比该领域的其他作者更强调了这一点，因为我知道这个事实，即除受钦佩外，出类拔萃者往往也会遭到强烈的怨恨，因此，在民主选举中，他

⊖ D. Funkenstein, S. H. King and M. E. Drolette, *Mastery of Stress* (Cambridge, MA: Harvard University Press, 1957).

们往往难以胜出。这有点像艾森豪威尔和史蒂文森的情形，智力明显略逊的偏偏被选中了，智力明显占优的反而落选了。这是为什么？我想我对领导的论述是要强调这种反敌意、隐蔽的怨恨、隐蔽的妒忌，强调接受这个事实，即优秀人物会受到人们的爱戴和钦佩，但也会受到人们的憎恨和畏惧。

在此我还要考虑盖特泽尔斯（Getzels）与杰克逊、托兰斯有关创造性儿童的新数据。[⊖]关于这一点并无争议：有创造性的孩子不讨人喜欢，不仅受到伙伴们的怨恨，也受到其教师的怨恨。我们必须制定出比选择普通人更好的选择领导者的标准，如果我们将组织中心转到事实的要求、现实的优势、事实的权威、现实的要求等上来，那么我们更容易从讲究实际的观点选出最优秀的领导者，即使他可能不讨人喜欢、不受欢迎。

我想我还应该在此引用德雷夫达尔从他挑选出 20 位极有创造力的心理学家那里获得的数据（未发表）。他们中的每个人都有一个不太幸福的童年，至少报告说是有疏离的感觉。或许他们都有点受到社会的排斥（我怀疑他们中的每个人会在任何大众化比赛中获胜），可他们的优越事实在大多数情形下都是有利的。我们必须学会选择这类人，学会评价他们，即使我们并不喜欢他们，即使他们使我们不舒服和情绪矛盾，即使他们让我们陷入冲突，即使他们让我们怀疑我们的价值。我想这可以归结为我在论开明管理的文章中所强调的观点，除非我们开发钦佩出类拔萃者的能力，否则建立一个良好的社会是不可能的。

旁观者

我们对许多来自世界各地的经理打听这些日记感到惊讶。我们向同事、领

⊖　J. W. Getzels and P. W. Jackson, *Creativity and Intelligence* (New York: Join Wiley & Sons,1962). E. Paul Torrance, *Guiding Creative Talent* (Englewood Cliffs, NJ: Prentice-Hall, 1962).

导者、管理专家请教他们对差不多有 37 年历史的一本日记的见解。他们对此极有兴趣。一个人的称赞使我们坚持了下来。

《快公司》杂志主编艾伦·韦伯（Allan Webber）对我们讲的一番话是对这种兴趣的最好概括。他说："美国的管理有一种寻找银弹和时尚的倾向，这是事实。以前曾经走过社会技术运动这条路，也是事实。话虽这么说，这依然是最难做和最难做好的事情。马斯洛的思想值得重提、研究和宣传。世界上的所有技术只会使人的因素更重要。"

在这场兴趣风暴中，看来好像出现了两种人——"旁观者"和"参与者"。旁观者，最早是由内华达大学拉斯维加斯分校的戴夫·希基教授在其著作《论艺术与民主》（*Essays on Art and Democracy*）中杜撰的新名词，是指不参与、不接触生活的人——没有真正的激情或为理想献身精神的人，他们外出花钱，听音乐，买艺术品，喜欢钻研思想，但从来不真正触及本质和参与。而参与者拥有一套指导他们行动的价值观念和信念，敢于尝试未知的事物。他们献身于事业，不管顺境还是逆境，不管受到欢迎还是受到指责，不管前途光明还是前途未卜。在艺术与民主中，所有进步都取决于参与者。

我们会结交许多旁观者和参与者。那些担当领导角色的人并不是因为他们是真正的信徒，而是因为他们认为自己正掌握着下一个时尚，下一个热门事件，下一个银弹。他们玩弄概念而不触及本质，并不真正地理解知识体系。当我们在公司董事会的会议室听到人们大谈特谈"人力资本""智力资源管理""释放员工潜力"等词语时，我们彻底地被说服了，以为重返企业的人性面又将是下一个热门事件。我们想知道我们当中有多少人是旁观者，有多少人是参与者。

我们可以通过许多角色模式成为参与者。像沃伦·本尼斯、彼得·德鲁克、道格拉斯·麦格雷戈、约瑟夫·斯坎隆、克里斯·阿吉里斯、爱德华兹·戴明、卡尔·弗罗斯特和亚伯拉罕·马斯洛等人，他们给我们提供了知识体系和差不多 50 年的生活方式。不管是顺境还是逆境，他们会继续他们的探索，他们经常被人嘲笑，被人说成幼稚，这 10 年被捧为英雄，后 10 年又被斥为空想家——可他们仍在参与。

参与需要勇气，需要坚持和固守信奉人的重要性的价值观念——这不是指正在被遵循的价值观念、使命陈述、公司祷文（这只不过是推动动机的技术，除操纵员工之外起不了什么作用）。参与要求从根本上改变制度，要求改组组织的 DNA，使其人性面得到全面发展。

我们认为，这股解放企业和组织的智力资产的潮流，其主要成果是以旁观者和参与者的形式表现出来的。遗憾的是，我们认为在下一个 10 年中，旁观者完全会变得漠然、愤世嫉俗，并怀疑我们希望彻底改造的机构和组织。

第 25 章

论阿罗海德湖的
无结构小组[⊖]

在接收来自整个小组其他人的反馈的
过程中，一个人可以了解到自己如何影响他
们，自己对他们有什么影响，他们如何看自
己，等等。

——亚伯拉罕·马斯洛

⊖ 今年夏天，应罗伯特·坦南鲍姆博士的邀请，我访问了位于洛杉矶的加利福尼亚大学阿
罗海德湖会议中心。这里有许多训练小组（T-小组）在接受培训，我有两天参观和参与的机
会。我从来没有参加过这类小组，也没有阅读过与此有关的任何文献，这是第一次接触。

我有许多感想，事实上它们乱成一团麻，我需要时间静下心来梳理它们。但是，在它们消失之前我要记下其中的一些感想。

查尔斯·弗格森发表在《加利福尼亚州管理评论》上的那篇文章[1]，使某些感想不那么强烈了。事实上，弗格森强调小组没有结构这一事实使我原本模糊的思想清晰了许多。一旦将这些小组（它们的结果和现象）与罗夏测试和其他投射与无结构测试进行比较，我就看到心理分析情形的无结构与小组中的无结构之间的相互关系了。显然，这也与道家学说的无为而治哲学有关——让事物顺其自然，以其固有的方式发展。

这使人想起了卡尔·罗杰斯的非指示性也与此相似。现在，我再次明白了这个结论是如何得出来的。[2]所有这些相似的理论马上使我对 T- 小组的理解更容易了。我可以用我的人生其他六个阶段的理论知识来整合这些理论，我建议这个领域的其他学者也来做这件事，他们似乎忽略了非结构动力学已经在其他六个领域发挥作用这一事实。

现在，我还有一个想法：我想起了马克斯·韦特海默（Max Wertheimer）关于无结构谈话中的思想，想起了这个概念在谢里夫的实验与阿什的实验和著作中多么有用——这又是一个相似的理论。

将所有这些相似的理论综合起来可以看出，阻止结构化是多么有力。我的第一个想法写在我的《动机与人格》中的"精神疗法"一章，其中，我比较了精神分析中的自由联想与采用罗夏测试无结构墨迹的效果，主要观点是在有结构的、有组织的和法治的世界，我们往往使自己适应之。我们往往会做个乖孩子，跟着插科打诨，避开正面冲击，使自己适合于社会结构。在布兰迪斯心理学研究院，我学习了道家学说，发现缺乏结构和无为会提供最好的开放氛围，激发最深层的精神力量和自我实现倾向行为。但在该研究院我也发现，缺乏结构也使人的所有弱点公开化——缺乏能力、闭塞和抑制等。

---

[1] Charles K. Ferguson, "Management Development in 'Unstructured' Groups", *California Management Review*, Vol.1 (Spring, 1959), pp.66-72.

[2] C. Rogers, *On Becoming a Person* (Boston: Houghton Mifflin Co., 1961).

也就是说，无结构情形往往不是建设就是破坏；许多结果要么好得令人惊奇，要么糟糕透顶。

接着我发现，许多在我们所说的情形中失败的人，在传统的研究生教育情形中或许是成功的。在后一种情形中，他们一门接一门地学习，一门接一门地累积学分，一门接一门地考试，生活在一个结构化的因而也是专制的世界里。在这样的情形下，人们的生活是一步一步地发展事业。他们永远会被告知该干什么，而不需要采取任何主动性行动。我发现我们系的情形还不错——即使对不及格的学生而言也是，因为他们在 25 岁而不是 45 岁就知道自己实际上对心理学缺乏浓厚的兴趣，甚至他们根本就不是有献身精神的知识分子，过去他们还以为自己是呢。

这类事情在无结构小组里似乎也发生了。一直生活在总是有人告诉他该干什么的世界中的人（恕我直言，生活对他们是轻松的，他们还被告知下一步干什么，被安排逐步发展），这个世界不让他们发现自己的弱点和失败，也不说起他们的优势。在"精神疗法"那一章，我最后以这样的表述结束：如果你要取消塑造行为的外部决定因素，行为就会被内部的和心理内部的决定因素所塑造。我想这是一个非常好的表述：发现心理内部的决定因素的最好办法，就是取消外部决定因素，即外部的结构。这正好是罗夏测试和精神分析诊察台所发生的，我想它也正是我在阿罗海德湖看到的无结构小组中所发生的。以下是我对它的看法：

这是了解心理世界和心理知识领域的入门课程，是通过内部体验（而不是讲课或阅读）来完成的（而且有其他人的反馈，这可以使我们更加清楚我们心灵的存在，因此也可帮助我们以较少混乱的方式体验我们的内心世界）。这些向内的转变和这些在无结构情形下对内部体验的意识（按照弗洛伊德、罗夏、罗杰斯、陶、无为等的方式）是最好的阐明。

我想起来了，有一个非常简单的例子，一个妇女嫁给了一个专制的丈夫，这种事情经常发生，特别是在父权制的社会里。40年来，她们是"贤妻良母"，非常顺从，忙里忙外，做不得不做的事情——养育孩子、照料丈夫，等等。可是，意外发生了，丈夫突然死了，或这个妇女与他离婚了，或她离开了他。了解她的人突然发现她变成了另外一个人，甚至连她自己也没有想到。她的才能显露出来了，这是完全想不到的。例如，我曾认识的一个人，她在40岁时成为杰出的画家，以前她没注意自己有这种才能，更不要说有什么创作冲动了。这就好像一个盖子被掀开了，好像遭排挤的人、隐匿起来的人、躲藏起来的人，第一次被允许露面。许多寡妇以及那些离婚的女人，一定会如释重负地松一口气，在经历了最初的震惊和恐惧之后，她们感受到了怡人的自由，意识到了在过去几十年她们一直在压抑中生活，意识到了她们一直在克制自我、牺牲自我，总是将丈夫、孩子和家庭的利益放在第一位，而把她们自己的利益放在最后。对吧？这是一个非常典型的例子，几乎就是一幅无结构小组如何起作用的视觉图像。结构化就像一种盖子、一种抑制物、一种掩盖物，将某物隐蔽起来。如果你让一个人跑东跑西，干这干那，那么他将永远没有时间坐下来，让他深埋在内心深处的泉水涌到地面上来。

我要说的是，我旁听的第一小组给我留下的第一印象非常深刻，它是让我真正感到惊愕和惊诧的一个小组。这些人的言谈举止完全是无意识的、自由的，我马上将他们与受过精神分析训练的人联系在一起，就是说，与那些至少进行过一两年精神分析的人联系在一起。这立刻使我的比较出现混乱，我不得不重新思考我的方法，重新整理我对所有群体动力学理论的看法，重新整理对那些我曾一直认为是无价值的谈话、讲话、交谈的看法——我发现它们过于主观而非注重实际。看来到了必须重新整理我的思想的时候了。我总是假定，按照精神分析的观点，任何性格变化都要经过两三年的时间。我并没有认真想过这个问题，显然这种变化可以发生得非常快，在这种社会情形中**快得多**。我想这是我在这次经历中产生的最重要的认识改变。

我以前的思维方式有一个重大变化，我想是发觉人际、社会和群体的关系是心理、社会和人际行为的决定因素。现在，这样的变化是在此时此地的情形下，通过发觉他人的神经质倾向或他人的初级心理过程倾向（而不是通过平和、真实、深刻地探究一个人的内心深处）产生的。精神分析学家假定主要的行为决定因素埋藏在个人内心深处，即它是内心的，而不是社会的或人际的。这些小组里的人展现的是，我们最好更多地强调当前的社会人际情形是人际行为甚至自我觉醒的决定因素。

（现在我想说的是这样一件事：在接收来自整个小组其他人的反馈的过程中，一个人可以了解到自己如何影响他们，自己对他们有什么影响，他们如何看自己，等等，这也许有助于自我个性的发现，也就是帮助其了解自己是一个顺从的人还是一个有支配欲的人，是一个性格温和的人还是一个心怀敌意的人，诸如此类。）

这正关乎我要表达的意思——发现一个人的自我，"我是谁"。这就是说，当前的社会情形是，决定因素更多强调行为，很少强调深层的精神因素，也很少强调无意识地存在于心灵深处的个体过去的历史。由于这些小组成员没有探索个人的历史，没有探索神经质态度的来源，就得到了这个结果，这恰巧证明你不必探索到这种程度。

我想我们最终会得到的是有关各种疗法、各种自我改进、各种个性调查之间适当关系的某种更复杂的陈述或方程式，最好处方也许是从与 T- 小组共处两个星期开始，然后去接受一段时间的个体治疗，也许之后再回到 T-小组，等等。无论如何，虔诚的传统弗洛伊德精神分析学的正统派必定会被这些各种结果所震惊，我甚至怀疑在这些 T- 小组里发生的某些事情，在个体精神分析中可能**永远**都不会发生，不管经过多长时间。有些反馈我们可以从其他人那里得到，但就是不能从单一个人那里得到，即使他是积极的，而不是消极的或非指示性的。

我们不得不强调或无论如何都要彻底地全面考虑"自知之明"的全部任务中由其他人的反馈体现出来的某些任务。这些反馈的人首先对感知非常敏感，其次对自由表达完全是无意识的，这些人能够妥善地应对敌意，因此他们可以说些批评的话、干点儿有损害的事而不会引起别人的自卫行为。我认为，谈论个性调查的所有人（惠利斯、弗洛姆、霍尼，等等）都没有强调这个非常重要的事实，即其他许多人向我们反映的我们留给他们的印象，最终会使我们得到关于自己的非常清晰的图像，至少关乎我们的社会激励价值观念。

这使我想起，我向阿罗海德湖的一些人建议采用我这老一套的消遣想法——谈论我们的照片，可以达到自我治疗、快速治疗的目的。照片是在我们干自己的事时，完全趁我们不备拍摄的，既有从背面拍摄的，也有从正面拍摄的。这些照片可以告诉我们许多关于自己的事情——不仅是我们的**长相特征**，不仅是我们的**表面形象**，不仅是"面具"，还有我们实际上是什么，我们的个性是什么，真实的自我是什么。当然，这样是做有危险的。我们最后可能会犯哈里·斯塔克·沙利文式的愚蠢错误——仅仅按照我们在许许多多的镜子中的映像定义自己。但我认为这种错误是很容易避免的，因为不管怎么说，那些个性强烈的人有足够的能力拒绝有关他自己的不真实的陈述，拒绝弗洛伊德式的投射，等等（尽管有许多人认同弗洛伊德的学说）。

也许这会成为一种实力测试，也许我们甚至可以教给别人，教会他们做这种测试——有些像阿什描述的情形⊖或克拉奇菲尔德的实验⊖。在后者的实验中，五六个对实验主题意见不一的助手向他撒谎说达成了一致意见。我们知道在这种情形下，大约有三分之二的人最后都不相信他们自己的眼睛，我们难道就不能运用这种小组训练形式去教会人们相信他自己的眼睛，相信其他许多人的共同判断吗？

⊖ S. Asch, "Studies of Independence and Conformity" (Part 1), *Psychol.Monogr.*, 1956, 70 (Whole No.416).

⊖ R.Crutchfield, "Conformity and Character," *Amer.Psychologist*.1955, 10: 191-198.

在进行观察时，我的脑海里一直有一个想法：对这整件事还有一种方法，就是训练感知的清白和行为的清白（89），可以称之为诚实训练或自然训练。我的脑海中还有一个词组也许可以概括上述一切，就是亲密训练。给我的强烈印象是，人们经常尽力减少他们的防御、放松他们的警惕和取下他们的面具，因为一旦情况发生，他们不用担心会受到伤害，并希望向其他人传递一种信号，希望他人也要这样待人处事。这种信号是可以消除其他人的疑虑的信号，"毕竟你的秘密看上去并没那么可怕嘛"，或"你以为自己是个呆头呆脑没有情趣的人呀？实际上你给人的印象是深沉、有趣、容易相处"。

记得我在参与一个小组的活动时，再次谈到了库尔特·勒温⊖和沃尔特·托曼⊜的看法。他们认为美国人比世界其他地方的人更加需要治疗专家，因为他们不懂得如何去做密友——与欧洲人比起来，他们没有亲密的友谊，因此，实际上他们没有知心朋友可以互相吐露心事。我大体上同意这种看法。在治疗师的诊所、在这些 T- 小组中或在集体精神分析中发生的一切，实际上都是一种补救事实的模拟——你没有知心朋友说悄悄话来表达你内心的愿望、担心和希望，以放下心头的包袱。库尔特·勒温很早以前就说过这样的话，他比较了美国人的性格结构和欧洲人的性格结构，我想其他人也说过这样的话。

依我个人印象，他们的观点是正确的。例如，在我熟悉的其他两种文化中——墨西哥和印第安黑脚族的文化，我羡慕他们亲密无间的友谊。无论什么时候任何人想到这个问题或问到这个问题，我知道我不得不承认，在这个世界上，实际上我并没有许多让我喜欢的朋友。当然，有许多获得友谊的**方法**，我有一些好朋友，我可以与之谈论我的一些生活，但无论如何，世界上没有什么人能够和我亲密到像我和我的心理分析师那样。这就是为什么我愿意支付每小时 20～25 美元只是让他听我讲话，偶尔回答几句，因为我们有

⊖　K. Lewin, *Resolving Social Conflicts* (New York: Harper & Bros., 1948, Chapter 1).

⊜　Private conversation.

把自己的想法讲述出来的神圣特权，有与一个完全信任的人、不用防备他的人、不会伤害我们的人、不会利用我们弱点的人自由谈话的神圣特权。

我认为，如果从整体文化的角度来思考的话，我会延伸相关原则——自我公开的原则，是尽力诚实的原则，是尽力亲密的原则，是尽力学会敞开心扉的原则。为了了解这种感觉多么美好、效果多么显著，至少可以向熟识的人这么做。在我们放弃一些内疚的秘密，像有一条木腿、担心变成跛子、担心离婚等之后，多少担心会消失，多少恐惧会不见，我们能获得多少自由。当然，我想我会在这幅优心地图上添加上一笔：在有赞成和反对两种选择时，所有人都能自由地发表意见，感觉就像是在向他们的兄弟姐妹表达爱和责任。开明的人会非常自由地和毫不隐瞒地告诉所有人，特别是儿童——我很高兴你能这样做，或你干了一件非常漂亮的事，或那不是一件该干的事，或你让我感到伤心和失望，等等。

我记得这是布鲁德霍夫工作的原则。他们团队认为对每个人以诚相待是基督徒仁爱的一个方面，他们声称他们的社会没有神经症。这也是我从范·凯姆神父那里学到的，显然，以他的逻辑，使众人彼此以诚相待是神父的责任，即使这会带来痛苦。如果在他的教徒中有一个人是一个让人讨厌的教师，因为他不停地咕哝，那么，指出他的毛病才是尽兄弟般的责任。由于一个人没有足够的爱心和足够的勇气去冒伤害他和产生相反的不良结果的风险，让他继续不断地犯同样的错误，才是无爱心。

当然，在美国我们很少干这种事情，我们只是在生气时才会批评别人。我们对爱的定义通常并不包括批评、反馈或反省的责任，但我认为最好改变这种想法。奇怪的是，如果对这种使人不愉快的事实进行反馈的话，会产生两种方向的爱——受到正当批评的人也许暂时受到伤害，但最终他会得到帮助，必然会对对方表示感激。不管怎么说，对于我而言，"一时受伤"是极受尊重的标志，例如，如果有人认为我足够坚强、足够有能力、足够客观，他可能告诉我，我在什么地方犯了一个愚蠢可笑的错误。只有那些把我看作需要小心相处的、敏感的、意志薄弱的、脆弱的人的人，才不敢与我意见相左。我记得当我最终明白为什么我的许多研究生从不与我意见相左时，我感觉受到了莫大的侮辱。最后我得出的结论是：老天作证，他们把我看成什么人了？我是如此脆弱以至于经不起一场辩论的人吗？之后我去找他们，这样告诉他们，表达"意见相左"在两个方向上都有帮助。当然，我对他们感觉更好了。

我认为，上述分析是一个小练习，用来解释来自"亲密训练"组织中心的所有这些小组过程，以及了解建立整体理论的某些后果以及来自这个观点的全套观察资料。它真的有用。我认为，当我们采用其他的诚实中心点、经验开放的中心点或变得更自然和更善于表达的中心点以及其他什么中心点时，这个练习提出的问题是不会出现的。每个中心点都有各自的优势，可以把其他中心点做不到的某些事情解决。现在整个练习会找出每个可以想到的中心点，然后按这个观点收集全部数据。

为了继续探讨 T- 小组与开明管理，我回忆起 1938 年和 1939 年我在布鲁克林大学小组治疗的经验（未发表）。一般的看法是（我想我会尽力回忆这群人，看看他们想的是什么），来自社会的、哲学的、开明的、世界改进的观点是，所有这种自我公开和亲近程度的增加，会塑造更好的个体、更好的群体、更好的人际配对关系。我有许多这种例子，其中有些是从我的个体治疗中获得的，为了说服其他人相信这会带来一种良好的自由（例如，可以增添到联合国的基本自由中去），开出一张长长的清单是很容易的——对我们的兄弟（所有男人都是我们的兄弟）尽可能多地表露自己，尽可能和蔼地向他们诚实地反馈我们对他们的印象的自由、义务和责任。当然，一般说来，这是一种试图将整个人类集拢起来的方法，一种提高个体的心理健康水平以及建立更健康的群体、更大的群体和组织、更美好的世界的方法。

当然，这也会带来一些问题——我全然无法回答的问题，我料想现在没有人能够回答的问题。例如，这些 T- 小组实际上是"温室事件"。代表全部是自我选择并支付了大笔钱的学生，他们来到一个美丽的地方，在非常优秀的人的支持下工作。我的大体印象是，其中的教员和领导者都是层次非常高的，他们好像都很能干，而且好像都是些乐于助人、讨人喜欢的杰出人才。这是非常成功的小型领导人计划。我记得在布鲁克林大学，一小群热心人开设了社会科学的一门新课程，将普通心理学、社会学、人类学（天晓得还有什么），拼合起来——给学生提供了一门不曾有过的最奇妙的课程，每个人对它都赞不绝口，每个人对它都心满意足，他们要做的就是让它成为所有新生的必选课。但很快出现了胜任教师短缺的情况，这门课程最后变成了"胡说八道"，原因很简单：由四五个经过挑选的、适合讲授这门课程的发起教师组成的第一小组，发展成了十组五六十个教师，可世界上并没有这么多适合讲授这门课程的人才。当然，布鲁克林大学更没有那么多这样的人才。因此，各种不胜任的、不合适的人成为教师，并毁掉了这门课程。

我们需要受过训练的和有某种性格结构的人担任这些小组的领导人，他们必须有点像慈母，有点像严父，有点提供帮助的渴望，并以助人为乐，等等。世界上并非人人都是圣贤，对那些强迫症者，我们该怎么办？对那些精神分裂症者，我们该怎么办？对那些急于加入这些小组而目的是要毁掉它的精神变态者，我们该怎么办？这些人和这些学生是一群高层次的人，是从全国人口中挑选出来的精英，而对那些徒具形骸占绝大多数的人口的人，我们该怎么办？他们不接受这种看法，也不认为它重要。我想，试着让他们接受是在浪费时间，是徒劳无益的。也许应该试验一下，从联合国和未来的美好世界的观点，而不是根据挑选出来的、只占还不到人口1%的少数幸运者的观点，来思考采用开明方式的这些小组。

通过个体精神分析一个接一个地改变人，进而改变世界的方式，完全是没有指望的（原因很简单，精神分析学家太少了，而且永远是如此，而现在组建的这些极少数的T-小组和其在全国推广的方式，和在全国开展普遍的社会运动比起来更无效，简直是"沧海一粟"，更不要说全世界了。但是即便如此，技术发展是不变的事实，相关原理可以运用于许许多多现在它们还没有得到应用的情形，例如，应用于学校的小孩子。我不知道在什么地方的小孩子身上会无法应用他们，不知道什么能阻碍我们用非常有帮助的方式与五六岁、七八岁小孩子交谈。

当然，从长计议是必要的，但我必须说，我读过的所有论述管理和组织理论的图书都不够全面。它们缺乏远见和高度，缺乏独特见解。它们是根据一家具体的工厂、一个具体的地点或一群20人的小组来写的。这些作者和研究人员必须学会从2亿人的角度、从20代人的角度，而不是从正在经营的小杂货店的管理者的角度思考。他们必须视野广泛，处事更达观，能够从长期的角度观察问题，必须能够把人当作物种、当作人种、当作一大群彼此间的行为实际上只有并不重要的微小差别的手足同胞，也许我要着重强调这一点。

我想起了我在小组治疗实验中一个实验（每年一个小组，连续两年）。该实验要求每个人除参加一个大约25人的小组外，还要充当说话者、倾诉者、小组中另一个人的病人，对方则充当治疗师、倾听者和其他什么人。每个人在与另一个人的关系中要扮演两个角色——对于一个人是病人，对另一个人则是治疗师。我训练了这两个小组的全部50人，为了教会他们倾听和让他们保持缄默等，我除了采用基于罗杰斯式的良好倾听的快速方法，⊖还向他们所有人讲授了心理分析的基本原则，即自由地谈论他们心里想说的任何事情——不要评判它，不要组织它，不要做其他任何事情。印第安黑脚族就是采用这种方式交流的，他们自然地组成两两一对，他们称对方为"特别钟爱的朋友"——每对都非常亲密，并随时准备为对方献出他们的生命。

我想我一直在说的是，所有促进人际关系发展的治疗，依靠的都是亲密、诚实、自我公开、对一个人自我意识的敏感性（和对别人的印象的反馈的责任的敏感性，等等）。从用词的严格意义上来讲，这些都事关极有突破

⊖　C. Rogers, *Counseling and Psychotherapy* (Boston: Houghton Mifflin Co., 1942).

性的策略，即改变整个社会的方向，使其向更完美的方向发展。事实上，如果类似的某种事情得到广泛实施，也许带来另一种意义上的突破。我想整个文化在 10 年之内会因之改变，其中的一切也会改变。

我一直在尝试尽量简化这些治疗小组的技术和目标，否则，个人开发小组可能是一个更恰当的叫法。我认为需要强调的是，通过来自其他人的反馈，可以了解一个人的社会刺激价值观念。参加无结构小组后，我们最深层的性格有可能显露出来，因为我们可以看到自己最深层的内心世界，而不是我们外在的社会角色和刻板印象。现在的关键是承认我能够身处于一个完全将自己暴露的环境中：我如何看待别人？我如何影响他们？他们看到了我的什么？他们同意我的观点或做法吗？我如何用不同的方法去影响不同类型的人？

第二个需强调的是被称为此时此刻体验的东西，罗杰斯把它叫作体验公开，我把它叫作清白感知。这里既强调体验一个人内心最深处的心灵，也强调学会体验其他人，像体验自己那样去体验别人，即能够真正地倾听、真正地观察另一个人，用"第三只耳朵"真正听懂他演奏的音乐和他说话的声调措辞——他想说什么和他实际上在说什么。那么，这就事关一种感知训练（94）。

除开上述两点，第三个要强调是诚实表达的能力，即自然地，没有自负的抑制，没有阻碍和困难，诚实地说出和表达感受到的或感知到的。当然，这是行为层面的陈述，它等于在说，讲诚实的话，做诚实的事。当我对鲁宾说起这番话时，他表示同意，还加了一句，那是与小组过程本身有关的建议。但我打算略过去，只当它对个人开发和个人成长的重要性没那么直接。也许以后我会回到这个群体本质的话题上来，但现在我对它没有兴趣。

（现在我想到了另一个模糊的想法，但我没有一点把握。不，我想大体思路还是有把握的，只是对具体细节没有把握。）大体上，我们需要的东西之一是允许在我们的交流中少些结构化的东西——我们的世界是以这种方式建立起来的，优秀的思想和优秀的作品几乎完全是有逻辑的、结构化的、经得起推敲的、书面的、现实的，等等。但是，显然我们需要更有诗情画意、更有想象力、更多隐喻、更多荣格所说的原始性。在我的著作《存在心理学探索》（86）的附录中，我为此呼吁，指出我们是多么理性和书面化，多么缺乏比喻，我还指出，即使在科学领域，我们也因此受到诸多损失。我想我开了一个好头儿。

现在我想起来了，我的一个印象是这些 T- 小组允许一种无结构交流存在，这是它们拥有的所有新事物中的一种。一个人可以尽力表达他的感情，这每个人都明白，但不管怎么说，这做起来仍是一件困难的事。此外，也许最好的做法是不要使用有指示意义的词，而是使用有隐含意义的词，采用断断续续的或迟疑不决的交流。这种交流结合了次要过程和主要过程，我在我的论文"认识的两种形式"（67）中描述过这种交流方式。也许我应该修改那篇论文，把这个新内容增加进去。我想我在那篇论文中遗漏了对治疗情形的认识。在治疗情形中，一个人试图表达对另一个人的感情和情绪，而在世间万物中感情和情绪是最难以理性的、有条理的语言来表达的，因此，这种小组治疗实验及这种亲密、这种自然的情绪表达，需要新形式的无结构交流，而且我们应允许新形式的无结构交流的存在。或许仅仅是观察这种无结构交流就是一个很不错的研究课题。例如，我发现有许多人在讲话时断断续续、迟疑不决且字斟句酌，然后摒弃，再后又想起来并重新来过，比如，先说了一句，然后说"不，这不是我的真实意思，让我再想想"，等等。我想我应该向这些 T- 小组建议这个课题，因为我怀疑我没有时间和机会来做这个课题。我想我应该把它作为另一个目标列入 T- 小组的目标清单中。是的，我想我会这么做的。严格说来，接受缺乏结构的交流，甚至是无结构的交流，重视它，珍视它，并教会人们能够这样去交流，是 T- 小组训练的目标之一，但目前这种行为还是无意识的。我该多考虑考虑这个问题。如果《存在心理学探索》一书中的那篇附录值得作为一篇独立的论文发表，结果对许多人会很有价值。也许我应该对它进行修改，或者请人来修改，进一步完善那篇附录要表达的思想。也许我应该把它作为了解心灵现实的另一面，我在这篇日记开头很久前就开始谈论这个话题，我想我该对它多说几句。

在 T- 小组发生的几乎每件事都可以概括为中心点与精神现实的基本冲突，所有精神现实都被我们的文化忽视、贬低、压制、压抑了。这是一种强调物和物体，强调物理学家、化学家和工程师的文化，一种几乎将实际知识和实际科学与用他们的十指 / 双手干活的人（像物理学家、化学家和生物学家）等同起来的文化，一种几乎完全将内心生活的精妙排除在外的文化。我现在谈论的是这个知识体系或知识领域的各个方面，在我们的社会里，大多数人除了知道如何压抑精神外并没有得到其他指导。实用主义的我们强调现实世界的结果，完美的我们强调抑制和压抑、原罪以及人的心灵充满罪恶的教义，这些都是为鼓励人们压抑和抑制全部精神生活，为随时保持对精神生活的严密控制而设计的。

很多情绪、大量学习和所有各种结果都是由任一类型的个体或小组治疗体验引起的，这并不奇怪——在一定程度上像是把人带入了一个我们以前不曾知道的世界，或者像是学习一门新的科学或观看一套新的完整的客观事实、自然界的另一面，或者像意识到了内心的冲动、主要过程、比喻思考、行为的自然性，意识到了梦、幻想和愿望大体上是由另一套完全不同的规则所支配，而不是由桌椅板凳等物体所支配的事实。这也许是因为大多数人，特别是这些 T- 小组和类似群体的成员恰恰是最不相信精神的人，那些工程师、经理、商人、校长、世界上的普通人，还有那些认为自己坚强、精明、有见识、现实的人等，通常对精神世界一无所知。这些参加小组训练的学生大多数是"物质人"，这也许部分地解释了为什么许多人惊奇事情发展得如此之快——就像一个滴酒不沾的人第一次喝酒，一下子就醉倒了。

我也许还要谈谈这些小组带来的另一个后果或目标，其与弗格森的看法相同。他在一篇文章中谈到后果的概念化，他说的是千真万确的，许多人有了新的概念化。关于人类生活的简单事实，例如，个体认识敏锐性的差异，不同的人之间实际上**是**不同的。但也许更重要的是，许多概念失效了，并以这种既包括现实世界的物体，也包括精神世界的敏感性、恐惧、愿望和希望的方式被重构了。新型理论和态度于是建立起来。我想我要强调这一点，因为这些态度——我称为"基本性格态度"，是对包括自我、重要人物、社会群体、自然和物质世界，以及某些人、超自然力量的态度——和你在任何人的性格结构中看到的一样深奥。这些态度的任何变化实际上都意味着性格的变化、一个人深层部分的变化。我怀疑这些学生小组中部分人的某些基本性格态度的变化相当彻底。当然，这是非常重要的变化和非常重要的后果，由此，我该说它最好作为教员的一个自觉目标。

现在回想，还发生了一些事情。在这些小组中，有大量无法做出评价的事情，现在我想起来了，有人认为（我不知道是存心的还是无意的）他们的感情实际上是不存在的，认为接受他们的意识并口头表达出来是一件好事，认为这并没有赞成还是反对的意思。例如在一次会议上，一个人谈到他对反犹主义反感，当然，这是一种深刻的诚实。他纯朴地承认了他的感觉，并承认需要得到帮助来面对这种感觉。我记得那个小组成员对此非常感兴趣，他们并没有一开始就争论是应当、应该，还是正确、错误，而是能够接受事实（事实的确如此），然后进行讨论，而不是说教式地讨论。当然，效果比他们只是进行说教式的讨论好多了，那样的话，讨论会变成攻击和反击的攻防战，反犹主义者的态度可能就会更强硬了。

在这个小组里，当领导者要求进一步提供个人偏见的例子并对此做了简短陈述时，反犹主义者没有暗示任何赞成、辩解或其他什么（一个人也许会说曾做过什么事，他为此感到非常惭愧）。然后成员轮流发言，其中的五六个人吞吞吐吐地承认，这在他们的一生中可能是第一次遇到，某人对妇女、黑人、犹太人、信教的人、不信教的人或其他什么样的人有偏见，其余人都能以不做评价的方式对待这些偏见，就像知道有这种偏见的精神分析学家尽力"接受"所采取的方式是一样的。我认识一个教授，他是我的精神分析师朋友的一个病人，两三年来，他一直在和想猥亵小女孩的冲动抗争，尽管事实上他从来没有这样做过，尽管现在清楚了他永远也不会这样做——他克服了这种冲动，可事实没有改变。在这个世界上冲动是有的，就像有其他令人不愉快的事情一样，比如蚊子和癌症等。如果我们拒绝癌症患者，拒绝为他们做任何事情，只是因为癌是罪恶的和邪恶的，我们肯定无法攻克癌症。在观察事物和人时要有非常良好的态度，无论一个人是否喜欢它们，是否赞同它们——都要承认有些事情事实上是存在的，即使它是邪恶的，其实这对打算改变精神世界的任何人而言，都是绝对必要的。

现在，我记得这是在我修订爱的定义时想到的，也应该包括进来：我一定指出过爱是不评估的。一般来说，爱与公正、判断、评价、报酬和惩罚、功过必定是不同的，那么在小组治疗中无意识学到的这种不评估，实际上是一种爱的行为，也许还是训练爱和了解爱的感觉的一个方面。当然，我曾碰到过，我想其他人也曾碰到过。在我的治疗经历中，我对他了解越多的人，在向我讲述他对自己的罪孽、对自己干下的卑鄙龌龊的勾当感到多么痛苦时越谦卑，我越发喜欢他而不是相反（结果是矛盾的）。在这些小组中也发生过这种情况，他们偶尔坦白做过的各种卑鄙的事情，这倒使我更加喜欢他们而不是相反。也许这是因为有不评估、不判断、不惩罚的整体准则的缘故。该准则强调接受而不是拒绝。不能去爱的一种情况是好挑剔、说教、反驳别人，并试图改变、改造、重新塑造他人。当然，这是许多婚姻不幸福的原因，也是许多离婚的原因。有人也许会说，只要他们能够原封不动地接受对方，而且喜欢对方、中意对方，而不是恼怒、激怒和讨厌对方，他们才会成为好伴侣。

所有这些都与我试图要证明的一个观点有关，即在一个小组里，对于上司和领导者等，区分两种作用是非常有利的：一方面起判断、惩罚、控制的作用，充当警察或行刑人的角色；另一方面起治疗、帮助和爱的作用。例如，我曾指出，在校园里，治疗师最好不要是教师，因为他们不得不评分，即不得不赞成、反对和惩罚。而且，这个观点可以更充分地加以阐述，例如在芝加哥大学，教师完全不评分，而是由主考委员会来做这件事。这无疑会使学生与教师的关系更密切，教师成为单纯的建议者而不是建议者和对抗者的结合体。在这些 T- 小组里，教员仅仅是建议者，他们不评分、不奖励、不惩罚，不做任何这类事情，他们只是不加任何评估地接受。

同样，在印第安黑脚族的家庭中也能看到非常良好的关系，惩罚者是部落的老人而不是父母本人。当惩罚者出现时，父母为孩子调停，他们站在孩子一边。他们是孩子的保护者和朋友，而不是孩子的行刑人和惩罚者，所以这些家庭要比美国人的家庭更亲密——在美国人的家庭中，父亲必须既是爱的给予者，又是惩罚者和斥责者。也许这也应该写进治疗小组的目的和目标的陈述中去。

现在我想起在坦南鲍姆访问非线性系统公司时，我们谈论过这个话题，我们一致同意这是一个非常正确的观点。我想用这个观点来分析一个企业上司面临的问题——这个上司有权雇用和解雇，有权提拔和加薪，等等。我要指出的是，对于一个在判断、行刑等这类位置上的人来说，期望他对人人不存先入之见，期望他对人人信任和友爱等，是完全不可能的，除非指定一个不是法官的人，一个对我们而言没有权力的人。

是的，我想我会详述这个观点的，因为它非常重要，特别是对于当代管理政策的评论文章而言。谈到当代管理政策，我关于盲目乐观倾向的模糊感觉再次出现了，它一定是其中一种——认为良好的管理政策、良好的参与管理不管怎样都会使上司和工人组成一个快乐的大家庭，或成为好朋友等。从长期来看，这完全是有可能的，我甚至怀疑这是值得向往的。我确信在这种情形中，友好和开放等的程度都是有限度的。有个事实是不变的，即最好让上司、法官、行刑人、负责雇用和解雇的人或警察等，不要与他可能不得不惩罚的人关系过于密切和友好。如果惩罚的作用是重要的，它确实也是重要的；如果惩罚是必要的，它确实也经常是必要的——那么，密切、友好事实上会使该项工作难以执行，不论是对法官还是对接受惩罚的人。例如，受到惩罚的人会觉得被人出卖了，即让他降职的人是他视为朋友的那个人。再如，一个非常友善的人不会推荐朋友担任总裁，人们会非常难以理解。

反过来，如果上司必须对朋友履行职责，这会使他的日子很难过。事情很可能变得复杂起来，各种内疚的感觉会出现，这是导致胃溃疡的重要病因。最好保持某种程度的不偏不倚和社会距离，就像军队中的官兵关系那样。如我所知，全世界许多人做出过努力使军队民主化，但效果并不理想，因为这个事实没有改变——有人必须下达让另一个人冒风险甚至去死的命令。这不可能通过民主的方式做出决定，因为没有人愿意去死。因此，有人必须做出不受个人感情影响的选择，将军最好是一个孤独、冷漠、没有感情的家伙，不能与任何他可能必须让他们去死或他也许不得不下令将其处决的人保持友好关系。也许对医生来说也是这样，特别是拒绝为其朋友做手术的外科医生。或者对拒绝将其朋友或亲戚当病人的精神科医生来说，也是这样。这是非常容易明白的事实，人们很难将爱与公正集于一身。我知道这与我读过的有关管理政策的作品的看法是对立的，特别是与说不清楚的参与管理是对立的。权力就是权力，甚至大到掌握生杀之权——对掌握着我生杀之权的人，我肯定不会像爱我的没有权力的亲爱的朋友那样去爱他。

凯（非线性系统公司总裁）在与我讨论这个问题时，提出了一个非常好的观点，即开放的概念变得有点混乱了。他认为开放有两个不同的含义，我想过这个问题，完全同意这是非常有价值的区分。在上司和参与管理的理念中，开放意指（也应该指）大量提供给他任何建议、任何事实、任何反馈或信息，不管这些信息是让人高兴的还是让人讨厌的。领导者对开放的理解应该是这个意义上的，对此毫无问题——领导者必须得了解正在发生的事情。

但是，在表达、摆脱所有抑制和言语的意义上，我认为对法官、警察、老板、船长和军队的将军而言，开放肯定是不利的，在此类情况下，不将担心外露经常是领导者的责任之一。我想如果我现在一条远洋船上，船长将他的担心、焦虑、不确定和疑惑和盘托出，我下次就不会再搭乘那条船了。我更喜欢他承担起所有的责任，我更喜欢他把自己看作有能力和能胜任的人。我不想去体验认为他可能是一个不可靠的人、他可能会搞错罗盘方向等等带来的焦虑。对医生来说也是如此，我不愿意他在给我体检时还在沉思，在他为我检查结核病、癌、心脏病或天晓得的什么病时，我更喜欢他保守他的怀疑。

对军队的将军来说也是如此，而且如我所知，对家庭里的父亲和母亲来说也是如此。如果父亲将他的担心、疑虑、焦虑、懦弱等天天讲给妻子和孩子听，他就失去了作为整个家庭顶梁柱作用的一半责任。这对母亲也一样。事实上，父亲的部分作用是做一个信心培育者，做一个承担责任、可以依靠的领导者。我一定会向任何男士建议，他应该向他的妻子、孩子和朋友完全开放，但在这种情况下，特别是他负有领导责任时，他最好保守烦恼，让烦恼消失在他的心中，而不要通过公开表露来缓解忧虑和解除痛苦。

对企业老板也是如此，人类的各种担心、疑虑、沮丧等，他心中肯定也有，但他应该有力地控制和着眼于未来，应该压制、克服或消除所有这些疑虑和担心。他必须保守它们，至少做到在外面而不是在组织内部表达它们。

在教学生涯初期，我当然喜欢我的学生，想与他们打成一片，想成为他们的好朋友。慢慢地我明白了，尽管我可以把面露笑容、友谊等和分数分开来，尽管我一定会爱每个人，包括并不非常适合读心理学的学生，但他们很少能够接受和理解。通常，我成为学生的朋友后，如果他们成绩不好，他们会认为我背叛了他们，会认为我是一个伪君子，是一个叛徒，等等。当然，并非所有学生都是这样，我发现，意志坚强的学生能拿得起放得下，意识薄弱的学生则不行。慢慢地，我不得不放弃了这一做法，一直到现在，特别是大班上课时，我会与学生保持一段距离，维持英国式的关系，而不是与他们走得很近，像好朋友一样。我建立密切关系的唯一情境，就是我为此特地给他们进行了预备教育，或向对方解释并预先提醒他们我可能不得不给较差的分数，等等。但以上论述并非期望、希望或建议上司或领导者不要表达开放，尽管我们肯定会建议和期望他在这个意义上学得更加开放，即用他的耳朵和眼睛广泛地接受信息。

概括我对这些治疗小组与个体心理疗法之间关系的感想的一个方法，是回到人人熟悉的结论，即对小组治疗好还是个体治疗好的争论是没有意义的。首先，每种服务都有许多不同类型，而且目的不同、服务对象不同，等等。其次，它们在具体方面有不同作用，因此，有待我们解决的问题就转变成了：问题是什么，在什么环境下，对什么人，以什么为目标，应该采用小组治疗还是采用个体治疗，是结合采用还是轮换采用。

另一个总体概括的陈述是这些 T- 小组显然具有成长刺激、人格发展、精神促进作用（与使病人康复的精神疗法截然不同，精神促进使健康人更健康）。这些小组成员与他们遵守的规则是良好的成长土壤。这里可相比拟的事物是耕作，优秀的农夫播下种子，创造良好的生长环境，在种子生长的大部分时间，农夫不用管它们，只有在真正需要时才帮助它们。他不会拔出秧苗看看它们生长得是否正常，也不会拨动它们、修整它们，不会把它们挖出来再种回去，等等。他只是让它们自个儿生长，给它们最低限度的必要帮助。毫无疑问，在这个意义上，阿罗海德湖的小组环境是良好的生长环境。当然，可以相比拟的还有优秀的教员或领导人，优秀的领导者像农夫，更多的不是训练、塑造、加速提高、影响人们，而是提供良好的生长环境，要么为他们提供种子，要么激起他们内心的斗志，然后让他们在没有太多干扰的情况下成长。

还有一个问题是我刚刚想起来的，几乎忘记了，这完全是一个隐私问题（近来读书碰到了五六个问题，当然，在阿罗海德湖我也发现了这些问题），甚至可以说这个欲望和隐私需求的问题几乎完全被这个领域的作家忽视了。当然，T- 小组部分地学会了放弃病理学意义上的隐私，即强制意义上的隐私。

这种自然性训练教这些人不公开或自我公开，如同他们自己的**愿望**。他们大多数人都知道他们所谓的隐私不过是事关担心、强迫、无能、抑制等。事实上，如果我对自我实现者的研究对此还有一些指导作用，我们也许可以期待人们对非强制的真正隐私、能使人快乐的欲望越多，对神经质隐私、保守无必要和愚蠢的秘密、掩盖一个人的伤疤、试图愚弄人和伪装等的需求越少，他们会越健康。

我对 T- 小组这个问题的想法部分地受到贝莎的启发，她是一个注重非常隐私的人，她是一个在 20 人的小组中吐露她对隐私事情的想法会发抖的人。这肯定不是神经质隐私，因为她完全能够向她亲密的朋友吐露心事，仅仅是向他们。当然，许多人有隐私的正常需要，自我选择过程使得他们永远不会出现在阿罗海德湖。他们会觉得将要发生的事情使他们不愉快，他们根本不愿意来这里，即使强迫他们来，我也不知道这对他们有多大作用。他们可能继续保持着警觉，保持着对开放裸体主义的反感，甚至在整个小组都接受了他们时也不改变。我想我是在说我们必须区分健康的、有利的隐私和神经质的、强迫性的、不能控制的隐私，这是完全不同的隐私。在我们为消除神经质隐私（它实际上是一种抑制，是愚蠢的、无聊的、非理性的、讨厌的、不切实际的，等等）所做的努力中，我们容易忘记欲望隐私的存在，我们还容易忘记个体差异。根据我的个人经验，我认为用一个从自我公开到健康隐私的统一体来测量人是有可能的：一端是更喜欢以自我公开的容易方式隐私的人，另一端是以非神经质方式隐私的人。

我认为，为了证明这个观点，我甚至可以说学会放弃神经质隐私是达到健康隐私水平的先决条件，当然也是能够喜欢隐私和独处（大多数神经质者，甚至大多数普通人是做不到的——当然不是在美国）的先决条件。在这个意义上放弃神经质隐私是走向健康的趋向，但健康本身还包括对隐私、喜爱隐私、有能力隐私等的需求。

这与上述要求上司不要经常完全表露自己的论述有一些联系。有些事情，他最好保持隐私，这取决于具体情况。当将军就具体行动计划做出决定时，他最好不要到处去讲靠不住的话和疑虑，不要苦恼地绞扭着双手和流露出担心的神情，因为这样的做法会削弱全军的士气。他必须学会管住自己。我认为健康隐私同样可以把口风严密、守口如瓶和保守秘密包括进来。客观地讲，事实上这是在做大事。

这与我在一个小组的一次讨论期间记下的一点儿感想也有关联。那次讨论搞不清楚什么是可取的防卫，什么是讨厌的防卫，好像几乎人人都搞不清楚这一点。我记得如果要插话的话，我会说这涉及神经质防卫和健康防卫或有利防卫之间的区别。我们应该记住，神经质防卫之所以是神经质的，是因为它是不受控制的、自我异质的、强迫的、无理性的、愚蠢的、讨厌的，等等。控制冲动（也就是防卫）有许多种方式，都是可取的，甚至是必要的。当然，我们现在知道了，在我们这个时代，在我们的文化中，许多混乱实际上是**缺乏**控制的混乱，是冲动造成的混乱。好像只有弗洛伊德不明白这一点。人们经常取笑这种看法——人需要的东西是得到一些抑制，这被认为是一个笑话，但我并不认为它是。我认为，我们不能也不应该，事实上我最终也不希望，不管在什么时间、不管在什么情况下都让我们的任何冲动表露出来——这是完全符合事实要求且正确的。我们能够控制它们，也必须控制它们，这不仅是实际的要求，也是我们自己的私人组织、连续性和价值观念的要求。事实上，在人类生活中，始终会有许多冲突，会有许多不能解决的问题，会有许多我们不得不做出取舍的情况，而这正是人类状况的本质。这也意味着冲突是永远存在的，这也意味着我们在向一个方向前进时总是要放弃一些东西，因此，我们会为此感到遗憾，并且不得不约束自己。

选择经常意味着承诺一个而拒绝另一个。我们在选择上不能来回摇摆，不能今天否定昨天。例如，一夫一妻制就决定于最终的选择和对承诺的坚守，因此，也必然包括有利的、健康的和必要的控制和防卫。"防卫"一词已经变成一个肮脏的词了。我用"应对机制"概念来补充它，这是有帮助的。

不管怎么说，社会哲学家不得不再三强调弗洛伊德生活在 1910 年，强调那时的世界是不一样的。那么，我们会说，他们受到了太多的抑制，所有人都是这样。现在，部分地由于弗洛伊德的功劳，这些不必要的抑制已经被削弱和消除。现在，我们经常需要的是控制冲动，甚至是某些有利的抑制。现在我想到了一个例子：在一个小组中有一个妇女，她打自己的嘴巴，想打就打，即使是在与别人谈话时，后来不得不让人粗暴地制止她，小组里五六个身强力壮的人就曾制止她。实质上，他们的行为是在表达，"控制一下你自己，不要说话了，我们有话要说；控制语速，其他人说完了你再说，不要插嘴；等等"。这件事是有利防卫及应对机制和控制的一个例子。

我经常这样想，T- 小组或各种其他叫法，如敏感性训练、人际关系、领导小组等，都是小组治疗的代名词。由于上述的一些原因，也包括其他原因，现在我认为我的想法有了一点改变。首先，在我看来，治疗一词不管怎么说太过有恩赐的意思而令人讨厌，并且其暗示某些事情在这些情况下不必是真实的，在精神病的意义上人们是有病的。但我的印象是，在这些小组中，大部分主顾并不是普通精神病意义上的有病，而只是正常的、普通意义上有病，也就是说，他们是正常的、普通的老百姓。因此他们需要的并不是治疗精神病的那种个人治疗（这暗示着精神疾病），而是个人开发、精神促进、自我实现训练，等等。实际上，这些词比精神疗法更准确。

我想到的另一点是，如果你把其称为精神疗法，对大部分人来说也是非常令人反感的，即使他们也许需要精神疗法。例如，体育型体质者、强迫症者、倔强的人、心事重重的人、不喜欢精神促进和不相信精神促进的人等而言，所有这些"假名"和同义词更容易接受。因此，我想我会保留某些词（不是暗示治疗疾病），尽管我认为应该有比训练更合适的词（这个词也有恩赐的意思）。对这些小组的领导人而言，训练一词与治疗专家一词一样带有恩赐的意思，它暗示着"我"是上帝，是健康的人，是完美的人，是一路向上的人，而"你"是可怜虫，是有病的人，是无助的人，得让"我"来帮助

"你"。这种事情必须避免发生，即使是最模糊的暗示（如训练小组）也必须避免。根据我的理解，现在强调存在主义的精神疗法对那些亲如兄弟的人是会有用的。这些人遭遇相同、境况相同，大家互相帮助，大哥帮助小弟是出于爱而不是恩赐。毫无疑问，我们现在必须放弃这些小组中任何有瑕疵的、健康的人以恩赐的方式对待病人的陈旧的医疗范式。

这些小组的一个新目标是"学会信任"，放松保护和防卫（特别是反击和报复，特别要放弃将自己作为靶子型的偏执狂倾向，参见劳拉·赫胥黎（Laura Huxley）的《你不是靶子》$^{\ominus}$（*You Are Not the Target*））。这与表现力学习或自发性学习是不同的，在某种程度上也可以将它看作现实性和客观性训练，因为它是当前事实的训练，与早期事实的训练是不同的。也就是说，早期事实已经成为当前的不现实或错误的期望，这可与弗洛伊德强调来自过去的自由相提并论。当信任有现实保证时，我认为"学会信任"可能是一个更好的做法。

这些小组的另一个新目标是"学会容忍"。其领导者（我不称之为训练者，这会使我想到训练熊和狗）的冷静，或许是他能够容忍反对意见的方式，或是在有人哭泣时保持冷静的方式，这与美国人不信任、不舒服的情绪是相反的，特别是深层的情绪，不管是积极的还是消极的。其中部分原因可能是T-小组的人易于明白，其他人毕竟不像一般的看法那样，那么容易受到伤害，或者容易遇到区别对待的某些事情。T-小组的报告看起来似乎寻常，有人受到批评（但是客观的），有人哭泣，有人成为发泄的目标等，小组中也有人因为受到伤害而突然需要救助。长期来看，这些小组成员会从简单的经验中学到人们不会因为批评而垮掉，他们能够容忍比他们认为可以承受的更多的批评——如果批评是现实的且态度友好的。

无论成员如何表现，他们都是在学习辨别什么是客观和友好的个人言辞，什么是个人抨击言论——在我观察的几次小组会议中，这一点非常显而易见。

$\ominus$　New York: Farrar, Straus, 1963.

学会容忍缺少结构、含糊不清、无计划、没有未来、缺少预计、缺乏对未来的控制，所有这些都是极有疗效的和极有精神促进作用的。或者换句话说，它对个人开发而言非常重要，特别地，是创造性的必要先决条件。

我认为强调 T- 小组的选择性是十分必要的，尤其是登上阿罗海德湖那座山的山顶后，或在其他与世隔绝的文化中。在这些小组中，没有十足的"讨厌鬼"，没有真正的"响尾蛇"，也没有真正的恶意和怨恨。一般说来，这是一些正派的人，至少是想成为正派的人。如果一个人推断山顶上这些经过选择的 T- 小组成员的表现也适用于糟糕的条件，必定会造成误解。或许我该这么说，山顶上这些 T- 小组成员发挥作用的原因之一，是因为他们是在良好的条件下工作的。也就是说，在糟糕的条件下他们还是否愿意与真正专制的人、与类偏执狂的人、与非常不成熟的人等一起工作，还果真是个问题。由于教员或领导人也是经过严格挑选的，情况更是如此。我的印象是这些小组中的每个人都是正派的人，毫无疑问，小组的平均水平也远在普通人的平均水平之上。但这又是一个选择性问题，在这个国家的全部人口中，没有足够优秀的人组成成千上万的小组取代这几十个小组，因此，认识到这是在特别良好条件下的有限度的试验就尤其必要了，因此，要注意教条、虔敬、习惯和惯例。

当我问山顶上的一个人"邪恶在哪里？精神机能障碍在哪里？得到现实保证的弗洛伊德式的悲观情绪和严酷无情的全部价值在哪里"等问题时，情况更是如此。我在山顶上嗅到了强烈的罗杰斯式的乐观主义的气味，即所有人在所有情况下都是好人，所有人都会对良好条件有反应等。事实却根本不是如此，在良好条件下，许多人会做出成长的良好反应——但不是所有人。对领导者，我有同样的潜在疑问——从长期来看，显然一个人不可能依靠自我选择来满足对领导者和治疗专家的需要。在个人治疗的文献中，为什么我没有看到对有可能成为领导者的治疗？当然，我非常强烈地推荐此类治疗。

对敌意的全部讨论应该由参加敏感性训练的人进行毫无拘束的交谈，这样交谈才能更丰富、更坦率和更详细。例如，即使在我在那儿的几天里，可以肯定地说，我看到了人们在公开地练习发表反对意见。这是我们社会的一个严重问题，有些人甚至认为这才是精神分析学家们面临的主要问题，而不是弗洛伊德在1890~1900年提出的性欲压抑——性欲不再以同样的方式被压抑了，也没那么广泛了。现在，对抗和赞同像以前的性欲那样受到了压抑。通常，社会更害怕冲突、不和、对抗、对立和敌对，更多强调与他人和睦相处，即使你不喜欢他们。在这些小组中，成员不仅公开地表示敌意（在一个小组中，我看到全组成员尝试帮助一个性情非常温和的人，使他激动到能够批评和反击），而且被训练接受敌意、做被攻击的靶子而不会崩溃。我在几个小组里都看到了对我们正常美国人的"礼貌"的超越，被视为温情朋友而被接纳的人，公开地对一个非常友好的人说些不讨人喜欢的、批评的话，被批评的人能够接受它而不觉得受到攻击，只是把它当作一种关爱行为，当作一种帮助的意愿。在我们的社会中，大多数人做不到这一点，任何批评都是对个人的攻击。在阿罗海德湖的小组里，有一堂课试图教给人们，在爱之中，在友谊之中，在帮助的冲动之中，可能也包括批评的言辞，这些批评与强烈的敌意或攻击是有区别的。

这也与小组中的学习有关联。这些小组中的人更坚强，适应性更强，他们能够承受比我们的礼貌制度所暗示的更多的痛苦。毋庸置疑，这将使他们长期获得反对的能力、批评的能力、不同意而又不承担可能导致灾祸的能力。

好，上述讨论对男人尤其重要。如果男人的问题在我们的社会中是无实际意义的问题，如果美国的男人总体上是不够雄心勃勃的、不够坚强的、不够果断的，那么，这种敏感性小组训练可以看作一种男性训练，至少是其中的一部分。在我们的社会中有大量这类男人：他们遇事退让三分，喜欢奉承；他们避开一切争吵、争辩和剧烈冲突，试图缓和每件事情，说话办事圆滑，总是充当和事佬，从不兴风作浪也从不捣乱；当遭到多数人反对时，他们会轻易放弃，而不是顽强地坚持和抵制。这是一幅弗洛伊德意义上被阉割的男性的性格图像，他们就像摇尾乞怜的小狗，在非难面前只会拍马屁，而不是在必要时冲上去咬一口。

现在我想到了，认真研究弗洛伊德关于敌对行为和破坏的本质、关于死亡愿望的本质的论述，会成为理解这个问题的良好基础。这并不意味着必须将弗洛伊德的全部论述都吞下去，只意味着其事关探索人类心灵深处的一种训练。

还有一点与这一点有关联，但在管理上有些不同，即我经常想到的统治－从属的整体关系、统治等级制度的权势等级，例如我们在猴子和猩猩身上看到的那些行为（10，9，20）。显然这个变量**没有被研究群体动力学的人完全了解**，我想我该建议他们读读有关猴子的研究材料等。现在我又嗅到了民主派教条和虔敬的气味，其中人人都是平等的，事实上更强势的人、天生的领导人、统治者、才智非凡的人或英明果断者等被忽视了，因为他们使人人不舒服，这好像违背了民主哲学（当然，事实上这并**没有**违背）。这是群体动力学研究过程一个新的研究变量，人们应该有意识地感知。在我读过的材料中，没有提到这类数量极多的文献，就像几乎没有提到弗洛伊德精神分析文献一样。

对迈克尔·墨菲的访谈

大多数人了解他，知道他是伊沙兰学院（Esalen Institute）的共同创立人，或者是通过他的畅销书 *Golf in the Kingdom*，*The Kingdom of Shivas*，*The Future of the Body* 和 *The Life We Are Given*——迈克尔·墨菲以与马斯洛相同的方式度过了他的一生：探索人的自我和仔细观察人们如何开发他们的能力。他在冥想还没有流行之前就在研究了，并仔细观察精神健康与身体健康之间的关系。墨菲的大部分研究已经成为主流。可是，我们与这位美国人的崇拜偶像之间谈话的话题却是他的内心世界。马斯洛称墨菲是"我从未有过的孩子……"

两个男人相遇了，这场景可以反映卡尔·荣格的同步性概念。一次，马斯洛和他的妻子贝莎从南加利福尼亚开完会回家，驾车经过北加利福尼亚沿海地区，在此地区寻找旅舍过夜。在小城大瑟尔的外围，他们注意到一处地方提供住宿，便决定住下来。在登记时，马斯洛要在登记簿上签名。前台的接待员在看了签名后说："就是亚伯拉罕·马斯洛吗？"接着这位接待员激动地大喊理查德·普赖斯的名字——他是墨菲的伙伴，伊沙兰学院的共同创立人。

本想找个旅舍过夜，阿贝与贝莎根本没有想到他们走进了一家作家、演讲家、哲学家、学者和对人本主义哲学有兴趣的治疗师的旅馆。20世纪60年代期间，伊沙兰学院主办了由斯金纳、马斯洛、卡尔·荣格和其他人主持的会议。听众和与会者范围广泛，从普通人到像乔治·哈里森、琼·贝兹、鲍勃·迪伦和艾伦·金斯伯格那样的名人。激进主观的新闻记者亨特·汤普森当时22岁，是现场的管理者。其余人（如他们所说）都是"历史"！

墨菲和马斯洛的友谊一直持续到马斯洛去世。我们在加利福尼亚圣拉斐尔墨菲的家里见到他，和他谈论马斯洛及他的研究。我们讨论的话题无所不包，那种正话反说和说隽语的谈话气氛大概也是马斯洛所中意的，我们认为墨菲有一堂非常有价值的课要讲给美国的企业听。

之所以要正话反说和说隽语，是因为墨菲承认对美国的企业界并不了解，可他又是一个精明和成功的商人。与马斯洛一样，墨菲一向拒绝担当领袖角色，可他却成了人类潜能运动的领袖。马斯洛在动荡的20世纪60年代成为文化偶像，可认识他的人却认为他是一个保守者。墨菲是伊沙兰学院的领导人，而该学院当时是反文化思想的温床。但是，在"夏日之恋"运动期间，墨菲一直是一个传统的家伙，而这场运动并不传统。正如他自己所说："首先，我很早就对幻觉剂严重过敏。其次，我非常喜欢山羊绒套衫。最后，我没有大量购买这些技术的热情，我一向怀疑这种尝试。我是一个无外援的爱挑剔的人……"这对任何一位公司领导人来说都是至理名言。

问：我们注意到人们对马斯洛的日记的浓厚兴趣复活了。您怎么看待这件事？

答：每个人都在探索一些事物。我们有九型人格（enreagram），有 MBTI 职业性格测试，有各种领导模型，还有这种或那种的十个步骤。我们每个人都需要结构、指导和领导。

人们之所以有极大的兴趣，是因为阿贝极有深度和内涵。他是一个研究者、心理学家、理论家和哲学家。他不喜欢万灵药。阿贝的关于自我实现的部分理论，就是讲这种人对被标签化深恶痛绝。[○]他从来不喜欢看见上述情况。他对兜售领导模型或领导框架之类的问题不感兴趣，他是在真正做研究做学问，他是在研究人类行为和相互影响的几乎所有方面。从他于 20 世纪 40 年代对人类性行为的研究、对哈里·哈洛的研究以及他关于自我实现和人类动机的著作来看，他形成了一套知识体系。

问题是人性毕竟是人性。我们都有自我超越这种能力，把某些人认定为某一类型的人，如 INTP 型或 ENTJ 型，是对他们的限制。把你自己或你的同事、团队成员认定是某一类人，是低估了人的创造力，低估了我们重新开始、创造和创造冲动的能力。我们被看作年轻人，我们被划定为家庭角色，这种事情常发生。我们都有自我实现的潜力，一成不变地看待人是低估了他们。

问：您非常了解马斯洛，您认为他会对当今的组织潮流说些什么？

答：他不会喜欢在今天的企业里盛行的许多万灵药、工具和运动。当一个权威专家来到一家公司时，人们对他几乎是狂热崇拜。让我们假设你是一个雇

○　马斯洛将标签化定义为："作为认知的一种便易形式——简单便捷地记载和编目那些认知，作用是不再需要更认真、更具体的感知或思考。将一个人置于系统，比凭他本身的能力了解可以少花精力……"（《存在心理学探索》，第 126 页）

员，你希望进步，所以你不得不参加或者接受他主导的培训。你们雇员必须联合起来!《日常生活的狂热》（*Cults of Everyday Life*）一书就揭示了所有这类事物的破坏性的一面。

但是，它也有创造性的一面。例如，作为公司强势文化的一部分，有时在公司内部形成狂热崇拜的氛围，也能帮助人们变得更有创造性。它能造成目的共享感。你必须密切注意这个问题。

我们多么缺乏比喻力

我们的世界是以这种方式建立起来的，就是优秀的思想和优秀的作品几乎完全是有逻辑的、结构化的、经得起推敲的、书面的、现实的，等等。但是，显然我们需要更有诗情画意、更有想象力、更多比喻、更多荣格所说的原始性……是什么让学术会议、科学期刊、组织采用的思想体系和表达方式不合适或不适当了呢?

——亚伯拉罕·马斯洛

大约 10 年前，我们参加一个高科技专业人士的大型集会。演讲嘉宾汤姆·彼得斯是管理顾问和作家。他开头的几句话至今犹在耳边，甚至用于今天比 10 年前更适合。

彼得斯以典型的非正统的方式扫了一眼听众，然后给我们留下了永远难忘的一句话。他说:"现在就是你们这些家伙的问题。几年前我演讲时扫了一眼听众，看到的是完全不同的一群人。现在你们大家看上去是一样的，讲一样的语言，穿着一样，住在一样的小湖边，因为你们是'专业人士'了，现在成功了。"

他的这番话与马斯洛讲过的一段话是一样的。一旦获得一些成功，我们的社会准则就会强迫我们构建我们的思想，整齐划一我们的行为，使我们显得更专业、更有控制力、更像现在的模样。在这个过程当中，我们经常抑制我们的创造力、乐趣、幽默、学习和创新的才华，使其均一化。或者，我们选择保持沉默，因担心遭到排斥而隐瞒我们的贡献。

我们不是提倡不受管理、外行的、松散的组织。我们的主张是全面考察一下在这个过程中我们失去了（和正在失去些）什么。在寻找损失例子的过程中，我们在马斯洛的日记中找到了一个非常重要的事例——即使这位伟大的哲学家、先驱者、我们这个时代最杰出的思想家之一，也察觉到了适应社会发展的压力。

1960 年，马斯洛要在一个专业人士集会上向其他知名人士发表重要的演讲。他花了几个星期的时间，一直在努力解决他的理论中的一个问题。他说整个经历是高峰体验的典型例子，由于他习惯在纸上思考，他记下了整个经历。他想抛开计划好的演讲，用文字表达那些思想，但他有些犹豫。他写道：

> 情况就是这样，在忙碌中经历的一个真实的、活生生的高峰体验，它恰好阐明了我想搞明白的几个关键问题。可是，由于它如此不宜公开，如此不依惯例，我发现自己极不情愿当众大声念出来……它不适合我。我意识到这种论文既不"适合"公开发表也不"适合"在会议上宣读，我问自己：为什么这些知识分子会议和科学期刊有些东西使得某些个人的思想体系和某些表达形式不"合适"或"适合"呢？

在这个"适合"过程中失去的是什么？我们永远不得而知。可是，像马斯洛这样智力发达、富有经验、知识渊博的人，尚且对这个过程沉默不语，我们将来如何能够承受得了组织实际水平的创新和创造呢？

第 26 章

论创造力

创造力与对没有结构、前景不明、不
可预料、无法控制的承受能力有关，与对
含糊、无计划的容忍有关。

——亚伯拉罕·马斯洛

从 T-小组的经验中我们可以了解到：创造力与对没有结构、前景不明、不可预料、无法控制的承受能力有关，与对含糊、无计划的容忍有关。

专注此刻的创造力取决于忘记未来的能力、临机处置能力、全神贯注于现在的能力等，取决于能够专心地倾听和观察。

这种放弃未来和结构、放弃控制和预计的一般能力，也是悠闲、有能力享乐的特征。换一种说法，动机不明确、漫无目的、缺少目标，因此没有未来也是它的本质。这就是说，为了能够专心倾听，能够沉浸下来，专注此刻，一个人必须能够放弃未来，能够享乐、悠闲、悠然自得，而不是有目的地散步和休息——简而言之，玩乐。

还需指出，自我实现的人喜欢神秘事物、无希望、含糊、没有结构，他们可以与科特·戈德斯坦的大脑损伤实验对象和强迫性神经症相比较，后者对控制、预测、结构、法则和秩序、议事日程、分类、练习、计划等有强烈的、迫切的需求。这些人好像害怕未来，也怀疑自己在面对紧急事件、意外事件时的临机处置能力——这是人缺乏自信，害怕没有能力面对任何无计划的、不能控制和预计的意外事件的综合体现。大脑损伤者的时间与空间的几何化就是这方面的例子。⊖我想我的文章"创造力的情绪障碍"也可以作为典型强迫症的例子（68）。

需要指出，所有这些都事关安全机制，都事关害怕和焦虑机制，它们都代表着缺乏勇气、缺乏对未来的信心、缺乏自信。人们需要一种勇气，一种能够同时证明自信和对美好未来与环境的信任的勇气，一种能够在没有任何保护或防御的情况下面对意外未知的随机环境的勇气，一种充分信任自己在意外情况下能够临机处置的勇气。出于交流的目的，一些简单的例子也许是必要的。例如，告诉听众这种情况在谈话中是很常见的：当别人在讲话时，他们实际上并没有在倾听，而是在想该说些什么来作为回应。这意味着他们对自己的临机处置能力缺少信任，必须得在事先没有准备、没有计划时找些

⊖ E. Strauss in Rollo May, et al. (Eds.), *Existence* (New York: Basic Books, 1958).

话来说。

我想另一个典型例子也许是显示学步的儿童或婴儿完全信任母亲或父亲的行为记录。找一张小孩从高处跳下来扑向父亲怀抱的照片，或者是小孩跳入游泳池的照片，孩子没有丝毫的恐惧，只有完全的信任。

我认为将这个看法加入我对安全科学与成长科学或自我实现科学的比较讨论是有帮助的。⊖比较科特·戈德斯坦的大脑损伤者⊖和强迫性神经症患者的症状（22），以并行方式进行比较，斯金纳（83）在其讲课和论文中一而再，再而三地强调可预计性，强调控制、法治、结构等，而创造力、临机处置、自发性、富于表现力、自主权之类的词出现的次数却很少。然后对卡尔·罗杰斯或其他类似的"人道主义"作家进行同样的分析，我想这是一个非常有意思的试验，甚至连一个大学本科生也能轻易做到。此举会形成非常简洁、易懂、不会被误解的观点，这正是我试图提出的观点。两种精神病理学无论如何都会并存的，但这种情况至少佐证了我一直在试图提出的观点：这些词可能是精神病理学方面的。（当然，强调这些患者都可以非常健康也是必要的，但是，问题是如何区别神经症患者对预计性的要求与正常人对世界的预计性、控制、法治、秩序等的要求。）

我认为，现在讨论神经症患者的要求和正常人或健康人的要求有什么不同是有帮助的，特别是对外行人。此刻我能够想到的事实是，神经症患者的要求是不受控制的、不容变更的、强迫的、无理性的、独立于环境（无论好坏）以外的。满足并不能带给他们真正的快乐，只是片刻的轻松；挫折带给他们的是紧张、焦虑、敌意和愤怒，而且情绪很快。此外，他们是自我失调的而不是自我精神和谐的，他们把自己看作外人或征服者，而不是不受意志支配的、固执的、有来自内心欲望或冲动的人。神经症患者爱说，"某事改变了我""我不知道什么改变了我"，或者"我控制不了它"。

⊖　Forthcoming book on *Psychology of Science*.

⊖　Kurt Goldstein, *The Organism* (Boston: Beacon Press, 1963).

以上我们扼要叙述了创造力的本质及其在管理环境、领导和合伙人关系环境中的应用。在任何企业讨论这类话题时，关于无秩序和混乱等问题，肯定会被那些需要更多结构的人提出来讨论，不管理由正当与否。在理性的水平上满足这些人的要求而且理解他们，把他们看作可能的神经症的、非理性的或感情易冲动的人，是必要的。有时，处理这类事情的适当方式不是进行逻辑上的争辩，而是进行精神分析上的解释。要指出的是，在分组归类时不要过于冒犯是非常容易的。分组归类是基于一套法律、规则和原则的要求，并且需将其写进书里，它是对控制未来和预期未来可能会发生什么的要求。由于后者实际上是不可能的，未来毕竟在某种程度上是不可预计的，那么试图编写一本预期未来可能会发生什么事的《规则手册》就是徒劳之功。那么人们不禁会问，为什么我们不相信我们自己将来能够处理这些意外的不测事件呢？为什么我们必须要为这些意外事件做准备呢？我们不能处理意外事件吗？即使在不可预计的环境中，我们也不相信自己有良好的判断力吗？为什么我们不能等待，直到我们积累了这种情形下的经验，**再**去系统地阐述实际情形中的实际经验，并制定必要的规则？采用这种方法的结果是制定最低限度而不是最大限度的规则。（但我必须得承认，在一些非常大型的组织中，像美国陆军和海军，编写《规则手册》仍是必要的，这也是我过去一贯的观点。）

对迈克尔·雷的访谈

创造力产生的原因是什么？我们能够做的最重要的一件事情是什么？我们应该增加 3 学分的创造力课程吗？我猜到了一半，我听到有人迫不及待地在问："它来自哪里？可以植入电极来控制它打开或关闭吗？"我也有这种强烈的想法：公司一直在寻找某些可以按动的秘密按钮，像一盏电灯的开关一样。我的看法是，创造力的概念和健康的、自我实现的完人的概念好像彼此越来越接近，或许最后会成为一个概念。

——亚伯拉罕·马斯洛，1952

20 世纪 50 年代，亚伯拉罕·马斯洛在创造力领域的研究和创作使他举国闻名。在其著作《动机与人格》中，马斯洛提到，心理学领域才刚刚触及理解人类创造过程的表层。今天，创造和创新被认为是公司最重要的属性。我们请来了创造力研究领域顶尖学者中的一位，来讨论马斯洛的著作。

迈克尔·雷是斯坦福大学工商管理学院约翰·G. 麦考伊第一银行公司（John G. McCoy Bank One Corporation）创造力与创新教授，也是咨询公司洞察力外部合作（Insight Out Collaborations）的创始合伙人。迈克尔是一位在广告和营销管理方面有广泛经验的社会心理学家，也是世界企业学会（World Business Academy）会员。

在过去 20 年间，迈克尔在斯坦福大学工商管理学院讲授最受欢迎的一门课程"商业中的个人创造力"。该课程培养了数百名斯坦福的学生，迈克尔向他们传授在选择职业时发掘和应用创造力需掌握的长期实用的工具和过程。来授课的演讲嘉宾都是美国商界领袖，其中包括嘉信理财的查尔斯·施瓦布、皮克斯公司和苹果计算机公司的 CEO 史蒂夫·乔布斯、作家与顾问汤姆·彼得斯、耐克的菲尔·奈特、麦肯纳公司的雷吉斯·麦肯纳、海军中将詹姆斯·斯托克代尔，等等。

几年前，迈克尔决定将在课堂上得到证实的内容和演讲方法运用于公司情境。他和几个同事创办了洞察力外部合作，致力于帮助组织和雇员重新找回迈克尔他们认为我们生来就有的创造力。迈克尔和他的同事认为，如果创造力受到抑制，个体的绩效会受到连累，组织也不能最大限度地发挥作用。通过发掘存在于每个人身上的创造潜力，组织可以发生意想不到的改进。

在加利福尼亚门罗公园的公司总部，我们与迈克尔和他的同事杰基·麦格拉斯（Jackie McGrath）进行了交谈，主要讨论马斯洛的研究和他在创造力领域的著作。

问：迈克尔先生，您的课在商学院一直是最受欢迎的。20 年了，应该算是某种成绩纪录了！您为什么对它有如此浓厚的兴趣？

迈克尔：这门课程讲授的是马斯洛在他的日记中提到的那些内容。讲课内容涉及人生中最重要的知识，学生都明白这一点。我们有将近 200 位演讲人，他们有关于创造力的故事可讲。有 15～20 位演讲人曾经也上过这门课，他们在商界表现出众，现在回来讲课，与学生分享他们的经验。一个演讲人特别告诉全班学生，这门课程不是关于企业的，也不是关于创造力的，而是关于在座各位的人生的。我们试图帮助学生和经理回答两个非常重要的问题：我是谁？我一生的工作是什么？根据马斯洛的精神境界，我们帮助他们找到成为他们"最高体验"的东西或完全适合他们的工作。这种工作，即使说发生地震了，你仍会全神贯注于其中，会竟然没有发觉屋顶的瓦片纷纷坠落在身旁。这与运动员被联防区域吸引的情况有些类似。我想这就是这门课程受欢迎的根本原因所在。

问：马斯洛还说过，创造力并不是人们可以产生或逐渐灌输的东西。人们只可以帮助一个人释放他们自己生来既有的创造力。您二位同意吗？

迈克尔：我同意。我们生来就有创造力和创新力，创造力在外表之下很深的地方。如果我们观察儿童，会发现我们在成熟过程中失去的东西。儿童是天真无邪的，完全是过一天算一天，非常有创造力。如果我们找到自己为适应社会压力而失去的那部分创造力，我们为世界做出贡献的能力将是巨大的。

几年前，哈佛大学进行过一项研究，打算测量婴儿和年幼儿童的智商以及其针对空间、视觉、社交和情绪的能力。研究人员发现，4 岁的儿童达到了天才的水平；4 岁之后，由于培育过程，他们的测试分数反而下降了。我从这项研究得出的结论是，4 岁之后我们得到的信息掩盖了我们天生的创造力倾向，这些信息主要来自父母和社会。我们得到的信息包括不该用这种方式探讨问题，不该干这个，不该干那个，等等。即使最优秀的父母也会传递这些信息。

结果，当我们到 35 岁或 40 岁时，我们的创造力就完全被掩盖了——这并不是你真正要听到的声音，但它告诉给你的世界运行方式直接打击了创造力，因此我们不得不设法消除它。看看吧，每天有多少声音忠告你不该做什么。我们试图帮助人们扩大他们的视野，在结构和秩序之外进行观察。

杰基：在我们现在的社会，以承受压力、快节奏、极度不信任和怀疑这种方式生活的确是一个挑战。马斯洛认为创造力来自含糊、不确定、得过且过、缺少预计，他认为事实上是这些特性可以引发创造力。这些特性好像正是我们要反对的。他的意思是什么？

迈克尔：马斯洛要说的实际上是自信。对你自己的创造力充满信心就是自信。我们说它是未被发现的事物的证据，或者是所希望的事物的本质，是非常定性的。我们生活在科学范式里，它假定我们唯一能够相信和信任的东西，就是我们能够测量和看见的东西，但是，我们正在谈论的话题是不能够被测量或量化的。创造力不仅仅是出主意、解决问题或生产富有革新性的新产品。创造的过程包含着快乐、智慧、信心、直觉和激情。正是对生下来就有的创造力如此有信心，你才明白你能够随时随意地发挥它。

杰基：我想我们需要帮助人们在含糊和缺少结构的公司里舒适自在地工作，我们为之奋斗的这些东西才可以产生高绩效和激励自己的力量。我们谈到组织里的"白色水域"（organizational whitewater），但事实上，我们全都身在这种白色水域之中，依旧生活在我们能够控制一切的幻觉之中。可实际上，我们做不到。

迈克尔：这是对需要秩序和可预计性这一问题的直接的、正面的攻击。我们需要摆脱秩序和结构，才能释放我们创造力。

问：您如何帮助学生和经理们找回他们的创造力和创新力？

迈克尔：没有设法找回你的创造天性的七步骤或九步骤之类的过程，我们是从介绍一个我们称为"与其同行"（live with）的概念开始的。"与其同行"

要求经理在一个星期内没有期待、没有控制机制、不用计划或对未来的远见严厉批评现状。我们还建议他们学会自在地说"我不知道"，这个方法帮助他们开始相信自己的创造天性。创造力具有个人的独特气质，所以，我们采用许多不同的事物释放创造力。我们喜欢让人们去沉思、练习功夫、画画、演奏乐曲、唱歌、跳舞，我们尽力帮助他们再次将创造力发挥出来。我们的"判断缺失"概念对公司经理有显著效果。我们发现，他们说当自己察觉到对生活的各方面做出判断，反复出现的主题是悲哀时，我们感觉自在了，因为这涉及我们构造问题或环境的方式。当我们学会使来自内心的判断自己或他人的声音安静下来时，无论是作为个体还是作为团队的一分子，我们能够做到的就不再有什么限制了。判断缺失使你更容易接受创新的思想，你会在通常想不到的地方寻找信息。

问：人们采取这些步骤后效果如何，您能给我们举几个例子吗？

迈克尔：一家大型消费品公司选派了180人参加我们的课程。分部副总裁告诉我们，员工中有一个不大爱说话的家伙，从来没有真正达到过高绩效水平，而且非常缺乏自尊。课程结束后，这个家伙决定到公司的一个地区去工作，负责开发一个新产品，这个产品最后给他们带来的好处胜过了市场上的任何其他同类产品。事实胜于雄辩，我们的确能够帮助他释放创造潜能。还有一个经理正在设法让联邦政府批准他们的一个产品，政府的答复是经过为期两年的产品周期再考虑。他说在过去他准会收拾公文包，接受政府的答复，但现在他决定运用他学过的一些释放创造过程的概念，将两年改为6个月。另一个经理碰到了一个给产品贴标签的问题。他和他的团队学会了相信他们的创造能力，他们解决了这个贴标签的问题，还为解决该问题的办法申请到了专利。来自研发实验室的一组员工在项目开始前总是要花1小时的准备时间，他们采用学过的创造过程，将准备时间缩短到1分钟，结果1年为公司节省将近30万美元。

杰基：创造过程允许人们将新方法与其他方法联系起来。他们自然地发展成为自我指导团队和称为委员会的机构，那是由各类人组成的团队——在那里，多样性受欢迎，一个人要学会体面地争论，人们可以彼此影响，信任盛行。召回人们的创造天性的过程，向我们展现了一种新的共同工作的方式，它将产生新的绩效水平。

迈克尔：马斯洛说的一件事情我们在工作中做到了。当人们拥有了创造性后，对所有的可能性会变得敏感，而当他们不以创造性为基础工作时，会阻碍可能性并以控制基础或控制机制工作——控制基础会阻止我们找回自己的创造力。

杰基：阅读马斯洛的日记对我来说是一件有趣的事，实际上他是在告诫我们要专注此刻、专注现在。我们运用的许多技术都是把人们带向现在。为什么我们将自己关在门外整天忙碌而不进门来呢？当你紧张到极点时你就开始进入周而复始的循环了。我们教人们学会周而复始的循环和关注现在。

迈克尔：马斯洛还提到了恐惧。围绕这个话题我们做了许多工作。我们把这个概念称为表达客观能力的声音，正是这种声音在"观察"世界，指出真实的世界是什么样子。我们谈论强烈的恐惧，并给机会让组织的经理匿名公开他们最强烈的恐惧。结果令人惊讶，人们发现他们的恐惧是类似的，这将他们紧密地团结在一起。经理不久就开始怀疑，如果他们的恐惧程度这么强烈，整个组织的恐惧程度又如何？恐惧如何削弱了创造力？我们提出的另一个假设是，任何强烈的情绪（恐惧、愤怒、痛苦、忧伤）都可以追溯到其来源。快乐、高兴等情绪同样可以追溯到其来源。正如马斯洛在谈到人性时所说的那样，而且我们也认为，我们听到的每一种声音都有道德高尚的一面——探询来源可以帮助我们找到道德高尚的那一面。我们把在创造过程中能够取得重大突破的人的典型特征之一概括为关注此刻的能力。当你看到某个东西真的很美并被它吸引时，一切都静止了——实际上，你正在接近埋藏在你内心深处的东西，那就是对你是谁以及你的创造力核心的惊鸿一瞥。

杰基：实际上我们鼓励人们每天记下他们此刻关注的事情，它（们）值得注意。像我这样的 A- 领导者并不需要反省，作为经理，我被告知不要反省，特别是在高技术领域，我受到制约要快速采取行动。在这些企业里，你有非常聪明的人，他们行动快速，没有片刻沉思或反省的时间，无法停下来思考他们正在做的事情。他们熟悉这个"游戏"，知道"游戏规则"，实际上他们也在玩这个"游戏"，但是，他们不会花时间去研究像"还有其他玩法吗"或"我真的要玩吗"这些问题。

迈克尔：我们要坚定不移地帮助人们体验创造性的生活。一切应从个体开始，如果个体能够更多地贡献他们的独特才能，企业将获得革新的产品、缩短的销售时间以及更有效地制定策略、显著地改善决策制定等多方面的回报。

第 27 章

论创造性人才

这些人好像害怕未来，也怀疑自己在面临意外事件时的临机处置能力。这是一个人缺乏自信、害怕没有能力面对任何意外事件的综合表现。

——亚伯拉罕·马斯洛

由于机械的、专制的组织和把工人当可更换的零件对待的陈旧观念存在如此之多的麻烦，对有计划的未来、对日程安排、对同一性等的迫切需求，看起来好像不能改变和变革。在我看来，民主管理哲学对深入研究创造力心理动力学是非常重要和必要的。

强调不精确的能力是可取的，特别是在这种情况下。有创造力的人具有灵活性，在情况发生变化时他能够改变航线（事情经常如此）。他可以放弃计划，他可以持续地、有弹性地适应环境规律的变化，适应假设事实根据的变化，适应问题的改变及其需求特性。

从理论上来说，这意味着他能够面对变化着的未来，也就是说，他不需要固定的、没有变化的未来，他好像不受意外事件的威胁（像强迫症和严格死板的人）。有创造力的人能够临机处事（计划肯定没有探索性论据多），并且可以轻易地将计划扔到一边，不后悔、不焦虑。当计划改变、日常改变或未来改变时，他往往不会烦躁。正相反，在我的印象里，这样的人有时往往表现出越来越大的兴趣、越来越多的关注和对问题的投入。自我实现的人容易被神秘事物、新奇事物、变化、变动所吸引，并容易容忍它们。事实上，这些都是使生活有趣的东西。相反，这些人（包括自我实现的人、有创造力的人和优秀的临机处置者）对单一性、计划、固定性、缺少变化往往很容易厌倦。

当然，所有这些都是基于这些条件来考虑的——成熟的人格，机敏的、全神贯注于目前的、能够完全将自己投入到当前情况之中的、能够正确倾听和观察的健全人格。我曾指出，这可以用放弃过去和未来或把目前情况搁置一边的说法来表述，即正在思考眼前问题的人不是仅仅把问题看作杂乱无章的，他需要从过去经历过的所有事情中，找出适合当前问题的老方法，他也不会利用一个时期令人困惑的局面，为自己的未来、为想好要说的话、为筹划他的攻击或反击等而做准备。他完全沉浸在此时此刻，这需要有相当大的勇气和自信，需要冷静的期待，在解决新问题的时机降临时能够抓住机会。

这意味着一种良好的自尊和自信，也意味着他摆脱了焦虑和恐惧。反过来，这又意味着对世界、现实及环境的估计，使他有可能相信它，而不是把它看作莫大的威胁。他认为自己能够驾驭它，而不是惧怕它，它并不像看上去那么可怕和骇人。自尊意味着一个人把自己看作主要的行动者、责任者、自己命运的自主决定者。

第 28 章

论企业家

在这个领域我要阐述的主要观点是，
进步繁荣的社会与退步衰败的社会之间的
区别主要在于企业家的机会的多寡和他们
在社会中的数量的多寡。

——亚伯拉罕·马斯洛

企业家的作用被大大地贬低和低估了。企业家（经理、整合者、组织者和计划者）自己也低估了自己的作用和价值，他们仍用过去的眼光把自己看作剥削者、浅薄之人，没有真正的劳动，没有实际的贡献。因此，作为一个群体，他们对自己的报酬易感内疚。

我认为，这在一定程度上与把劳动**仅仅**看作苦活儿和苦力的理念有关，也是误解创造本质的结果。

至于创造，我们往往认为它是"顿然省悟"的结果，就像黑暗瞬间变成光明，愚昧瞬间变成智慧，是以前不存在的、全新的发现——显然这种理解在大多数情况下是错误的，因为任何创造，无论多么新颖，都有一个发展过程。不管怎么说，创造都应该被视为协作和劳动分工的产物。也就是说，创造可能是人们先前掌握的尚未经过适当组织的点滴知识突然整合的结果。创造的闪现经常是"完形闭合"，而不是"无中生有"。

如果这样理解，那么创造与管理办法之间就没有什么区别了。管理办法或管理创造，如温切斯特兵器公司（Winchester Arms Company）或福特的装配线上互换标准件的运用等，都是零星知识的汇集和组合。这些唾手可得的知识，在新的安排或模式中突然变得有影响并且重要。

如果愿意的话，我们可以将社会创造与技术发明区别开来，但实际上这无关紧要。从这个意义上来讲，发现一种可以使夫妻彼此更好交流的方法，也是一种创造。

我还要说，企业家的计划或远见最好也归到创造的一般范畴内，这涉及对没有获得满足的、使企业家有利可图而对每个人也有好处的需求的识别。

在这个领域我要阐述的主要观点是，进步繁荣的社会与退步衰败的社会之间的区别主要在于企业家的机会的多寡和他们在社会中的数量的多寡。我想人人都会同意，要向一个退步衰败的社会输入最有价值的 100 个人，不会是 100 个化学家，也不会是 100 个政治家、教授和工程师，而是 100 个企业家。

综上，自我贬低的企业家可以消除自己的内疚了。他应该知道自己有多么重要，甚至是至关重要。

我个人的观点是，企业家不必非要和金钱报酬问题纠缠在一起——他们还可以考虑其他形式的报酬。对社会而言，企业家可能非常值钱，这是事实，但巨大的收入差异给他们带来了麻烦，这也是事实。如果只是出于理论上的目的，我们最好承认可以用金钱以外的其他方式奖励企业家、组织者、带头人和积极的领导者——毕竟，一切事情都取决于他们。在协同的社会中，比如印第安黑脚族部落，领导者（或组织者）会得到各种形式的公共荣誉，受到部落中每个人的尊重和敬爱，且无论走到哪里都会受欢迎。关键是，这种奖励确实有效，无论事实上这个伟大的领导者是否经常一贫如洗。彻底的慷慨是伟大领导者形象的一部分，他的财富是根据他能够得到多少和给予多少来确定的——在英格兰，授予爵士身份被认为是超乎寻常的奖励。我想有一天我们可能也会这么做，给予伟大的企业家、发明家或领导人一个极其简朴的荣誉称号，就像基督教徒所做的。送给僧侣一件灰色长袍也许与送给他一大笔钱具有同样的意义和同样的心理奖励作用，也许作用更大，这取决于社会看待这种举措的方式——如果这个人极受赞赏、尊敬、赏识、称许、赞许和欢迎，那么他也就不需要金钱了。

我想指出，上述观点在理论上对任何社会和任何经济制度都是适用的（这有助于澄清该观点并使其不被曲解）。在任何社会里，创始人、带头人、协调人等类型的人都是必要的，且同样是有价值的（即使这与维持现状和不希望变革的愿望是相矛盾的，也许这些人与这些愿望同时存在）。其他决定因素也是需要考虑的，如社会是否存在协同，是否存在剥削，是否存在等级阶层，等等。

关于这一方面的内容，麦克利兰的研究是非常重要的。㊀

㊀　D. McClelland, *The Achieving Society* (Princeton, NJ: D. Van Nostrand Co., Inc., 1961).

工程的人性面

那么，什么是教人们成为工程师的正确方式呢？十分清楚，我们必须教他们做有创造力的人，至少有能够面对新奇事物的态度，能够改进……如果可能的话（最好如此），甚至能够喜欢新奇事物和变革。教育不再被认为仅是一个必不可少的学习过程，而且是一个性格培养、个人培养的过程，这种趋向将一年比一年更明显……因为，从本质上来讲，我们是在谈论一种人、一种哲学、一种性格，那么，重点就离开了对创造性产品、技术革新、美的产品和创新的强调。我们必须对创造过程、创造态度、有创造力的人更有兴趣，而不仅仅是对创造性产品有兴趣。

——亚伯拉罕·马斯洛，1963

斯坦福大学工程学院的汤姆·科斯尼克（Tom Kosnik）教授，在培养美国最优秀、最有才华的领导人方面扮演了整合者的角色。他的学生毕业离开那所享有盛名的大学，进入各类公司担任领导职务，为成为未来的商界精英而奋斗。科斯尼克教授不仅教他们基本的工程学概念，而且教他们与领导和人有关的知识。正如马斯洛所说，科斯尼克好像知道他们的人格、他们的性格、他们内在拥有的经营哲学同他们的技术素养一样重要。

在与科斯尼克教授交谈过后，我们很快会意识到，我们用了几十年的时间来完善商学院和工程学院在技术、数字、科学和统计方面的目标，可是，那些将要成为优秀的经理和领导者的人，不仅要理解具体的技术任务，而且要理解企业人性面的重要性。科斯尼克教授认为，对于"伟人"来讲，只了解技术或技能方面的事是远远不够的，诚实、核心价值观念、不懈的乐观主义和对社会有所贡献等因素，在科斯尼克教授的教学中与定量分析有着同样重要的作用，他以交响乐指挥般的技巧将这两个领域交融在一起。

但是，科斯尼克教授的哲学理念在商学院和工程学院中依然是凤毛麟角，例如，在我们的学院里相关科目并不受重视。但是，事情也许会改变。最近，一家享有盛名的大型商学院的副院长说："公司正在设法留住员工。它们意识到公司是人们工作的地方——这是一个相当时髦的观念。因此，我们增设了课程，讲授商业中与人有关的知识。"一家商学院的院长在描述远景时说："我认为在过去的 10 年中，公司的经理和高级经理终于认识到了人才是真正的资产，所以我们正在调整课程，以适应这种变化。"

或许我们大家都可以向科斯尼克教授学习，像他那样通过揭示组织的神圣和人性因素，帮助学生理解经济学、会计学、营销学和工程学的丰富内涵。他让学生在课堂上阅读马斯洛的日记，这为我们提供了一个观察的机会。我们旁听了科斯尼克教授的一堂课，听到了他们对马斯洛日记的各种主题的讨论。我们原来以为这种课是教师讲课为主的，可事实是，学生们主导了课堂！以下是学生告诉我们的：

"尽管金钱重要，这是肯定的，但我还是想为理解马斯洛思想的一家公司工作。我想在一个能够使我发挥作用的环境中工作。"

"我父亲为一家大公司工作了一辈子，尽管他有职位、有成就，但我从不认为他是快乐的。不知怎的，我总认为是那里的环境夺走了他的全部身心，我可不想让那种事情发生在我身上。"

"我知道，像领导、价值观念和管理人这类问题将是关系我成功的核心问题。可事实上，我们似乎从不会长期关注这些问题。我想我们都假定我们总会掌握那些技能或得到那些技能。我认为这可不是什么明智的想法。"

"这是我们上过的最精彩的一堂课。我感到兴奋，我爱读马斯洛的著作，里面有人生的意义。有时我们过于关注流程和工艺，而忘记了工作中的快乐。"

"我在一家大公司担任研究员。我在读马斯洛的书时常常在想，'我们公司为什么不能成为一个这样的组织呢'。实际上，我们公司是一个相当优秀的组织，是最棒的公司之一，但在某些方面我们还可以做得更好。"

　　"我只想告诉您，马斯洛的书和您的课深深地触动了我。我喜欢讲领导的那一节。"

　　"我希望有更多的 CEO 和高层经理来参与今天的讨论，或许这会使那些在'堑壕阵地'上的人生活得更好些。"

　　"谢谢您让我大开眼界。您提出的这些问题非常深刻。"

第 29 章

论利润、税收、成本、金钱、经济等概念的重新定义

除非让所有高层次需求和超越性需求得到满足，否则许多人是不会被挖走的……如果我考虑了所有其他无形的高层次需求，事实上我得到的价值可能减少了——按美元计算的价值减少了。没有人会将这些无形的高层次需求列入合同或资产负债表，但它们对任何理智的人来说仍然是非常非常现实的。……为什么重要的、有价值的人才会留下来继续任职，而不是流动到其他企业呢？

——亚伯拉罕·马斯洛

　　"利润"概念的重新定义必定涉及"成本"概念的重新定义。此外，还涉及"价格"概念的重新定义。也许我可以从完全不同的角度，即从对古典经济理论进行批判的角度来探讨企业。我读过的教科书几乎都是基于过时的仅有低层次的基本需求的动机理论（排除了高层次需求和超越性需求）；此外，它们假定这些理论可以用可互换的术语来叙述。这也就意味着，任何会计工作都是完全用金钱来描述对象、品质或特征的，并将它们列入资产负债表。

　　但在今天，所有这些都成了过时的、无价值的东西。这是因为我们现在对更高层次的基本需求与基本需求之外的超越性需求有了更多的了解（在富裕的、自动化的社会，基本需求将完全不再是重要的激励因素）。证明这一点的方法之一，是指出金钱不再是非常重要的动机这一事实。我们这个社会现在有许多人不会因高薪而被人挖走，除非薪金的数额巨大。或者换一种说法，假定金钱不重要了，因为人人都不缺钱用，或者人人都能相当容易地挣到满足基本需求所需的钱。随着各类劳动的价格越来越高，用越来越少的工作就能维持最低限度的生活变得有可能了。当今，真的想当流浪汉是相当容易的，像过去所说的那样"谋生"也是非常容易的。（问题是，当今多数人在谈到谋生时指的是挣得一辆汽车、一所漂亮的房子、一处园林，等等。）

　　如果真如此（似乎也确实如此），除非让所有高层次需求和超越性需求得到满足，否则许多人是不会被挖走的。此外，许多人更多地受非金钱因素的影响，而不是只考虑钱。例如，我对安德鲁·凯说过，如果有人提供一份工作给我，我会拿薪金（金钱）的粗略价值与所有无形的东西做比较，比如放弃一个朋友或优美的环境，放弃现有工作场所融洽的人际关系或熟悉的人和事，不怕费事地从一座城市搬到另一座城市，甚至包括不得不熟悉新城市的道路这类事情。我问过自己，多少钱才值得让我放弃一个最要好的朋友。在我的一生中，要在短期内建立这种密切的关系是非常困难的。我的朋友一年值500美元、1000美元、5000美元还是更多？不管怎么说，这一点是非常清楚的：他是**有**价值的，是值得我认真考虑的人。假如我随便说个数，一个知心朋友一年值 1000 美元（这肯定是一个保守的数字），那么提供给我的新工作的薪金增加额（一年 2000 美元、3000 美元或 4000 美元），看来并不像原先那样多。如果我考虑了所有其他无形的高层次需求，事实上我得到的价值可能减少了——按美元计算的价值减少了。没有人会将这些无形的高层次需求列入合同或资产负债表，但它们对任何理智的人来说仍然是非常非常现实的。

在企业中也会出现这种情况。为什么重要的、有价值的人才会留下来继续任职，而不是流动到其他企业呢？难道不是因为他喜欢居住在那栋房屋里，乐意与上司或同事一起工作，以及与他一起工作的秘书欢乐活泼而不是粗鲁无礼，照管房屋的工友热心助人而不是难以相处吗？甚至，难道不是因为工作场所有吸引力、整洁干净而不令人讨厌吗？当然，任何理智的人也会考虑气候、天气和子女教育等问题。

传统的"税收"概念像专横跋扈的"强盗贵族"[⊖]征收买路钱，或者像某些强盗团伙以武力威胁敲诈过路人的钱财。芝加哥黑社会性质的组织过去收取的"保护费"非常接近"税收"这个词的原始意义。今天这个词在某些情境中仍旧有这种内涵意义，即专横的、贪婪的人强索一笔钱而不给任何回报，就因为他们有权有势，你不得不忍住愤怒，乖乖交钱。但是，在良好的环境下，在奉行优心理论的情境中，税收有完全不同的概念，我们必须用完全不同的方式来看待它——商定的费率对应给予必要的服务作为回报，如若不然，兴旺的、长期存续的企业将不得不以"私人行为"代替所有这些服务，这样费用会更高。对于供水服务、治安服务、医疗服务、消防服务、普通环境卫生服务等也是如此，实际上，所有这些都是极好的"协议条件"，为此缴纳的税应该被看作所有长期存续的企业的必要成本的一部分，是企业存续的必要条件。对用于普通教育和学校的大部分地方税收来说也是如此，或几

　⊖　指中世纪对经过自己领地的旅客进行抢劫或勒索钱财的贵族。——译者注

乎是如此。从企业的观点来看，缴税是在为让社区提供熟练工人和各类经理做准备。如果社区不教阅读、写作和算术，那么企业就不得不自己做这些事情。如果没有学校，那么企业就不得不自己创办。因此，"教育"也是极好的"协议条件"。

（当然，所有这些都假定采取了开明管理政策。在该政策下，人将得到充分的发展，企业也将得到充分的发展。在 X 理论条件下，情况恰恰相反，这是因为专制主义依靠的是愚昧和害怕，而不是开明、民主和勇气。）

我们必须以严肃的方式面对高层次需求和超越性需求的经济学问题，这是迟早的事。我无法预测有多少经济理论与实践因此而需要修正，但它们中有些现在就能断定是要修正的。其中之一是：在一个富足的社会中或在非常良好的条件下，且人们非常善良，最初级的生理需求将非常容易获得满足；几乎不需要多少钱就能够解决吃、穿、住等问题；即使失去了也容易获得。随着基本需求层次的提升，我们会发现金钱在购买方面越来越不重要，相对于更高层次的需求，我们可以说吃、穿、住是免费的，或者几乎是免费的。或者换个说法，有归属感、拥有爱和友谊、受到尊重、建立自尊等所有这些更高层次需求的满足，大部分完全超出了金钱经济的范围。例如只要家庭完整，最贫穷的家庭也能享有它们。

满足这些更高层次的需求正是开明管理政策希望达到的。这就是说，开明管理政策也许可以**定义**为努力以非金钱的方式在工作环境中满足更高层次的需求，即在工作环境中提供内在的更高层次需求的满足（而不是只给钱，并期待金钱能买来超出工作环境的那些满足）。这一点对我们大有帮助，因为在此基础上区分 X 理论管理和 Y 理论管理实际上更有助益。X 理论必然包括所有更低层次需求的动机理论，而 Y 理论则包含内容更多、更加科学和更现实的动机理论——后者包括更高层次的需求，并把它们看作工作环境和经济环境的构成因素。或者换个说法，专制经济或 X 理论经济和管理政策是以本能之外的较高层次的基本需求为假定而展开的。（既然有这么多的证据证明存在这种需求，那么在民主社会里，X 理论不仅在道德上令人反感，而且在科学上也是错误的。）［我认为高层次抱怨和低层次抱怨（后面会有论述）都将证明超越性需求也是经济环境或工作环境的一部分，是 X 理论管理的一部分，即我们有可能建立一个由低层次需求经济学、高层次需求经济学和超越性需求经济学组成的优势层级体系。］我希望沃尔特·威斯科夫能够允许其他人就这个观点教训他，就像他教训我一样。[⊖]

问题是如何将上述概念引入资产负债表，如何将这些概念记入会计制度，如何在实际计算一个人的薪金时或在评价组织成员个人发展的价值时赋予这些概念权重。可以试试这种办法：假设有一个人 25 岁，他在一个组织中工作，处于不是太好的 X 水平，后来由于某种原因，他接受了一段长期的心理治疗，变成一个"好人"，结果能够在更高的 Y 水平上工作。显然，达到高水平的生产效率并拥有管理技能花了他一大笔钱，那么，这些是他"财富"的一部分吗？相关"收益"该记在他的资产负债表的哪个部分？（对接受其他任何形式的高等教育的人可以提出同样的问题。）

另一个问题是：假定有一家信奉 X 理论的工厂，有一家信奉 Y 理论的工厂，后者每个个体的个人成长当然更好一些，相关收益该如何记入资产负债表？后者当然是要花些钱的，比如培训开明经理的费用要比培训非开明经理多得多。这笔培训费用又该如何以数字形式记入资产负债表？某些附带的好处也是一定要考虑的，也就是说非金钱的好处——当然，任何理智的人都会意识到这些是好处，是经济上的好处，是高层次需求经济学上的好处，即使它们很难以数字形式或金钱形式来衡量。

人们无疑会发现这个事实：开明的工厂起着多种不同的作用，不仅基于内在工作环境生产更好的产品，而且帮助其成员变成好公民、好丈夫、好妻子。对大多数人（还有大学、医院和治疗机构等）来说，这意味着有

⊖ W. Weisskopf, *The Psychology of Economics* (Chicago: University of Chicago Press, 1995): also"Economic Growth and Human Well-Being," Manas, August 21, 1963, 16: 1-8.

了好处。问题是，如何使企业贡献给社区的好处成为资产负债表的一部分？当然，即使在金钱经济中这也是有意义的，因为企业总要为公司的内部教育、各种形式的开明服务、普通综合教育等花费一笔钱。

在未来的某个时期，我们将不得不应对长期的开明管理与民主的整体社会经济更加微妙的一面，至少在这个层面上：健康的企业假定了我们还没有提到的所有的各种条件。例如，它们实际上假定了开放的、自由的市场，或许我们在此可以使用"开放竞争"一词。对长期存续和健康的企业来说，能够参与竞争，能够与竞争对手生产的类似产品相竞争或给其他工厂不断施加改进的压力等，是再好不过的了。而这与法国和西班牙将某些产品交给垄断企业经营的情况截然不同。西班牙的垄断企业生产全部的火柴或全部的汽车，或其他什么产品。这种垄断的情况极有可能使所有状况持续走低，因为缺乏维护质量的压力，更不用说改进质量了。在垄断企业工作的人不可避免地会变得无所顾忌，因为他们知道自己是"骗子"，是"说谎的人"，是被逼无奈"办坏事"的"坏人"。他们几乎不可避免地会加重那些无助的人的负担，即制定远远高于开放市场的产品价格。由于产品质量极有可能下降，这样的企业也不会兴旺起来。

再举一个类似的例子。一个在无菌环境中长大的孩子受到了防止各种细菌和病毒侵袭的细心照料和保护，他迟早会完全丧失抵抗疾病的能力。也就是说，从此他必须在人工保护下度过余生，因为他不能保护自己。相比之下，一个在"危险"的世界中生活的仅得到一般程度保护的孩子会形成抗体和抵抗力，这使他以后能够自由行走，余生不用担心细菌和病毒的侵袭，不用担心生病，因为他已慢慢地适应了"危险"。我认为，这足以表明某些新的竞争理论、自由市场理论、自由企业理论必将建立起来。这有别于冷战话题或其他任何形式的政治话题，因为在任何其他形式的社会或经济制度中情形都是如此。在社会主义经济中，健康的企业也要能承受压力并参与竞争。这不是简单的出于政治经济或道德方面的考虑，企业有内在需求，成为百年老店、保持内在活力和发展并不困难。一个优秀的拳击手需要一个优秀的练习对手，否则他就会退步。

此外，如果我们假定，在自由市场中，在同类产品的自由竞争中，为了保持所有企业及其成员的健康，为了保持整个社会的健康，理想、正直、诚实和公正终将取胜，奶油终究要浮到牛奶的表层，那么它们就是非常值得拥有的（或许理论上也是必要的）。我认为这是能够证明的，也是我们**必须**证明的。卖出的应该是最优秀的产品，受奖励的应该是最优秀的人，让人对美德、公平、正直和效率感到困惑的干预因素应该减少到最低限度，或减少到零。现在我是在谈论推销员迷人的微笑、个人的忠诚，以及传递错误信息的虚假广告（就像把汽车外表设计得很漂亮而不管里面破旧的发动机）。

如果能够证实所有这些对健康的企业、企业的健康制度以及社会是适用的，那么许多事情就好理解了。其中一件事情是必须假定消费者、购买者和客户是理性的，购买最好的产品符合他们的目的。这也意味着他们会寻找真实的信息，检查产品说明书，查看标签，受骗了会愤怒而不会认为受骗是理所当然，遇到骗子或说谎者会憎恶得颤抖，从此再不与其来往，等等。所有这些特征都是心理更健康、向自我实现方向发展的特征。因此，任何能够提升一个人健康水平的决定因素，任何使一个人从此不仅是一个好经理、好工人、好公民，而且是一个好消费者的决定因素，对任何企业的健康而言也必定是有利的，即使影响程度很小。任何能够使消费者基于事实和工艺水平做出选择的因素，对每个人是有利的，对整个社会的方方面面也是有利的，包括个别的、长期存续的开明企业。因此，帮助人们成长的开明工厂在理论上也帮助了全社会的其他工厂——至少在理论上，这个工厂应该得到所有其他企业（工厂）的尊重，就像培养出更好、更现实、"更高级"的客户应该得到尊重一样。现在的问题是，采用什么方法才能将这些好处列入资产负债表，或如何形成一种可以将有效的、科学组织的开明工厂对其他工厂产生的附带好处考虑在内的会计制度。

　　我们也可以从"优秀客户或开明客户"的概念进行说明。一切已在发生的事情和所有的管理文献都建立在这样的假定之上：客户是理性的；他们偏好高品质；他们为达目的情愿选择更好的产品；如果品质相同，他们愿意选择价格更低的产品；他们不情愿被不相干的事物引入"歧途"；他们偏好美德、正直和公正；有人试图诈骗时，他们会愤怒、辱骂、憎恨、生气。这样的假定是必要的，因为迄今为止，开明管理政策所依靠的主要基础是生产率既可以在数量上又可以在质量上得到改进。**但是**，如果客户并不在乎更好、更便宜，那么生产物美价廉的产品还有什么意义？也就是说，如果他们不关心这些事情，而是关心其他不相干的事情，那么对更有效率的工厂、经理和主管的全部论证就完全失去意义了。如果人们喜欢受骗、上当或情愿被诱入歧途、被收买，那么开明管理对经济生活就是有害的而不是有益的。因此，有益的和有效的工厂理论需有基本前提，需有优秀、理性的客户，他们品位高雅且不失义愤。只有当人们珍视诚实时，诚实才有回报；只有当人们重视高品质时，高品质才有回报；只有当人们因受骗而义愤时，诈骗才会停止——如果诈骗有回报，它就**不会**停止。良好的社会的定义就是美德有回报。现在我要对这个定义略做修改：除非美德有回报，否则就没有良好的社会。我们现在非常接近超越性需求的整体目标了，也非常接近协同理论了，而协同理论又是 B- 心理学附带产生的结果——B- 心理学的理想条件是社会问题得到解决和超越。（将上述讨论与对优秀的开明推销员、优秀的开明客户的讨论汇总起来，即强调"优秀客户"既是必要之人又是道德高尚、惹人喜爱之人——他们希望开明制度起作用，一旦他们不再关心，整个制度就会崩溃。）

第 30 章

再论利润

在此我想起了做任何事情必定离不开
数字的会计师，与将组织中的人和人际关
系简化为用简单的线条和几何图形绘制
的挂图的专制组织理论家，他们是可以
相比的两种人。

——亚伯拉罕·马斯洛

通过观察可发现，利润、税收、成本等概念的诸多相关困难都来自会计师群体的职业化。通常，会计师是一群迫使企业关注数字、可兑换货币、有形资产而非无形资产、精确性、可预计性、控制、法律条文的人。安德鲁·凯指出，在所有职业群体中，会计师的词汇量是最少的。我还要补充说，精神病医生认为他们是强迫症最严重的群体。根据我对他们的了解，他们能将热衷于数字、对细节感兴趣、被传统束缚的人吸引到会计学校里来。

在制定了教育政策和培养目标的学院和大学中，会计师型的人和其他强迫症型的人设法以某种强制方式，过分强调学分、成绩、毕业文凭、学位、分数的可互换性和整个教育活动的计算化，即使这与教育完全是格格不入的和不相容的。由此，以同样方式建立起来的新行业和企业哲学，必然需要不同类型的会计和不同的会计师特性结构。

有些会计师的某些人生哲学最终可以用不信任自己加以说明。就是这些人，在为家庭编制预算时会把一笔钱放进这个瓶子或那个瓶子，或放进一个信封，或放在其他某个地方，不再动用；就是这些人会专款专用；就是这些人为了不动用能获得 4% 利息的储蓄，宁可支付 12% 的利息去借钱，因为这是他们的习惯，这是他们信奉的哲学——"永远不要动用你的积蓄"。这些人被认为是愚弄自己的人，与那些为了欺骗自己而将闹钟拨快 10 分钟，便武断地认为可以多睡一会儿，但实际上并没有多睡的人是一样的。当然，这整件事情是荒唐可笑的，因为他们知道闹钟拨快了 10 分钟。这有点像是轻微的病症，如我们在夏令时带来的混乱中看到的那样——每个人不得不欺骗自己，使自己相信只要改变闹钟的时间就可以按原定的时间起床，仿佛办公时间没有提早。

那些会计师站在了所有创造性人格的对立面。在面对新问题或新环境时，具有创造性的人完全相信自己，他们可以在无准备的情况下临机拿出解决方案。有强迫症的人往往会对未来的全部情况进行分类，并为每种可能发生的情况做好准备，制定他不会违反的日程和计划，等等。有些有强迫症的人会对未来做出承诺，然后在任何情况下都信守承诺——如果他们计划要在某一天去参加聚会、野餐或旅行，即使他们摔断了腿，即使他们心情沮丧、不愉快或发生了其他意外，他们也会照原定计划办事，就好像他们不能改变主意，改变计划会让他们焦虑和恐慌似的。当然，这种对未来的安排，对未来的策划，对每一件事情的计算、强求、预计和控制等，也是为防止焦虑而采取的必要措施。这些焦虑来自他们必须面对的意外事件，来自他们毫无准备的事件，似乎他们要避免发生事前无法做准备的情形，因为他们不能临机处置问题，不相信自己能够当即找到解决问题的方案。

对于这类人，对于会计师型的人，放弃严密控制和检查等于是让他们处于产生焦虑的状态。他们必须随时知道正在进行的一切事情，即使是琐碎的、不重要的事情，即使这意味着对其他人的不信任。也许这解释了为什么我们的会计系统具有只处理有形资产、只处理能够变换成货币费用的特性的倾向。通常，有强迫症的人往往不相信情感，质疑任何形式的混乱，质疑任何形式的不可预测性，怀疑人的本性。在此我想起了做任何事情必定离不开数字的会计师，与将组织中的人和人际关系简化为用简单的线条和几何图形绘制的挂图的专制组织理论家，他们是可以相比的两种人。

统计资料、日程表和其他外部线索都可以在内部信息和确定性缺乏时充当替代物。根据经验做出判断和决定的人，就是以某种有效方式运用外部资源的人。

第 31 章

再论利润、成本等概念
的重新定义

我们要问会计师本人：一家拥有大量
人力资产的公司和另一家拥有少量人力资
产、完全不考虑最近 12 个月利润状况的
公司，你更愿意把积蓄投资给哪一家？一
家公司拥有消费者的良好意愿，另一家公
司耗尽了消费者的良好意愿，你投资哪一
家？一家公司的工人品德高尚，另一家公
司的工人道德败坏……你又如何选择呢？

——亚伯拉罕·马斯洛

会计师面临的问题是如何将组织的人力资产列入资产负债表，这涉及：协同的总量；组织的全体成员受教育的程度；为了把松散的群体像一支优秀的篮球队那样组织在一起，为了培养忠诚度，为了消除敌意和嫉妒心理，为了减少限制产量的倾向，为了减少小病大养的倾向而投入的时间、金钱和精力；等等。此外，这些人力资产对一个城镇、一座城市、一个州、一个国家乃至全人类的价值也是相当大的。

我认为利克特的著作对这一点论述得非常深刻。该书中描述的实验表明，专制的、严密控制的压力计划，在短期内提高生产率是有可能的。在实验期间，直接压力使生产率大幅提高，比参与管理计划引起的生产率提高的幅度还要大些。但是，一旦了解这次实验的其他人力后果，我们就会发现该描述有点"不对称"——我们只考虑了生产率。概括地说，该实验在提高生产率的同时降低了员工对工作的忠诚度、兴趣和投入，并导致其态度趋于恶化，等等。简而言之，事实上，在资产负债表上没有显示的所有人力资产都大大缩水了，即由于追求短期生产率的提高使企业的长期福祉在某种程度上受到了损害。有人对我说，这在任何企业里是非常容易做到的——在短期内靠耗尽资产，不考虑将来的发展，牺牲不被会计师计算在内的所有的人力资产（忠诚、对主管和经理的良好态度等）以换取利润并不难做到。

这再次显示了明确区分短期经营和长期经营的所有管理哲学的重要性。开明管理事实上对长期经营最有效，对短期经营可能收效甚微。这有点像在遇到紧急情况时人体可以在短期内耗尽长期的资源一样。例如，肾上腺素可能会飙升，并在紧急状态持续时期被不断制造出来，但长期如此实际上可能引起死亡或对有机体造成永久性伤害。耗尽人体的其他资源，如脂肪、氧气储备、肝脏中的糖原储备等，会出现同样的情况。

显然，消费者态度也是需要我们关注的问题——为了在短期内获得高额利润而耗尽消费者的良好意愿也是有的。从长期经营的角度来看，这是一种自杀式的经营方式。例如，接管了一家老式的深受尊敬和信任的公司的新管理人员，可能"劫掠"公司的资产，利用消费者的信任生产劣质货或假货。在一段时期内，消费者可能发现不了其中的差异（当然，靠这种方式公司可以赚取高额利润），但从长期来看，消费者的良好意愿、忠诚都会因此而丧失。对任何要做百年老店的公司来说，这种行为就是自杀。

要向会计师提出的问题是，你打算把消费者的良好意愿和忠诚列入资产负债表的哪个项目？这个问题涉及的经济真实性是绝对没有问题的，问题是如何将二者转换为数字或可以表示任何组织资产和负债的某种特性。我们要问会计师本人：一家拥有大量人力资产的公司和另一家拥有少量人力资产、完全不考虑最近 12 个月利润状况的公司，你更愿意把积蓄投资给哪一家？还要问的一个问题是：一家公司拥有消费者的良好意愿，另一家公司耗尽了消费者的良好意愿，你投资哪一家？要问会计师的问题还有：一家公司的工人品德高尚，另一家公司的工人道德败坏；一家公司的人员流动率低，另一家公司的人员流动率高；一家公司的病假缺勤率低，另一家公司的病假缺勤率高……在这类情况下，你又如何选择呢？

第 32 章

优秀的、开明的
推销员和客户

优秀的推销员是企业的耳目……是企
业的使者……是企业的延伸……任何企业
都应该有非常稳定的信息反馈，以了解客
户需要、市场需求、关于产品的满意或不
满意，而他们正是收集和反馈这类信息的
人。他们是产品的推销员，也是负责革新
和新产品开发的副总裁。

——亚伯拉罕·马斯洛

如果我们假设企业的目标是长期存续，并保持不仅是内部稳定意义上的也是成长意义上的兴旺，如果我们还假设企业拥有为保持兴旺所需要的一切条件，那么这将影响我们对推销员和客户的定义。现在的状况是，推销员和客户的流行概念和定义，在理论上只是对兜售蛇油的人和容易受骗的人的概念略做修改罢了。从使用的措辞可以非常清楚地看出，这种关系暗示了不是客户欺骗了推销员，就是推销员欺骗了客户，还有许多的议论，说谁谁受骗了、谁谁被人利用了、谁谁被人捉弄了——有时这就像在说，客户是一只满身流血的绵羊，等着更聪明的蚊子、蚂蟥或其他蚊虫来吮吸，他（它）不过是一个得不到尊重、只能被人（其他动物）利用或捉弄的寄主动物。

在流行的刻板印象中，推销员是目光短浅的人，他们希望马上看到业绩或即刻获得成功。他们只想着做成这单生意，不考虑下个星期会发生什么。一般说来，他们也不考虑所在的企业会发生什么，不考虑这个国家其他企业的推销员身上会发生什么，他们专注于此时此地的问题，不仅鼠目寸光，而且视野狭窄。有这类行为的人就被认为是推销员类型的人，而且是成功的、优秀的推销员。他们只是今天能够卖掉产品的人，在其他所有条件都相同的情况下，产品越劣质或条件越糟糕，他们越是能设法卖掉，人们就越认为他们是优秀的推销员。

但是，务实的管理和兴旺的企业当然需要不同类型的人才，需要不同类型的推销员与客户的关系。首先，推销员必须目光远大、视野开阔，能够从因果关系和整体出发思考问题。为什么？一般来说，这是因为在假定这些客户会存续一两个世纪的情况下，兴旺的企业与其客户之间的关系是完全不一样的。在理想的条件下，一个优秀的客户应该是想要最好产品的人，是聪颖、务实、理性、道德高尚、品行端正的人。他理性地选择最好的产品、最便宜的价格、最优良的品质，但是，一般说来，他往往也会从企业和推销员的道德和诚实方面判断产品、判断企业、判断与此相关的每件事。也就是说，如果他受骗或上当了，如果产品是用欺骗手段卖给他的，货不对板，他会生气的。

我可以把我在担任一家小工厂的厂长时尝试的做法当作一个例子。我告诉供应商，我不想花时间仔细检查他们送到工厂来的任何材料，我希望自己能够信任他们。我告诉他们，我会给他们一笔订单，但不会检查他们供应的材料，如果我受骗了，我当然会要求他们补偿损失，并追回货款，而且以后绝不再和他们做生意了，他们将失去与我的良好的关系。背信的事情还真就发生了，他们中一个非常愚蠢的家伙送来了一批完全不合格的货物，我不得不设法将这批货物退了回去，收回货款，并告诉他不要再送任何货物给我了，不管他出什么价钱我都不会再要他的货了。后来，他果然出价低于别人，但我拒绝了，不占这个便宜，事实上，我再没和他做过任何生意。他的所作所为使自己失去了一位客户。他没有把我的忠告放在心上，好像他只打算经营一两个星期然后就关门大吉似的。从长期来看，干这种事的推销员早晚会毁掉他所代表的企业（由于我们是和长期存续的企业做生意，这一点就非常重要了）。这就是说，"优秀的优心客户"是不喜欢被人愚弄的人，是知恩图报的人，如果企业及其代表能为他的利益着想，他会表示感激的。

另外，真正关心客户的利益，想方设法为他服务，帮助他的企业兴旺起来，同样是有益的方法，即使有时这意味着愿意或故意让他购买竞争对手的产品，而不是自己的产品。这样做能够培养客户的信任感，如果这个企业最终生产出了更好的产品，客户肯定会来购买的。

所有这些都需要一种美德，当然不能指望今天的大多数人都具有这种美德。一个企业的经理应**希望**客户购买到最好的产品，哪怕是由竞争对手生产出来的产品，他应明白这种想法代表着一种公正和美德，即便自己的利益会暂时受到损害，但从长期来看，这会帮到他和其他所有的人——至少在最高需求层次和超越性动机水平上是如此。当然，这需要非常客观和公正的态度。但是在当今这个社会，事实上我们只是偶尔能做到。例如，一个失去宗教信仰的神父会绅士般地行事并辞去他的职务，即使这完全是他内心的隐秘想法。在政府机构，我们也能见到这类人，如果他们与政府的政见不一致，他们情愿放弃他们的职务并辞职。如果良好的条件能够长期保持，我们就会看到这种客观性行为会越来越多，绅士风度和诚实会越来越普遍。这种情况在今天还极少见，只是在有情人之间有时才能见到。

我认为，要求大多数生意人和推销员告诉客户应该试试竞争对手的产品（而且更好用），是过分的，但我还是认为，对兴旺的、长期存续的企业来说，这样做确实会有好结果。也就是说，这种美德在良好条件下会有好结果。还可以说，安德鲁·凯正在努力改变的事情事关值得拥有的一种理想的条件，例如，既不用为拍马屁、贿赂、讨好别人而烦恼，也不用为假装与不喜欢的人建立个人友谊而实际上只是为了引诱他们购买产品而焦急。这是一种什么样的生活？假如非要我去做一个"伪君子"，装着去与实际上没有丝毫好感的人做朋友，我愿意过这种生活吗？如果我连拒绝和讨厌的人共进午餐的自由也没有，那么，人经商和掌握自己命运的好处是什么？提出这些问题是非常理性的，这些也是安德鲁·凯提出的问题。

采取这种举措就是在制度上不鼓励贿赂行为。行贿实际上是迷惑客户，混淆视听，含蓄地迫使客户出于个人感激之情或交情而购买次等产品。如果客户是理性的人，这样做反会使他怀疑产品的价值。优质产品不需要这种毒害行为、迷惑和贿赂。此外，企图行贿会使诚实的人反感，因此提供贿赂也一定会使诚实的人反感。

在理想的经济条件下，任何企业都可以要求或**应该**使最好的产品胜出，这关乎公平的、自由和开放的、有利的竞争。因此，认为最好的产品应该胜出的这些人，接下来会发现混淆这个基本问题的令人反感的每个因素（在此，真正为客户服务，结果不仅使客户也使企业自己取得成功的积累事例，对系统地阐述这个观点是非常有帮助的）。

因此，开明企业的推销员具有与老式传统企业的推销员不同的作用。一方面，他们应该了解自己的产品，同样必要的是，他们还应该是知识渊博的人——了解市场，了解客户的需要，了解自己所在的企业，了解自己所在的行业。真实、真诚、诚实、信任、有效率——这些<u>应该</u>成为他们的座右铭。（请记住，这么说不仅是基于道德的考虑，也是基于对企业有利的考虑——在这种条件下长期信奉美德实际上会得到好处，其实这也是自私的。最好是根据协同做出最后的陈述，要告诉读者，在人性善良和高度良好的条件下，自私和无私、私人利益与公共利益不是对立的两极，不是相互排斥的，而是以新的方式和谐共处。）另一种说法是，推销员必须是诚实的人、值得信赖的人、信得过的人、说话算数的人、讲信誉的人、绅士（这与对老式推销员的刻板印象明显不同，对推销员的传统看法与此截然相反）。

最后，有一个问题需要特别强调，即推销员除了销售还起另外的作用，在我读过的有关推销的图书中没有发现有人提及这个问题。他们是公司的耳目，进一步说，他们是公司的代表或使者，是公司的延伸。在良好的营销环境中，任何企业都应该有非常稳定的信息反馈，以了解客户需要、市场需求、关于产品的满意或不满意，而派驻代表或推销员正可以收集和反馈这些信息。进一步说，这意味着推销员或使者、派驻代表、营销员——无论我们最终选择哪一种叫法称呼他们（名词"推销员"实际上并不是非常恰当的叫法），承担了整个企业中每个人的每一项重要职能（在特定的场合和时期）。比如说，他们是分管革新和新产品开发的副总裁，也是产品的推销员。

考察未来的推销员的另一种方法是摒弃操纵暗示的概念。现在的问题是，普通推销员把自己看作操纵者，把心理学家看作操纵者和控制者，即在一定程度上靠**隐瞒**信息和事实真相工作的人。但是在理论上，新型的开明推销员或营销员必须完全依靠公开事实，依靠真诚、诚实和信任——和任何优秀企业其他方面的所有工作所需的一样。是的，要成为这种类型的人需要特别的性格，而在眼下对推销员的刻板印象中，他们并不是这种类型的人。因此，必须改变选拔政策，现在被雇用到开明企业工作的推销员必须接受新方式的培训，必须具备能够满足那些新要求的人格特征。

每次只与一个客户建立关系

　　那些为客户服务的人必须目光远大、视野开阔，能够从因果关系和整体出发思考问题。为什么？一般来说，这是因为在假定这些客户会存续一两个世纪的情况下，兴旺的企业与客户之间的关系是完全不一样的。

——亚伯拉罕·马斯洛

　　我们曾做客斯坦福大学工程学院的"工业思想论坛"。一家有着惊人成长记录的高科技公司——PeopleSoft 的共同发起人肯·莫里斯（Ken Morris）是该论坛的演讲嘉宾。他为客户所描绘的公司的美好前景十分符合马斯洛的思想。

　　PeopleSoft 的业务在 10 年间由 1000 美元增长到 13 亿美元。目前它有员工 4452 人，其中竟有 42% 的员工集中在客户服务和客户管理上。可以预料，PeopleSoft 是其所在行业当中成长最快的公司。

　　肯·莫里斯将其公司的成功归因于他们的核心价值观念。他说的第一个价值观念是处处为员工着想——因为人是最宝贵的。他们说到做到，身体力行，从不损害这条价值观念。PeopleSoft 内部流传着一些可充分说明公司文化的"格言"：不摆官架子；大处着眼，小处着手；着装低标准，工作严要求；宽容但不放纵。该公司有计划地变革其系统、流程和工作团队，这不仅出于革新的目的，也是为了防止滋生官僚作风。他们认为官僚作风会扼杀人们的创新精神。如莫里斯所言："我们这里是一个非常民主的工作场所。PeopleSoft 不存在等级制度，每个人都可以和其他任何人接触。"

　　该公司的第二个核心价值观念是坚定不移地、永无止境地关注客户。虽然我们以前听有些公司的领导者提起相似内容，但令我们惊讶的是该公司与客户建立合作关系的方式。PeopleSoft 以员工将与客户一起工作 10 年、15 年、20 年或更长时间的信念对待每一位客户。与任何长期合作关系一样，

PeopleSoft 想要让他们的客户知道，当一天的工作结束时，不论结果好坏，公司都准备着为客户服务。PeopleSoft 并不寻求与客户的投机性短期合作，而是要与其建立长期持久的关系。

  PeopleSoft 的最后一个核心价值观念与盈利有关。如莫里斯所言，他们相信，如果他们坚守这些针对员工与客户的价值观念，盈利自然会有的。

第 33 章

再论推销员与客户

将来，借助技术的优势，我们能够使民主、交流、尊重、爱、倾听、客户满足等所有这类事务制度化。既保留小的所有好处，又利用大的好处。

——亚伯拉罕·马斯洛

　　开明型推销员和开明型客户都基于优质、有价值产品的假设。如果企业生产的产品不是优质的，那么 Y 理论管理将毁掉整个企业，就像事实通常会打败谎言、虚假和欺骗一样。另外一种说法是，Y 理论管理仅在每个人都信任产品，都能辨别产品优劣并以优质产品为荣的道德水平高的环境中起作用。相反，如果产品不是优质的，企业必须隐瞒、伪装和说谎，那么存在信奉 X 理论的经理、客户和推销员都是可能的。反过来，如果事实上 X 理论还管用，那可能表明客户不信任产品，推销员不信任客户的理性（假定他的辨别力还不足以挑选出最好的产品，假定他愚蠢得像个笨蛋，很容易被不相关的资料蒙骗）。事实上这表明，对客户理性水平的考量为企业提供了运用哪种类型的管理更能获得成功的标示：低水平理性表示成功的企业必须采用 X 理论哲学；高水平理性则表示企业采用 Y 理论哲学能做得更好、更成功。

第 34 章

论推销员与推销

事实上，任何希望长盛不衰和不断
成长的企业，必定要与客户建立非操纵
的、信任的关系，而不是权益的、欺诈
的、一锤子买卖的关系。

——亚伯拉罕·马斯洛

推销员的一项性格特征似乎很快会显露出来——他们是典型的目光短浅之人，希望尽快看到结果，希望有稳定和及时兑现的报酬与奖励。这像是在说他们更像"实际的人"，这使我想到与这类人相对的是"理论的人"。这两类人的比较也可以用短期对长期来描述。从这个意义来说，"实际的人"缺乏延迟的能力，他们需要快速成功和快速取胜。这意味着他们是在较短的持续时间内工作，我想这是可以测定的，即当前是由接下来的几个小时、接下来的几天组成的，这与"理论的人"可以将当前延续到几年后截然不同。

由此，我所说的持续时间的短期是指下述这类情况：一位典型的推销员或许盯住了星期四下午在费城与客户琼斯洽谈的一笔生意，并渴望这笔生意能够成交。比起讲求理论的人来，他缺乏对这笔交易的"混响效应"（reverberation effects）的认识，他不会想到一年以后可能还是在费城，还是在那个地点，还是与那个客户洽谈另一笔生意，也不会关心这笔生意对自己所在企业销售部门或工程部门其他人的影响。也就是说，这类讲究实际的人做事不考虑后果，不考虑规律性，不考虑一致与不一致，也不考虑与在国内其他地方交易的因果关系。与之相反的整体思维方式与其说是基于因果链的，不如说是采用同心圆的思想方法——像从中心向外扩散的波浪圈，或者像由小到大依次套叠在一起的一套盒子。讲究理论的人能清楚地认识到他的所作所为在时间和空间上的长期后果，而那些讲究实际的人则缺乏这种认识，他们看不到在时间和空间上会不断产生的"后效"。

或许可以换一个角度来考察这个问题，而且我认为相关因素是可以测定的：讲究实际的人，即推销员类型的人，也是注重具体的（而不是抽象的）人。他们往往关注近在眼前的事情，关注看得见、摸得着、触得到的事情，关注此时此地的问题，而不关注看不见的事情，不关注远在天边和未来才会发生的事情。

我认为，在任何社会，在关注实际的、具体的和此时此地的问题上的个体差异在一定程度上总是存在的，这种差异对根据不同目的选用人才是有好处的。可我认为，越来越向前发展的开明管理并不鼓励老式的推销，也不鼓励与之相关的实际和具体。也就是说，我认为性格差异仍会存在，但会缩小。我认为这些性格差异是有用的，但过于实际也是不可取的和不必要的——它涉及太多的与他人隔离，太多的个人隔离，太多的孤立的销售人际关系。毕竟，开明的社会比不开明的社会更具整体性。其实，这些说法几乎是同义的。个人主义的相关描述可以用来描述不开明的社会：更加分裂，更加分离，更缺少紧密联系，更缺少密切关系，更缺少互相协调。

这里有一种关于性格描述的理论观点。我们的倾向必定是以对分来比较"实际的人"和"理论的人"，在这个意义上，我们说"理论的人"不切合实际——他们只有理论，他们是理论的巨人，行动的矮子。但是，根据对健康人的研究，我们得到的一条结论是，健康人往往干什么都行。在这种情况下，健康的"理论的人"既是健康的也是实际的——取决于具体环境和该具体环境的客观需要。同样，在这种情况下，健康的"实际的人"或健康的推销员类型的人，必定更加实际，但不是全部人都如此。在所处环境存在客观需要时，他们也能变得理论化些。这些性格差异只是简单的比例和程度上的区别，而不是有和无的区别。

这就是说，即使在开明的环境中，推销员类型的人、"实际的人"的存在也是必要的。因此，不应该把推销员类型的人看作不必要的、无用的和病态的。为了开明，我们必须做的全部工作就是修正和纠正某些被过分强调、过分对分的特性，就是现在我们从以推销员为代表的人身上发现的那些特性，就是认为对明天发生的或其他地方发生的与职务有关的事情应该毫不在乎的特性，就是认为对其所作所为带来的长期后果不必担心的特性。这种刻板印象当然需要修正。

我还要提起的一件事情也是可以测定的，即关注此时此地。推销员类型的人可能很少受其过去经历，特别是过去成功经历的影响。对普通人来说，一年前的成功对增强他的自尊心仍会起作用；而对关注此时此地的推销员类型的人来说，它可能不起什么作用——他需要不断地成功来激励自己。例如，在好莱坞，推销员类型的人可能说："你就是演过最近上映那部电影的那个人。"他还可能说，"你就是最近与我谈生意的那个人"，或者"你就是最近登记账簿的那个人"，诸如此类。

我认为，不管是在良好的还是不良的社会条件下，我们对典型的推销员类型的人还是了解的。许多文献提到这类人具有喜好居高临下、骄傲自大、善于操纵和控制的特性。对于推销员，某种程度的自尊和自信是必要的。为了体验"较量"带来的快感，为了把应对难对付的客户看作愉快的挑战，一个人必须有稳定的、广泛的自信和自尊，也就是要有这样的定见：取得成功是有可能的。从消极的方面来看，这意味着推销员类型的人一定不能有抑制情绪和自我怀疑倾向。他一定不能有受虐狂倾向，不能害怕胜利，不能有"做一个失败者的倾向"。他不能希望带给自己的是毁灭；不能希望带给自己的是惩罚；对于胜利，他不必感到内疚；如果他赢了，他不必想要为此受到惩罚。我认为所有这些都是可以测定的。

推销员类型的人表面的社交能力是值得怀疑的，他们表现出合群、深入群众等并不表示真的喜欢人。如果这种说法是正确的，推销员类型的人似乎是把自己当作了驼鹿，四处奔跑，与其他驼鹿角斗，喜欢听角斗的碰撞声，而且特别喜欢在角斗中取胜。那么，他必定没有帮助别人的冲动，没有为人父母（特别是母亲）的冲动，没有当护士、医生和心理治疗师的冲动，没有从治病救人、消除病人的痛苦中获得极大的快乐的冲动，没有从其他人的自我实现中获得极大满足的冲动，对其而言，即使是爱与兄弟情谊的范围也是非常有限的。与其他类型的人相比，推销员类型的人缺乏协同感。总的来说，这在某种程度上其实涉及一种丛林哲学，即使善良的推销员也常把社会看作充满快乐的丛林，到处是有趣的、友好的角斗和确信无疑的胜利。所有一切都是快乐的，因为他对自己、对自己在丛林中战胜其他人的能力充满信心，他往往把其他人视为弱者——没有他优秀，没有他聪明，没有他强大

（也许他因此有些轻视别人，认为别人应该俯就于他，而不是他去爱和认同别人）。

如果我们承认可以基于 X 理论和 Y 理论将人分成两种类型，那么这对我们理解什么人才是当今"优秀的"推销员将十分有帮助。也就是说，优秀的 X 理论的推销员与优秀的 Y 理论的推销员是不同的。这对人员选择和人员培训肯定是重要的，如果推销员所在的企业信奉的是 Y 理论而不是 X 理论的话。今天，一个优秀的 Y 理论的推销员必定更了解他与企业的联系，更认同企业，更认同所在企业里的所有人员。我认为，在他的自我形象认知中，他会把自己看作整个企业的使者或代表，而不是一匹只追求个人利益的孤独的狼，甚至也不是企业与客户之间的中间人。Y 理论的推销员的操纵特性必定会少一些。基于多种原因，这一点是成立的，而且可能是最重要的一点：与 X 理论的推销员相比，Y 理论的推销员更诚实、更坦诚，因而是最好的推销员。事实上，任何希望长盛不衰和不断成长的企业，必定要与客户建立非操纵的、信任的关系，而不是权益的、欺诈的、一锤子买卖的关系。这就是为什么 Y 理论的推销员比 X 理论的推销员更需要长期时间。

Y 理论的推销员需要的一种变革是，他必须不仅把自己看作客户的战胜者、赢家和征服者，还要把自己看作帮企业收集客户反馈信息的感觉器官。Y 理论的推销员不仅推销，也与客户建立良好的、客观的、实事求是的关系。在此种情况下，推销员被看作非常有价值的信息反馈源，而这些反馈信息对完善产品和改进产品缺陷是十分必要的。以上这些要求 Y 理论的推销员树立关于他与客户之间的关系、与其企业之间的关系的新观念。他是企业的一分子，至少有两种职能只有他能履行，企业任何其他成员都无法完成；但如果他把客户看作好欺负的绵羊，他是无法履行这些职能的。

我认为这涉及彼此友善的全部问题。人们可能会想，当产品出现问题时，任何类型的客户都会抱怨，但人们只能对那些抱有良好愿望的客户寄予这样的希望：会积极地把意见告诉推销员和企业，不是怨言，而是改进产品、帮助企业发展壮大的建设性意见。在此我认为，这样的客户是榜样，他们做的事情超出了客户应尽义务的范围，实际上是在帮助推销员和企业解决某些麻烦。例如，地方无线电台 KITT 近日宣布，它将像其忠实的听众所做的那样，让他们的广告商明白，听众喜欢和不喜欢 KITT 的哪些节目。他们解释说，这样做是让 KITT 更容易售出广告时段。对这家无线电台来说，这是一个超出了责任范围的行为，需要非常积极的态度。这就是能够表达我的思想的一个例子，这在推销员与其客户是"丛林关系"的情况下是不可能出现的。

所有这些对长期和短期典型事例的思考使我想到，一般有机体理论比以前更适用于管理政策。我认为，对于开明管理政策来说，最有力的长期支持（包括经验支持和理论支持）之一是，如果人们真正从长期（比如一个世纪）出发考虑问题，公司的维持和发展就更有保障和更有把握。如果有人这样问经理，"您希望这家公司发展吗，即使在您去世以后"，开明管理的许多特性会变得非常清晰和非常容易理解。任何希望将私人拥有的公司传给自己的儿子和孙子的人，肯定不会对他去世后整个公司的发展毫不在乎，他会采取与此完全不同的方式来处理问题。采用真正的长期态度最明显的后果之一是，企业对客户关系的要求是完全不同的。诚实、坦诚、友善、不隐瞒、合作关系——在长期合作的情况下，这些都是必要的。

有机体理论在类似事情上的实际应用也是如此，尤其是从整体来看。如果一个人承认这一事实，即一家企业实际上与所在的社区、州、国家和这个世界是有关联的，在良好条件下更是如此，那么，理解采用这种态度的后果是十分容易的。这种企业会采取与那种认为自己完全独立自主的企业不同的行为方式。后一种企业不依赖任何人，不与任何人发生联系，甚至与所有人作对。例如，一家欺骗永远不会再回头的过往行人，为其提供饮食服务的企业。对于讲究实际或讲求短期利益的人来说，欺骗这类人是容易的。如果一个人希望企业长期兴旺发达，希望企业与整个社会保持正常良好的关系，那么，他就不能做这种欺骗人的勾当，就不得不"瞻前顾后"。

上述所有有关 X 理论的推销员和 Y 理论的推销员的讨论可以和法律界最新的协同概念相比较，即与目前通过法庭辩论、通过辩护律师与原告律师之间的冲突审理案件的法律概念相比较——根据这个观点，各方不应该考虑公正、事实或其他类似的事情，而应该考虑在现有法律条文下争取打赢官司。在更加协同的社会里，当然还会有被告、原告等，但我认为与这个社会更一致、更和谐的观点应当是，辩护律师和原告律师不仅有为其委托人全力以赴尽可能打赢官司的义务，也有维护公正、揭露事实真相的重大责任。

由此，即使在开明的条件下，我们也需要优秀的推销员（或许我们应该称呼他们为营销员而不是推销员，以强调不同的态度和新的职能）。在许多情况下，优秀的推销员（营销员）当然要全力以赴，当然要强调其产品的优点，不必完全站在中立的立场介绍产品。附带说说，在任何社会中都应该有人指出某个产品的突出优点和最大好处。

在企业界，Y 理论管理显然没有 X 理论管理那么容易助长贪污和不诚实行为。这不仅有道德和伦理方面的原因，也有非常实际的原因，如上面提到的推销员与客户的关系。友善、诚实和坦诚对推销员建立与客户的关系是有利的，也能带来非常实际的商业后果。我了解自己，如果某个推销员欺骗了我，我就知道一定不能和他再打交道，不能和他的企业再打交道——我应敬而远之，不和其发生任何交往。与骗子交往绝没有好处，特别是长期交往，特别是除经济损失外还有"心理报应"和惩罚的交往，记住这一点吧。从这个观点来看，骗取一个人的所得税或行窃是不值得的。事实上，这类行为会使人产生内疚感、羞愧感、窘迫感、内心矛盾感以及其他类似的情感，还会使人产生抽象的有关道德的情感。事实上，这既是一种讲究实际的、精明的说法，也是一种荒唐的或脱离实际的说法。

这使人想到，事实上基于 Y 理论的推销的一个后果是企业会失去一些客户，但那是一些不良客户。如果企业承受得起的话，我认为失去一些客户也无妨。这些都是无论如何也不会忠诚的客户，他们会不停地想方设法去诈骗、去说谎、去欺骗。除非某个时期企业状况不佳需要增加销售，否则真正明智的做法是100年以后也不为蝇头小利与这些客户打交道，因为长期来看他们总会设法行骗。另外，遵循Y理论的诚实推销对我们称为**良好客户**的那些人会产生积极的吸引力，他们会成为忠诚的客户，会成为长久的客户，会成为值得信任的客户。这种说法与允许符合条件的元素通过、阻止不符合条件的元素通过的"半透膜理论"是异曲同工。

上述思考产生了选择问题：推销员的选择和管理，客户与推销员的相互选择。问题是，谁是选择客户和推销员的最佳人选，谁是决定雇用和解雇的最佳人事长官。我们通常说健康的人是较好的挑选人，因为他们的选择更客观，即他们可以根据客观的要求、客观的环境做出选择。与此截然不同的是，神经质者往往选择满足他们自己神经质的需求。另外一种解释是，健康的人是心胸豁达的人，比起不健康的人，他们看得更长远，视野更广阔，也更客观。这等于在说他们更现实。反过来，这又等于在说他们更讲究实际。也就是说，如果一个人有长远的考虑的话，他会更成功——更"精明"的成功。

第 35 章

论低层次抱怨、高层次
抱怨和超越性抱怨

如果企业环境中个体抱怨的层次得到
研究，特别是得到足够多的样本的话，其
也可以成为衡量整个组织健康水平的标准。

——亚伯拉罕·马斯洛

一般原则可陈述如下：人们可以在不同的动机层次上过各种不同水平的生活：他们可以过高水平的生活，或者过低水平的生活；他们可以在丛林中过勉强维持生存的生活，或者在开明社会中过非常富裕、所有基本需求都能得到满足的生活。在开明社会中，他们可以过更高水平的生活，可以思考诗歌、数学或其他类似事物的本质。

判断人们的动机水平有多种方法。例如，可以根据引起人们大笑的幽默类型来判断他们的动机水平。生活在最低需求层次上的人们往往觉得充满敌意的、残忍的幽默非常逗乐，他们往往乐于看见狗追咬老太太或一群孩子戏弄残障人士。亚伯拉罕·林肯式的幽默（富有哲理和教育意义的幽默）使人会心一笑而不是捧腹大笑，也没有丝毫的敌意或征服意味。这种更深刻的幽默很难被生活在最低需求层次上的那些人所理解。

表露自身所有各种特征和表现性行为的投射测试也可以作为了解人们的动机水平的方法。罗夏测试常用来测试被试者实际上在为什么奋斗，他想要什么、需要什么和渴望得到什么。已经得到完全满足的所有基本需求往往会被个体忘掉并在其意识中消失。从某种意义上说，得到满足的基本需求完全不存在了，至少在意识中不存在了。因此，一个人渴望得到的、需要的和想要的往往就是在他的动机等级中处于优先位置的需求——突出这种特定需求表明所有低层次需求已经获得满足，还表明更高层次的、超出个人渴望得到的需求对他而言还"遥不可及"，因此他根本就不加以考虑。相关结论可以根据罗夏测试做出判断，也可以根据梦和对梦的分析做出判断。

同样，我认为抱怨的层次（关乎一个人需要、渴望得到和要求的水平）也可以成为衡量一个人生活动机水平的指示器。如果企业环境中个体抱怨的层次得到研究，特别是得到足够多的样本的话，其也可以成为用来衡量整个组织健康水平的标准。

例如，对在专制的企业环境中工作的工人来说，周围环境充斥着恐惧、欲望甚至饥饿的人是完全有可能的，在这种环境中，由上司决定工作内容和工作方式，工人只能唯命是从和接受。在这种环境中抱怨或发牢骚的工人常常是基本需求没有获得满足的人，处在动机等级的底层。处在这样的最低层次上，意味着抱怨都是和寒冷、潮湿、危险、疲劳、住房等所有基本生理需求有关的抱怨。

在现代工业环境中，如果一个人偶然发现此类抱怨，那它必定是极其不良管理和组织尚处在极其低层次生活的指示器。即使在一般的工业环境中，这类牢骚、这类低层次的抱怨也难得一见。换言之，从积极的方面看，这类抱怨代表希望或优先需求现在尚未获得满足——这些是接近低层次需求的抱怨。也就是说，墨西哥的工人可能为安全问题、为被任意解雇或因为不知道这份工作还能干多久而不能计划家庭预算等事情而发出积极的抱怨。他也许抱怨工作缺乏保障，抱怨工长独断专行，抱怨为了保住饭碗而不得不蒙受侮辱，等等。我认为我们可以将那些来自生理层次的需求、安全层次的需求的抱怨，也许还有来自合群层次的需求和归属非正式社交群体的需求的抱怨，称为低层次抱怨（low grumble）。

更高的需求层次主要指尊重和自我尊重的需求，涉及尊严、自主权、自尊、受人尊敬、受重视，涉及因为成就或类似行为受到赞扬、奖励和信任。这个层次上的抱怨可能主要涉及丧失尊严、自尊或威望受到威胁等类事情。至于超越性抱怨（metagrumble），我打算在自我实现的情形中进行说明。进一步说，它们可以概括为 B- 价值观念，它们被写进了我的著作《宗教、价值观念和高峰体验》（*Religions, Values and Peak-Experiences*）。那些追求完美、追求正义、追求美、追求真理或类似的超越性需求在极度抱怨无效率（即使这并不会影响抱怨者的荷包）的工业环境中也会出现。事实上，抱怨者是在说他生活的这个世界是不完美的（但这不是自私的抱怨，而是非个人的、无私的哲人的抱怨，几乎都是如此）。抱怨者也可能抱怨不了解全部事实，抱怨不掌握全部情况，抱怨自由交流受到阻碍。

但是，对真理、正直和全部事实的偏好事关一种超越性需求，而不是一种"基本"需求，在这个层次上极度抱怨的人肯定生活在高层次的生活水平上。在一个愤世嫉俗的社会中，在一个小偷、专横之徒和卑鄙龌龊之人横行的社会中，一个人不会有这样的抱怨，他只会有低层次抱怨。对公正的抱怨也是超越性抱怨。在一家管理良好的企业中，我看见工人所写的报告中有许多此类的抱怨。他们爱抱怨不公正，即使这种不公正对他们的个人利益有利。还有一类超越性抱怨是抱怨美德没有得到报偿，恶行反而受到奖赏，即现状有失公允。

上述分析非常清楚地表明，人们总是会抱怨的。没有伊甸园，没有天堂，也没有极乐世界——不管得到什么样的满足，人们都会完全满意，这是无法想象的。这本身就是对人本性最高境界的否定，因为它暗示在此之后不会再有改进。当然，这是一派胡言，我们难以设想再经过一百万年的进一步发展就会到达完美的境界。无论什么满足，无论什么恩惠，也无论什么好运，人们总是能够将其藏在衣襟下面。他们完全会因这些满足恩惠、好运而高兴一阵子，但很快他们就习惯了这些，忘记了这些，然后把手伸向未来，要求得到更多的满足、恩惠、好运，因为他们清楚地知道，可以得到比现在更完美的满足、恩惠、好运。在我看来，这是一个面向未来永无休止的过程。[⊖]

由此，我想特别强调这一点：在管理文献中，我看到太多的失望和理想破灭，偶尔还会看到要求放弃整个开明管理哲学、倒退回专制管理的主张——当境况得到改善时，由于缺乏感激之情和持续的抱怨，人们对开明管理完全失望了。但是，根据激励理论，我们永远都无法指望抱怨停下来，我们只能期盼这些抱怨的层次越来越高，即它们会从低抱怨层次向高抱怨层次发展，最终达到超越性抱怨层次。这与我提出的人的动机不会终结，只会随

⊖ 最近，我曾就一个非常相似的话题有过一次访问和重要的讨论。科林·威尔森（Colin Wilson）的著作 *Beyond the Outsider*（London: Arthur Barker, Ltd., 1965）使我明白，他的见解比我在这里阐述的还要深刻和富有哲理。那次我们讨论了他的"圣·尼特边际"（St. Neot margin）。

着境况的改善向更高层次一直发展的原理是一致的。这也符合我的挫折层次的概念——我否定了挫折必定有害的简单看法，我假定挫折是有等级的，假定由低挫折层次向高挫折层次发展是恩惠的标志，是好运气的标志，是良好社会条件的标志，也是一个人成熟的标志，如此等等。在我居住的城市，许多妇女团体抱怨园林规划，她们激烈地抱怨公园里的玫瑰园没有得到充分的照料。这本身就是一件令人高兴的事情，因为它表明抱怨者生活在高水平生活之中。对玫瑰园有抱怨意味着你吃饱了，你有理想的栖身之处了，你有火炉取暖了，你不再恐惧鼠疫了，你不再害怕被人暗杀了，警察局和消防队真正起作用了，政府作为了，学校作为了，地方政治作为了，以及许多其他前提条件已经得到满足了。**此处的关键是：不能把高层次抱怨简单地等同于其他抱怨；要使这种高层次抱怨成为可能，所有前提条件必须已经得到满足。**

如果能够深刻领会有关开明和明智管理的上述所有道理，那么，这样的管理将可期待，即条件的改善将如上所述的那样提高抱怨的层次和挫折的层次，**而不是期待条件的改善将使所有的抱怨消失。**在为了改善工作条件需要付出更多工夫、金钱和精力时，并不会出现人们将变得失望和愤怒的风险，只是抱怨会继续存在下去。记住，我们关注的必须是，这些抱怨的动机层次上升了吗？当然，这才是真正的检验，这才事关要期待的一切。此外，我认为这意味着我们必须学会为这样的事情欢呼喝彩，而不仅仅是满足。

在这方面的确存在一些特殊问题，其中之一就是公正和不公正的问题。拿一个人的私利与别人的私利进行比较，当然会有许多小抱怨——也许某个人有一个更漂亮的打火机，有一把更漂亮的椅子，工资略高一些或其他诸如此类的事情。有些事情极其琐碎，有人抱怨办公室的办公桌的太小，有人抱怨花瓶里插了一枝花而不是两枝花，等等。遇到这种情况，我们经常不得不做出判断：这是关乎超越性需求的公正层次，还是仅仅关乎优势等级和该等级向前发展以试图抬高声望的表面迹象。道尔顿在其著作中举过属于这种情况的几个例子，我记得有一个例子是他观察到，如果上司的秘书以友善的方式对待一个人，以不理睬的方式对待另一个人，这意味着后者可能要被解雇。也就是说，必须根据具体情况来推测一个人的动机层次。

或许另一个更困难的问题是尝试从动机的角度分析金钱的意义。金钱在动机等级中几乎与所有价值观念有关：它可能关乎低层次价值观念，也可能关乎中等层次或高层次价值观念，还可能关乎超越性价值观念。在我尝试明确说明具体的需求层次时，不可否认，我遇到了一些我无法解释的事例。出现这种情况时，我只好随它们去算了，就当这些事例毫无价值，把它们搁在一边，而不会尝试将它们列入动机等级。

当然，还有其他事例难以归入动机等级。最谨慎的做法或许是不去尝试为它们定级，而把它们当作毫无价值的资料搁在一边。当然，如果一个人在进行大规模的、严谨的个人研究，那么他可以重新去访谈那些人，看看他们的抱怨（比如对金钱的抱怨）到底意味着什么动机，但就现有的研究来看，这样做是不可行的，也是不可能的，甚至是不必要的。如果我们为了达成试验的目的而用相同的评估标准评估过去评估过的两家公司，即管理良好的公司和管理差劲的公司，情况尤其是如此。

恶劣条件的意义

让我们想想恶劣条件是个什么样子吧。在管理文献中，我们没有发现任何连每个临时工和非专业工人都熟知的、条件差到接近内战边缘的恶劣条件有关的事例。或许我们可以把监狱、战俘营或集中营看作动机等级末端的例子。或许我们还可以在这个竞争激烈、残酷的国家中挑选一家只有一两个员工的小企业。在这个小企业，几个小钱都无比重要；在这个小企业，老板只有榨干员工的最后一滴血，让他们绝望到不得不辞职的程度才能生存下来；在这个小企业，老板只有想尽办法尽可能长久地留住员工并在他们辞职之前让其为企业赚取更多的利润才能活下来。希望我们没有产生错觉，以为相对来说管理不是那么良好的大公司"条件差"——条件根本不差。让我们记住吧，在我们这个国家，99% 的人是在管理最差劲的大公司中度过了他们的有生之年。我们需要更宽松的比较标准。我认为从我们自己的经历中挑选一个恶劣条件的事例开始这类研究是非常值得考虑的。

另一个难题

最近，良好条件的一个特征逐渐显现，那就是，良好条件对极少数人群也有不良的甚至是灾难性的影响，尽管它们对绝大多数人有良好的影响。我是偶然发现这个特征的，当时我大为惊讶。例如，给予独裁主义者以自由和信任会使这些人产生不良行为。事实上，自由、斟酌权和责任会使那些有依赖性和被动消极的人因焦虑和担心而倒下。我对此类情况了解不多，因为我也是几年前才开始关注的。但是，将这类情况记录下来是一件十分有意义的工作。这是因为，在我们提出有关这类情况的任何理论之前，在我们尝试进行任何试验之前，我们应该积累更多这方面的自然事例。基于这种观点得到的分析结果是，从精神病理学的角度来看，相当多的人非常容易受诱惑去偷窃——他们也许从来没有意识到这一点，因为他们是在始终被人监视的环境里工作，这种诱惑根本没有被注意到。例如，假设一家银行突然"没人管了"，拆除了所有的监视器，解雇了保安人员和可以信赖的员工，等等，10% 或者 20% 的员工（我不知道确切比例）会在自己的意识中第一次受到偷窃诱惑的攻击。他们中的一些人可能会监守自盗，如果他们认为能够携款潜逃的话。

问题的关键是不能认为良好的条件会使所有人在无形中成长为自我实现的人。某些类型的神经症患者不会这样做，有某些类型的体质或性情的人不会这样做。总之，只要某个人受到信任，只要有人相信他根本不会去做有损名誉的事，等等，这些"良好的条件"就可能引起轻微的偷窃、施虐行为和在地球上每个人身上几乎都可以发现的其他所有罪孽。我想起了1926～1927 年我在康奈尔大学读本科时学校推行信用制度⊖的情形。真是令人惊奇，我估计大约 95%（或者更多）的学生以这个制度为荣，满意这个制度。对他们来说，这个制度发挥了作用。但还是有 1%、2% 或者 3% 的学生，这个制度对他们不起作用。他们利用这个制度在考试时抄袭或说谎、作弊，以及采取其他类似的行为。在诱惑难以抵挡的情形下，在回报十分可观的情形下，信用制度通常是行不通的。

　　上述所有概念和观点原则上也可以应用于社会心理学的许多其他情形。例如在大学里，我们可以根据抱怨（根据教师、行政管理人员和学生的抱怨程度），来判断这个大学的开明程度。这种情形下的抱怨和满意等级应该是可以找得到的。对于婚姻也是如此，甚至可以发展出一种判断婚姻美满或健康程度的方法，也就是说，可以根据婚姻中的抱怨或牢骚的层次做出判断。一个妻子抱怨丈夫有一次忘记带花给她，或者在她的咖啡里放太多糖，或者其他类似的事情，另一个妻子抱怨丈夫打破了她的鼻子，打掉了她的牙齿并给她留下了伤痕，或者其他类似事情，二者的抱怨层次肯定是不同的。通常，孩子对其父母的抱怨也是如此，孩子对其学校、老师的抱怨也是如此。

　　我想我可以得出结论了，理论上，任何组织的健康状况或发展水平，都可以根据抱怨和牢骚的层次做出判断。需要记住的是，不管婚姻、大学、中学或父母多么好，总是可以找到改进状况的方法，也就是说总会有针对他们的抱怨和牢骚。将抱怨分为消极抱怨和积极抱怨是必要的，也是理所当然的。在基本满足被剥夺、受到威胁或受到损害时，抱怨会非常尖酸刻薄，即使这些人并没有注意到这些满足，或者认为获得这些满足是轻而易举和理所当然的。如果你向一个人询问工作场所的状况，他不会想到告诉你因为地板没有被水淹没所以他的脚没有湿，或者告诉你他的办公室里没有虱子和蟑螂，以及其他诸如此类的事情。他认为所有这一切都是理所当然的，不会把这些

⊖ 指出于信任而不加监督的制度，此处指大学对学生的无监考考试制度等。——译者注

看作良好的条件。但如果这些被认为理所当然的条件消失了，那你肯定会听到发泄怨气的咆哮。换个说法，这些满足并不能带来感激或感恩，即使当这些条件消失时人们会怨声载道。此外，我们也必须看到积极的抱怨（及牢骚和意见），这些抱怨谈论的通常是更高层次的动机等级，关乎将来，关乎人们下一步想得到的东西。

我认为，在理论上扩展对抱怨的研究是有可能的，也不难。首先要做的是，收集极其恶劣的上司和糟糕透顶的条件的实际事例。例如，我认识一个室内装潢工，其对老板恨之入骨，可就是找不到一份更好的工作——那是一个找不到更好工作的行业。老板找他时从不叫他的名字，而是吹口哨，为此他总是怒容满面。这种严重的、蓄意的侮辱延续了很长时间，使他越来越生气。另外一个例子来自我个人的一段经历。读大学期间我曾在酒店餐厅和餐馆工作。我在一家度假酒店找到一份当侍者的暑期工作（大概是 1925 年），对方支付了我去酒店的路费，却让我去做工资低很多、根本没有任何小费的客车司机。我真的受骗了，也没有回家的钱，另找一份暑期工作无论如何是来不及了。老板应承很快会让我当侍者，我就相信了他。客车司机没有小费，一个月的工资大约才 10 美元或 20 美元。这个工作每周工作 7 天，每天工作大约 14 小时，一天也不能歇息。这个老板还要求员工去做额外的工作——做所有沙拉，借口是做沙拉的人要迟一两天才能到。做了几天额外的工作之后，我们问他做沙拉的人在哪里，他说明天就到。就这样过了大约两个星期，显然老板是在欺骗我们大家，想趁机多赚几美元。

最后，国庆假期酒店来了三四百个客人，老板让我们通宵赶做看起来十分漂亮却非常费功夫的甜点。所有员工都来了，大家聚在一起工作，没有半句怨言。可是到了国庆日那天（7 月 4 日），在我们上了宴会的第一道菜之后，全体员工罢工，集体辞职。这对员工来说当然意味着经济上的巨大牺牲，因为再找一份好工作已经来不及了，也不可能找到任何工作了——憎恶的情感和报复的欲望如此强烈，以至于这次经历带给我的"满足"一直延续到 35 年后的今天。这就是我要说的恶劣条件，就是我要说的"内战"。

不管怎么说，这类事例的收集可能会成为编制清单的基础，以便让受到良好管理的工人（更加）意识到他们拥有的福祉（那些福祉通常根本不会引起他们的注意，通常被他们视为理所当然）。也就是，不是听任他们发牢骚，而是开列一张恶劣条件的清单，并问他们这些事情是否发生过，例如办公室有没有臭虫，环境太冷还是太热、太嘈杂还是太危险，腐蚀性的化学品是否溅到了他们身上，他们的身体是否受到了伤害，他们是否受到了其他人的攻击，有危险的机器是否有对应的防护措施，等等——这样可能更有利。任何看过这种列有 200 个此类问题清单的人都会意识到，这 200 个恶劣条件全部没有，这本身就是好事一桩。

对加里·海尔的访谈

> 我想我可以得出结论了，理论上，任何组织的健康状况或发展水平，都可以根据抱怨和牢骚的层次做出判断。
>
> ——亚伯拉罕·马斯洛

加里·海尔是创新领导力中心的创始人，也是一位有著作出版的作家。他花了将近 25 年的时间倾听经理们讲故事。在职业生涯的早期他就意识到，从公司内部收集来的故事包含着丰富的信息，如果加以研究，可以绘制出一幅组织如何更好地为客户服务、向员工赋能授权、弥合感知与现实之间的裂缝的行动路线图。加里将故事收集变成他称为轶事评价（anecdotal assessment）的过程。这类评价已经帮助许多公司改进了流程和人员管理实践。我们想更多地了解他对抱怨的研究。

问：您研究轶事评价的主要目的是什么？

答：主要目的是试图看一看整个组织是如何感知"现实"的。如果你不理解现实，你就无法应对现实。当你倾听人们讲述有关公司的故事时，你就会理解他们到底是如何感知所处环境的了。

问：您花了许多时间帮助一些组织设计留存反映人们的看法和见解的组织故事的程序，这样的方法可靠吗？

答：人们彼此之间讲述的故事描述了一些重要事件，而且他们对被描述对象的看法是一致的。即使被访者讲述了一件别人讲过的事件来表明他的看法，情况也是如此。在选择回答有关组织生活的广泛问题时，人们往往选择当时对于他们而言最重要的问题。正如马斯洛所言，通过比较借助理论概念（马斯洛的需求层次）获得的信息，我们可以对组织在具体领域"进化"得如何得出某些可靠的结论。

问：您能给我举一个例子吗？

答：让我们假设，人们被要求描述他们在完成任务时遇到的困难。有些人可能强调为客户服务所需的现有信息量，在信息不足妨碍他们出色地完成工作时，他们会变得十分沮丧。另外，有些人可能强调他们的主管，因为主管在绩效项目上控制过度，或者在工作班组里待人无礼。而在另一个工作班组，谈论最多的话题也许是担心裁员或被解雇。结合考虑其他信息，这类事件都可以揭示组织所处的发展水平。相关信息为担任领导职务的人筹划未来的行动提供了有价值的资料。

问：在组织中广泛采用的"文化调查"不是也可以使我们得到许多这类信息吗？

答：是的，通过调查问卷我们可以得到大量有价值的信息。但是，我认为，若摒弃使用轶事评价的数据收集技术，会使我们无法获得资料，从而无法更加充分地解释我们在调查中得到的数据。例如，在文化调查中一个经常被问到的问题是："你对履行职务所需要的信息掌握到什么程度？"在大多数优秀的公司中，人们对这个问题的回答在6分制评价量表中（在很大程度上）接近5分。但是，当和他们面谈并问起他们掌握多少信息时，你经常会发现他们并不了解工作过程发生变化的程度，也不了解变化发生的原因。他们很少了解有多少客户选择了与其他组织而不是与他们做生意，也不明白其中的原因，如此等等。关键是，人们经常说他们获得了充分的信息，但只获得了他们需要的小部分。离开了面谈，对调查问卷中那些问题的回答就可能使人产生误解。

或许，轶事资料收集的最重要的和不被人理解的好处是，它给了访谈者了解被访谈者为什么会有某种感觉和掌握造成这种感觉的相互影响的具体事例的机会。定量调查和轶事调查的目的是相似的，二者都试图在公司中建立引发具有建设性的、坦率的对话的信息交流体系。

问：由谁来进行访谈？

答：我们发现，在让既有外部人（受过轶事资料收集训练的顾问）也有内部人（具有良好的人际交往和分析技巧的公司领导者）参加的团队进行访谈时，我们能够得到最有价值的资料。外部人能发现内部人发现不了的问题，而内部人比外部人更了解组织，这是外部人在短时期内难以做到的。

问：有人说这些访谈制造了太多的消极因素并诱导人们发牢骚。您如何看这个问题？

答：正如马斯洛所说，人们的环境需求是"不足需求"。也就是说，除非缺乏，否则他们不会感受到或谈论需求。只有在缺乏的情况下人们才有动机去满足这些需求。所以，如果人们接受访谈，并要求谈论他们那时最有挫败感的事情，我们不应该感到诧异。领导者应该把这些访谈视为礼物，人们是在传递他们的感受并解释为什么会有那样的感受。与所有关系一样，理解其他人的感受是建立紧密关系的关键。遗憾的是，我们的确听到有人说这些访谈是在发牢骚。有些领导者经常过于为过去的行动和当前的文化辩护，而不是努力通过在他们身边工作的那些人的眼睛去了解这个世界。

第 36 章

社会改良理论
与缓慢变革理论

目前在全国迅速普及的开明管理哲学
也是如此，它必定改变整个社会，使之得到
改善，因此必定会被认为带来了一场革命。

——亚伯拉罕·马斯洛

　　我对整体理论持十分严肃的态度，它不但与作为个体的人有关，与社会和文化有关，而且与其他任何有机体有关。因此，社会改良理论也必须是整体的。这句话的意思主要是，假定把社会变革的过程视作一个整体或一个单元，那么，这个社会内部的每个组成部分与其他组成部分是联系在一起的。这就是说，启动一个按钮，制定一部法律，调整一个机构，单独改变政治制度、更换领导人，或者采取诸如此类的其他行动，都无法改良任何社会。我不知道有哪一项单一的变革能够必然地改变整个社会。（虽然从整体上来讲，**任何**单一的变革都将影响整个社会，即使是非常微弱的影响。）换言之，变革社会的方式必须是在所有方面，在所有的机构，甚至最好是让这个社会的每个个体，同时进行变革（当然，前提是假定变革是得到支持的，是可接受的，也就是它不关乎暴政）。

　　那么，第一个信条是进行社会变革要全面，全社会的每个机构及其附属机构都要参与变革。某些机构比其他机构更重要或更主要，在这一问题上，人们可能有不同意见，这是事实。我肯定地认为，在美国文化中，最有影响、最主要、最强大的机构通常是企业，这与其说在理论上成立，不如说只在实践上成立，这也是事实。作为有实际经验的政治学家，我肯定地认为企业的变革要比其他任何机构的变革会产生更广泛、具有更大反响的影响。同时，我不会忽略这条原则：其他所有机构必须进行变革，即使仅仅为了使企业变革本身成为可能。例如，显而易见的是，除非社会为此做了准备，除非经理为此做了准备，除非主管为此做了准备，除非工人为此做了准备，除非政府官员为此做了准备，除非学校为此做了准备……否则开明管理不会得到传播并在企业中形成力量。今天，在任何专制的社会里，开明管理事实上是完全不可能实现的。在开始考虑开明管理之前，必须大大地减少专制主义。这仅是一例，还有其他例子。

　　第二个信条是承认缓慢而不是快速进行社会变革的必要性和必然性。如果任何关键机构的变革，只有在所有其他机构充分变革后，才能成为可能，那么，这种全面的影响必然是一个缓慢的过程，比过去的革命者希望的要缓慢得多。事实上，每当我们思考社会改良时，我们可能就是革命者了。可是，那些为社会改良工作的人必定是与以前的革命者完全不同的革命者，他们必须完全接受、完全理解和完全赞成缓慢而不是快速变革的必要性。（可以举出许多这方面的例子，在使变革成为可能之前，改变机构内部的人们的思想认识是多么有必要。）

第三个信条是根据上述两点必然得出依靠知识、依靠意识控制、依靠意识设计与计划、依靠科学变革的必要性（这也是唯一合情理的）。变革很快会使我们接受复杂的社会改良理论，而不是简单的、按钮式的社会改良理论。有些人相信或认为变革十分容易，他们以为只要通过了某些具体的法律，或者修改了宪法的某些条款，整个社会将会发生变革。为什么那些按钮式的变革理论过去能够被人接受？一个原因是它们能被愚笨的或没有受过教育的人理解。由此，人们宁可接受更复杂的社会变革理论，因为这些理论更正确、更符合实际。社会变革必须整体进行这一事实，实际上决定了变革过程必定是非常复杂的，实际上决定了社会变革将难以被未受过教育的人所理解，决定了社会变革肯定不会很快地被**所有**人所理解，不管是聪颖的人还是受过教育的人——也许它**永远**不可能被我们之中的任何一个人完全理解；也许只有在实行劳动分工的大型专业团体里的成员能很好地理解自己所在部门的社会作用。这事关社会改良或缓慢变革的科学、研究、教育、学习和教学等的基本要素之一，事关对要求人们做好战斗和杀戮准备的传统革命的改变。在任何社会改良当中，为了维护法律和秩序，人们也许需要军人，但更需要的是社会科学家，至少对任何直接的、自觉的社会改良而言是如此。

第四个信条有关实际的政治条款的可行性和适用性。显然，在不同的社会，在同一个社会的不同时代，形势是不一样的。变革社会的最好方法当然不是滥用一个人的努力，而是发挥一个人的力量去影响或尝试改革、改进、改造做好了充分的变革准备、呼唤变革到来的机构及其附属机构。例如，在我们这个社会，事实上有些机构在寻求变革，有些机构即将进行变革，有些机构处在变革过程中，并没有遭到来自任何人的反对。例如，大多数人没有意识到，护士学校扩招和培养训练有素、具有发展观念的护校教师，是一场革命性的社会变革。幼儿园政策也是如此，务实的进步教育也是如此，各类家庭教育、母亲培训、婴儿健康诊所的改进等也是如此。目前在全国迅速普及的开明管理哲学也是如此，它必定改变整个社会，使之得到改善，因此必定会被认为带来了一场革命。上述分析可以概括为这样的观点："与缓慢的整体变革同时进行的是有意识地运用经过检验的知识影响所有方面，向最薄弱或最易进入的地方渗透。"

第五个信条是关于变革希望的。只要我们接受缓慢变革的必要性，并且对此表示完全赞成（或者如果我们十分聪明、十分有远见，由于合理的技术原因而**喜欢**缓慢的变革），那么，在意识到作为单一的个人，我们自己在社会中只能发动不起眼的变革时，将不会感到失望和沮丧，不会失去自尊，不会觉得无助和无能为力。如果我们充分地理解这种情形，我们会为由单一的个人发动的变革之合力而感到十分自豪，因为如果上述一切都成立，单一的个人在其中的表现就是最主要的。换言之，一个人无法完成超出自己能力的事情。这个道理用另一种更恰当的方式说就是：单一的个人无法完成超出单一的个人能力的事情。这会使这个单一的个人意识到，在强大的使人无所作为的社会力量面前，自己的力量与自己感受到的力量一样强大（但不会比这更强大），而不是更弱小和更无用，也不会感到自己弱小、无用和无助而完全受人操纵。

我认为真正的危险是人们对原子弹、大型国际会议、"冷战"和其他诸如此类的事实感到无助，特别是那些十几岁、二十几岁和三十几岁的年轻人——他们易于去过完全自私的、与世隔绝的生活，这种行为被雷斯曼（Reisman）称为"隐遁主义"的行为。他们自私到逃避生活，完全不关心他人，只求在世界末日来临之前、在所有人被杀死之前尽可能多地享受。在科林·威尔森提到的做英雄和做虫子的选择中，许多人选择了做虫子。[○]他们不抱希望，他们对人的能力缺乏认识，他们青少年时的理想破灭了，因为当一个新法案通过时，当人们拥有两辆汽车而不是一辆汽车时，当妇女可以投票时，当工会有权发展工会组织时，当参议员直选时，当累进所得税实施时……全世界并没有发生改变。通常，正是这种理想破灭经常打击着社会改革者、空想社会改良者和好心人的热情。因此，当年纪大了，他们便会感到疲倦、无望和心灰意冷，便会信奉隐遁主义，不再关心社会改良。

作为人，我们必须学会，当我们身处其中的社会发生哪怕是微不足道的改良或改进时，我们也要自豪起来，也要兴奋起来，也要产生强烈的自尊感和成就感。例如，如果我们设法推举一个更理想的代表进入州议会、本地的图书馆委员会、本地学校的董事会，或者如果我们能拨给图书馆更多经费，如果我们能设法为本地的高中推荐更优秀的教师，或者诸如此类的其他善举，我们都会有成就感。

第六个信条是要认识到将全部精力和努力集中在具体的局部任务而不是高要求的广泛性任务上的必要性。如若不然，理想会破灭，因为在复杂的世界性问题面前，一个人根本做不了什么。可以举一个我从收音机里听来的例子。有一个年轻人，一个被派往墨西哥的教友会（Friends Service Committee）成员，他在那里待了数年，为的只是挖深井，让墨西哥的一些村民能够喝上洁净的水，而不是他们以往饮用的被污染的水。他设法挖了三口井，每挖一口井，他都要花费大量时间教村民要饮用洁净的水，不要饮用被污染的水。他一直这么做。这意味着各种教育，在某些情况下还意味着修建大大小小的道路。我还可以举一个典型的例子：这个年轻人花了一整年的时间修理挖井用的设备，因为这些设备不好使了，而它们归墨西哥政府所有。最后，他设法修复了这些设备，它们还可以用来挖**很多**井，可这花了他几乎一整年的时间。当看到称赞他干了一件大好事的报纸时，他一定会感到

○　C. Wilson, *The Stature of Man* (Boston: Houghton Mifflin Co., 1959).

惊奇，但关键在于，他的行动是绝对必要的。

完成在这一水平上的各种工作，是完成世界上其他更高水平工作的前提。显然，在美国，我们可以从事许多更高水平的工作，比如创办大学。可是在墨西哥，在我们开始考虑建造大学和高中之前，完成所有各种前提工作是必要的，诸如修筑道路、挖井、建造医院、建立有效率的行政部门，以及其他类似的工作。墨西哥尚且如此，更别提像刚果那样的国家了。花一年时间在墨西哥为修理挖井设备忙得团团转的人，与在一个更先进的社会从事更高水平工作的人，都是在改变世界。多数人倾向于认为，完全认可上述信条可以在某种程度上避免这类浪费时间或没有希望的工作——分步骤循序渐进地进行社会改良是完全必要的。一个人在一个落后的国家修筑一条山区小路，与一个人在另一个国家完成一件更高水平的工作，同样显示了爱国精神。我认为，人们会这样认为的，至少对聪颖的、有洞察力的人是如此。基本前提是在低层次的需求得到满足之前不会出现高层次的需求，人们能够将他们的精力倾注在任何层次的社会改良任务上，而不管水平高低。

对于企业环境，情形也是如此。也就是说，在一个特定的工厂能够实现从低层次需求的激励水平或专制水平，向高层次需求的激励水平或民主的、开明的管理水平转变之前，许多小步骤、许多小规模的委员会会议、许多微不足道的谈话是必要的。每一个小步骤都是完全必要的，每一件细小的任务都是在完成一项伟大的任务，如改善美国的工业这样伟大的任务也是由成千上万细小的任务组成的。除了所有这些细小的任务的总和之外，并没有什么伟大的任务。还应该予以强调的是，特别是针对年轻人，他们中有的会坐等某些伟大事业以参与其中，坐等值得去干的大事，坐等能引起他们热忱的某些伟大的爱国行动。通常，他们愿意为国家献身，但不愿意为国家洗碟子，不愿意为国家操作油印机。在此，教育学生把伟大的、崇高的、响亮的词语（如爱国主义、民主和社会改良等），转变为需要付出艰苦努力的日常任务，应该成为教学工作的一部分。这些日常任务是达到目的的手段，为此要做的事情就是非常清楚地了解所有工作的目的或目标，以确保所有手段都指向正确的方向，都指向正确的目的。人们在战时的表现就是一例。在战争期间，人们充满了爱国热情，他们愿意挖地洞，愿意铆接钢板，愿意去做诸如削土豆皮、拖地板等最枯燥乏味的工作。人们完全明白，完成所有这些细小的任务，就能完成一件大事。在理论上，和平时期这么做也是有可能的。

社会改良的整体理论的第七个信条是，没有哪一个人是无所不能的。我们必须永远放弃存在无所不知、无所不能的神或者先知、某些伟大人物的观念。在完成社会改良的全部工作中，没有哪一个人能够掌握一切，能够立刻出现在所有岗位上。领导者能够做的就是将完成任务所需要的所有各类专家、理论工作者等召集在一起，建立一个协调良好的组织。

这引申出第八个信条：变革社会的任务离不开劳动分工。也就是说，依靠众人（各类人才）来做变革工作是完全必要的。这又表明，他们中的每个人与其他个体一样，都是必要的，每种性格、每种技能、每种才能、每种天赋都有用场，也必定有用场。事实上，它们是社会变革的前提。这意味着，化学家必须尊重社会学家，社会学家必须尊重化学家，因为他们都是必要之才。事实上，这也意味着，汽车司机、垃圾清运工、售货员、机器操作工和打字员，以及从事神才熟悉的什么工作的人员，他们所有人、他们当中的每个人都是必要的。这意味着，任何个人都可以在其工作中获得自尊。不要把人分为领导者和追随者。在理想的社会变革中，每个人都清楚地知道目标是什么，知道为了目标要尽自己最大的努力，做出最大的贡献。因此，他与其他每个人一样，是"将军"。在理想的社会变革中，每个人**都**是"将军"。对任何做事的人而言，用到每种技能是完全可能的和现实的，无论是针对需要做的事还是喜欢做的事。

第九个信条明白易懂，那就是每个人都是也应该是非常自私的。这就是说，根据社会改良的整体理论，每种性格、每一种人都是有用的，也的确是必要的，他可以做其他人做不了的事情，因此他能够做出独一无二的贡献，能够做出他最大的贡献。这意味着他必须了解自己，非常了解自己的才能和能力，然后将自己的独特才能服务于公共事业，于是，他就能胜过这个世界上的任何人。这种有益的自私是令人高兴的，因为它使得人们既是无私的又是自私的。或者用另外的话说，自私是人们在社会改良中最终能够做到的最无私的事情（如果这两个词的定义非常严谨的话）。同样，如果有人问起无私的最佳方式或帮助社会的最佳方式，那么回答必定是，首先弄清楚你最擅长做什么，然后做你擅长的。我们最擅长的是自我发挥、自我实现、快乐生产和愉悦生产。无私与自私在 B- 心理学或协同上的超然划分是这方面的典型例子。这使得我们完全能够去做我们想做的事，去做我们最擅长的事，去做能给我们带来最大乐趣、满足和快乐的事，去做有利于社会的事，去做让我们道德高尚、快乐的事，去做我们分内的事——所有这些恰恰是在同一时间一起发生的。

这引申出第十个信条，关于亲情和友情。如果真正理解该信条，那么我们就必须明白，我们都是应募加入同一支军队的战友，是加入同一个俱乐部的会员或同一支球队的队友，我们有共同的目标。因此，我们不仅必须清楚我们自己能做出的贡献是什么，也必须清楚其他人能做出的贡献是什么，他们能比我们做得更好的贡献是什么（这是事实）。也就是说，对其他人与我们是有差异的这一事实，我们应该表示感激和感谢。从理论上说，如果没有运动型体质者，像我这样的瘦型体质者就不得不去做运动型体质者的工作。但是，我是瘦型体质者，我干不了适合运动型体质者的工作，况且我也不喜欢这类工作。它们对我而言是痛苦的工作，对那些生来就是运动型体质者而言却是非常快乐的工作。因此，如果我是明智的，应该为这个世界上有运动型体质者的事实感到非常快乐，我就应该为他们天生适合而且愿意去做我不愿意做但必须做的工作表示万分感激。如果我真正明白这个道理，那么我会喜欢运动型体质者，这与男人和女人之间能够彼此相爱是同样的道理。事实上，深刻理解"彼此是互相补充的"，可以使在一起的男女相爱而不是怨恨。每个明智的男人都应该为这个世界上存在女人而深表感激；每个明智的女人也应该为这个世界上存在男人而深表感激。

同样，律师应该感激世界上有医生，而医生应该感激世界上有技工……如果这样推理下去，我们就谈到了关键问题：对世界上的痴愚者，对那些愿意拾垃圾、干脏活、从事乏味工作的人，对那些愿意去做我们不喜欢做但必须做的工作的人，我们要表示感激（和关爱）。当然，对抗与竞争的概念必须在友情的背景下重新去定义。

我们也许会认为世界上有一群人比其他任何人更加友爱，那就是科学家。当然，他们的准则、习惯和行为方式对其他人而言是榜样。科学从根本上说是劳动分工，是友情和亲情。但即便如此，上述详细分析表明，科学家的劳动分工、友情和亲情并不像应该的那样好。要真正理解这个信条就应该抛弃对抗与竞争、彼此排斥、彼此轻视这类念头。例如，有些物理学家认为生物学不是**真正的**科学，因此对生物学不屑一顾；有些社会学家认为工程师不过是一群还在玩玩具的小孩子，其实并不是在做世界上最重要的工作。当然，所有这些都需要对协同进行定义，对导致协同的对分超越进行广泛理解。

或许还有第十一个信条，它也许只是上一个信条的延伸，派生自上一个信条——每个人必须与他的工作相匹配，必须是自愿工作。每个人必须确定自己在社会中的位置，这是因为每个人必须了解自己的特长，这涉及他的才能、能力、技能、价值观念和责任能力，等等。当然，每个人都可以求助职业指导工作者、人事工作者和临床心理学家等专家的帮助，他们会通过测验向他提供有关他本人的信息，或者向他提供社会职业需求的经济信息。最终的决定还是要交给当事人自己，也许紧急情况例外。

作为革命变革或社会改良理论的一部分，第十二个基本信条是必须提到的：在一个人的才能、才干和天赋最大限度地发展的过程中，自我发展、自我实现、自我约束和努力工作十分必要。这在今天是完全必要的，因为许多年轻人曲解了流行的成长与自我实现心理学。那些更依赖、更放纵、更不走心、更消极的人，正在把自我实现解释为"等待授意"，等待奇迹发生，等待好运降临，等待到达最高境界的体验。这些解释告诉年轻人他们的命运是什么，他们应该做什么，而且不必费吹灰之力。其中那些自我放纵的人认为，自我实现应该意味着能使人快乐的任何事情。

是的，尽管这种说法在理论上最终是正确的，但不是永远正确，也不能马上实现。培养一个人的能力可能是一件艰苦的工作，可能连他自己也不喜欢（即使对那些明白这是达到自我实现最终目标的必要步骤并愿意为之奋斗的人来说，但这可能同时是令人快乐的）。年轻人的这种态度与他们的父母或长辈的态度在某种程度上是相似的：不干涉别人，对他们不加管束，期待他们做出决定，期待他们发现自己的特长并加以利用。是的，这种事情毋庸置疑地会发生，这种期待对某些人毋庸置疑地会起作用，特别是对那些确实才华横溢、干劲冲天、愿望强烈和具有强烈献身精神的人。但对那些态度消极的人，对那些思想认识糊涂的人，这种期待根本不起作用，尤其是那些年龄尚幼的儿童。

这完全意味着等待奇迹发生而不是创造奇迹发生的哲学，完全意味着在等待中虚度年华、消磨时光而不是把才能看作需要学习、历练、练习、训练和刻苦工作的哲学。必须抵制这种哲学。这意味着我们必须对自律的正面作用和放纵的负面作用、挫折的正面作用、磨难的正面作用、挑战的正面作用等进行更深入的研究。此外，对一些得到解决的问题，我们需要进行深入的理论和实证研究。根据我的研究，那些自我实现的人**都是**工作努力的人，**都是**有献身和敬业精神的人，**都是**将全部精力倾注在他们认同的职业、职务或工作上的人。当然，所有这些都意味着父母的教育方式和行为方式要进行重大改变。这意味着要与当前围着孩子转、孩子要什么就给什么的风气斗争，要与担心说"不"会伤害孩子、会使孩子失望、会延迟孩子感到满足的风气斗争［参见理查德·戈登（Richard Gordon）等人的著作 *The Split-Level Trap*⊖，其中列举了许多这方面的典型事例，特别是讲郊区孩子的那一章］。

　　第十三个也是最后一个信条对上述所有信条而言都是必要的，其也隐含在上述所有信条之中，那就是美国式的革命或社会改良不同于传统的革命，它不是永远不变的、不能改动的和最终的，而是开放的、试验性的，甚至在采用科学方法上也是低调的。由于不掌握全部信息，由于知识在不断地增加，特别是由于我们对社会的认识与我们的需求相比还十分有限，在这个领域里，任何草率的结论与任何自负不仅是不适宜的，也是有违科学的。所有科学的规则都出自这个社会变革的一般理论，特别地，对一门刚刚兴起的科学而言更是如此。

　　在这方面，约翰·杜威（John Dewey）是一位应该受人们崇敬的英雄，而不是昔时暴躁、嗜杀、好战的革命者。我们需要的是，也必须是，非常普遍和非常深刻的科学态度——每项改革建议都应该被视为有待检验和证实的假设或试验，它可能被证明是错误的、失败的或愚蠢的（这种情况永远是存在的）。即使试验取得成功，它也可能带来各种新的、未能预见的问题（这种情况更加常见）。

　　我们也许可以用社会富裕的例子来说明。几个世纪以来，人们一直在追求社会富裕，人们期望它不仅给人类带来快速发展的可能性，也带来即刻到手的幸福。富裕带来了更多美德、有利条件和进步，也带来了各种想不到的问题、有害结果和陷阱。这种试验态度可以也应该采取另一种更加明确的方式来表现。例如，根据现有的所有证据，如果我们认为对算术教学方法的变革对整个社会目标是有利的，那么，实行这种变革可能有多种不同的方式。一种变革方式假定人有某种天赐灵感，整个变革是完全确定的和有把握的——持这种想法的人预料并确信变革肯定会起作用，轻蔑、鄙视和抨击那些表示怀疑的人和持不同意见的人。另一种变革方式假定存在变革起作用的

⊖　R. Gordon, K. Gordon, and M .Gunther, *The Split-Level Trap* (New York: Dell Books, 1962).

可能性，但也存在变革不起作用的偶然性，而且无论如何成功必须得到证实。例如，将整个变革预先设计为一个试验，采用对照试验法，这样我们就可以知道变革是否真的有效果；进行前后测试，仔细注意在这种情况下可能的最佳试验设计，等等。此外，认为不能同时进行五六项试验是不可行的。如果存在两三种或四五种同样合理的改进方案，为什么不同时试验这些方案呢？当然，在相信确定性、相信能够一劳永逸地完全改变所有"信徒"的"长期信仰"的旧方式下，这种试验是不可能的［要了解那种老式革命者或改变信仰者的特征，可参见埃里克·霍弗（Eric Hoffer）的著作《狂热分子》[⊖]］。

第十三个信条暗含的一项任务是重新定义确定性的概念。应该列出各种辞典对这个词的解释，然后仔细地进行比较。对数学意义上的或老式宗教意义上的绝对确定性的追求，必须彻底地放弃。唯一的问题是，一旦放弃这种超自然的确定性，许多人往往会将确定性概念一起放弃，转而主张完全的相对性，这是不必要的。看看科学家是如何的自信但对某项结论可能存在的问题保持非常清晰的认识吧，基于经验证据的累积得出的结论，给出了"科学的确定性"——即使不是"永恒的、完美的数学的确定性"。两者是不同的，应该加以区分。

当然，理论、哲学和科学方法上的许多其他变革，采用这种用于社会改良的杜威式试验方法，也是有必要的。例如，进行观察的所有问题必须非常仔细地加以拟订；把科学与实验室实验等同起来的看法必须断然舍弃；观察者的看法会影响其观察，故必须非常仔细地加以澄清。道尔顿在其著作 *Men Who Manage* 中采用的研究方法，可以作为案例研究方法的典范［特别是他为菲利普·哈蒙德（Phillip Hammond）所编的 *Chronicles of Research* 一书新写的一章"研究思路与方法"］。

相关研究需要在社会生活的许多不同领域重复进行。关于科学的客观性

⊖ E. Hoffer, *The True Believer* (New York: Harper & Bros., 1951).

与价值观念分离的不可能性，以及所有伪科学的问题，必须永远地被放弃，这也需要更多的事实和更多的哲学思考。最后，这个信条的重要性之一是更加强调社会变革的缓慢性，而且是必要的缓慢性。我们必须有科学家的耐心，等待论据出现后方可做出自己的结论。

第 37 章

开明管理政策的必要性

人的发展越充分，他们的心理越健康，企业为了在竞争中求得生存，采取开明管理政策就越必要——对采取专制政策的企业越不利。

——亚伯拉罕·马斯洛

人们总是在成长发展，要么是他们实际的人格健康，要么是他们的志向，特别是在美国，特别是妇女和其他社会经济地位低下的群体。人们越是得到充分的成长发展，专制管理的效果越差，人们在专制情形下越难发挥作用，而且越恨它。这种情况部分地来自这样的事实：当人们要在快乐和不快乐之间做出选择时，如果他们以前两者都体验过，事实上他们总会选择快乐。这就是说，体验过自由的人事实上绝不会甘愿再做奴隶，即使在有自由的体验之前他们并未反对过奴隶制。所有极致的快乐都是如此。那些第一次有了尊严感和自尊的人，绝不会甘愿再次为奴，即使在受到尊重对待之前他们并未对此表示反对。

善待人会使人发生改变，变得无法忍受恶待。也就是说，他们变得不满足了，更何况接受较差的生活条件。这就是说，从总体上看，社会越进步，政治越民主，教育越普及……X 理论管理，或者专制政治、强权统治、禁锢思想的大学，越不适用于人们，他们越来越需要并会要求优心管理、提供成长机会的教育……为此，他们会努力工作。在专制的等级制度的管理下，他们不会用心工作，而会变得难对付和充满敌意。这种反抗会以各种实际的方式表现出来，也就是会通过影响产量、影响质量或对经理的认同等方式表现出来。

提供良好的条件会使人难以适应恶劣的条件

在美国的竞争环境下（并考虑到社会的人格发展水平），这一切都表示，优心管理或开明管理已经成为一种竞争因素。也就是说，老式管理已经僵化和过时了，它使得企业在与同行业中那些采用开明管理而能够提供更优良的产品、更优质的服务的企业的竞争中，越来越处于没有优势的地位。这就是说，老式管理应该尽快被淘汰，即使从会计的角度、企业的角度、竞争的角度来看，也是如此。这与任何企业都会因为陈旧的机器而变得过时，并在竞争中处于不利地位的情形是一样的。

这个道理同样适用于人。人的发展越充分，心理的发展越充分，他们的心理越健康。企业为了在竞争中求得生存，采取开明管理政策越有必要，而这对采取专制政策的企业越不利。对于其他所有类似的情境也是如此，例如，我们的学校办得越好，开明管理的经济优势越多；宗教机构越开明（即越自由），采用开明方式管理的企业的竞争优势越大，诸如此类。

这就是我对优心管理政策的未来如此乐观，我认为它是未来之路的原因。一般的政治、社会和经济环境有可能不会发生根本性变化，这就是说，我认为我们陷入了军事—政治的僵局之中。因此，我预料工业、政治、教育和宗教等领域目前的发展方向和发展速度将保持不变。如果说会发生什么变化的话，那就是人们赞同向优心管理方向发展的趋势将日益明显，因为这种向更加国际化的方向而不是相反的方向发展的趋势，将迫使我们这个社会其他所有的发展发生变化。对于其他社会也是如此。对于自动化的发展可能也是如此，尽管它也会伴随产生各类严重的变革问题。对于我们转向和平经济的可能性也是如此，它将减轻国防和军事开支的压力。我认为，这种趋势对于使开明管理或民主管理胜过专制或老式管理，也是有利的。

看来，在第九个副总裁（在德鲁克提到的八个副总裁之外）的领导之下，协调被我们称为优心趋势、发展促进和包括经理在内的企业全体雇员的人格水平的提高，最终是有利的。的确，这项内容可能包含在德鲁克所讲的第七部门"工人的态度和绩效"和第六部门"管理绩效和发展"的开明计划之中，是完全有可能的。我不知道这第九个部门**今天**是否有必要，但也许有一天其经理职位会成为专业化的、需要受过专门培训才能胜任的职位——其经理既不同于德鲁克所讲的第六部门的经理，也不同于德鲁克所讲的第七部门的经理。例如，第九部门肯定会涉及大量广泛的哲学、心理学、心理疗法和教育方面的培训。

考虑到冷战的需要，也许不久这个第九部门会变得非常重要并真正存在。现在的问题是，事情看来像是陷入了军事僵局，陷入了物理的、化学的和生物的武器效用的僵局。在冷战中，除了阻止战争爆发外，所有武器都不再有用了。赢得冷战的方式，或使形势有利于某一方的方式，在于由苏联集团和美国集团制造的人道的产品。由于冷战现在事实上是由呈现在中立国面前的所有各种政治的、社会的、教育的和个人的策略构成的（努力去赢得它们的好感），很清楚，所有各种非军事的东西就起作用了。其中之一是种族歧视，在这一点上，现在苏联对美国拥有强大的优势，特别是在非洲国家面前。

但是，以上情况最终可能会出现一种人，一种由两种文化培养出来的普通公民。由于跨国旅行越来越容易，这种人正在变得越来越重要。现在，正是那些旅行者，那些做生意的商人，那些出访的科学家，那些文化交流者，给人留下成功者的印象，而且地位越来越重要。如果美国人能够培养出比苏联人更优秀的人，那么，美国最终将取得成功，美国人将更受人爱戴，更受人尊敬，更受人信任。如果是这样，那么，在企业中塑造发展促进的趋势，就成为国家政策的头等大事，相当于制定发展原子弹之类武器的计划。如果我们把钱用于发展原子弹，发展远程导弹和空间计划，我们会在政治上遭人唾骂。也许还应该把在每个企业中设立负责心理事务的第九副总裁职位作为一项国家政策——部分为公共服务，部分为满足联邦政府和州政府的需求。

（这在理论上，在实践上都是增强相互关系的例子，是增强每个企业和整个社会的协同作用和合作关系的例子。此外，此类举措可确保这种合作关系逐年增强而不是减弱，确保政府与企业之间的联系得到增强而不是减弱。每个企业都是整个社会的代表，每个企业也都有为民主政治提供好公民或不好公民的功能。）

产品生产的质量除具有国际的、冷战方面的重要意义外，也具有个人的、本地的和国家方面的重要意义。这种务实的考虑是非常有必要的，即使美国人没有像其他国家的人那样意识到这一点。美国给全世界人的最深印象是，与其他任何国家生产的自来水笔相比，美国生产的自来水笔可能是质量更好、书写更流畅、使用更方便的自来水笔。我们有一个现成的例子，就是日本的政府和企业主动合作，计划转向生产高档优质产品。第二次世界大战前，日本给其他国家的人最深的印象是他们生产廉价、劣质的仿制品。但是，我们对日本产品的看法已经发生改变，我们觉得它们就像德国产品——这些产品质量上乘，做工考究。在某种程度上，人们对其他国家地位的判断是根据他们生产的汽车或照相机（或其他产品）的质量。有人对我说，德国产品的质量下降了。如果确实如此，那么联邦德国在全世界人民心中的地位也会下降。人们会无意识地认为，这个国家的地位不如从前了，他们的产品质量变差了。当然，由于每个联邦德国人都倾向认同自己的国家，并倾向融入其中，这也意味着每个公民的自尊的损失，正像日本产品质量提高并受到重视，使得日本公民的自尊提高一样。一般来说，对美国而言也是如此。

亚伯拉罕·马斯洛其人其事

……有时候，我觉得自己的写作像是在和曾孙的曾孙们交流。当然，他们根本未出世。我只是想用自己的方式向他们表达我对他们的爱。我不会把钱留给他们，我要留给他们的是爱的篇章、点点滴滴的建议，以及我总结出的一些对他们或许有帮助的经验教训……

亚伯拉罕·马斯洛为我们所有人留下了一份遗产。他在人本心理学领域的开创性研究，对我们如何看待自己、如何看待生活和社会产生了不可磨灭的影响。

马斯洛的职业生涯始于布鲁克林学院，在那里，他对课题表现出的自信与其谦逊的个性融为一体，这使他颇受学生爱戴。许多学生回忆说，是马斯洛对心理学的热爱和对心理学科学的激情把他们引入了这个领域。

后来，马斯洛离开布鲁克林学院到布兰迪斯大学任心理学系主任。1967～1968 年，他还担任了美国心理学协会主席一职。

马斯洛的研究探索涉及众多领域，而其中让人印象最深的是需求层次理论以及以自我实现为最高动机的理念。他的研究使人们开始对人类的动机及潜能形成一种更积极的认知框架。作为人本心理学之父，马斯洛打乱了由行为主义者及弗洛伊德学派的实践家和学者组成的各种阶层派系，并提出了更深刻的认识人类的理论。

马斯洛著述丰富，写了数百篇关于创造力、先进管理技术、人的动机以及自我实现等方面的文章。他最著名的作品《存在心理学探索》便是一本广为流传的书。人们认为这本书不仅能给人以启迪，而且能改变他们的生活，马斯洛因此享誉全美国。像自我实现和高峰体验等术语，已成为家喻户晓的词语，成了 20 世纪 60 年代那段动荡岁月中人们的口头禅。

马斯洛最有意义的研究应该是他提出的需求层次理论。他相信人类都渴望自我实现，并认为人的潜力被严重低估，且属于尚未被研究阐释的领域。用来具体说明需求层次理论的便是著名的"金字塔示意图"。

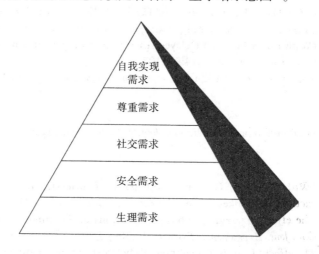

1962 年夏天，马斯洛在加利福尼亚州的一家工厂研究时写了一本日记。这本日记原版是油印本，名为《夏日随笔》（Summer Notes），首次印刷出版时改名为《优心管理》。当时只有一些学者和商业理论家对这本书略知一二。如今，此书以《马斯洛论管理》为名再版。

亚伯拉罕·马斯洛于 1970 年 6 月在加利福尼亚州门罗公园去世，享年 62 岁。

参考文献

1932

1. (With Harry Harlow and Harold Uehling) Delayed reaction tests on primates from the lemur to the Orangoutan. *Jour. Comparative Psychol.*, 13:313–43.
2. (With Harry Harlow) Delayed reaction tests on primates at Bronx Park Zoo. *Jour. Comparative Psychol.*, 14:97–107.
3. The "emotion" of disgust in dogs. *Jour. Comparative Psychol.*, 14:401–07.

1933

4. Food preferences of primates. *Jour. of Comparative Psychol.*, 16:187–97.

1934

5. (With Elizabeth Groshong) Influence of differential motivation on delayed reactions in monkeys. *Jour. Comparative Psychol.*, 18:75–83.
6. The effect of varying external conditions on learning, retention and reproduction. *Jour. Experimental Psychol.*, 17:38–47.
7. The effect of varying time intervals between acts of learning with a note on proactive inhibition. *Jour. Experimental Psychol.*, 17:141–44.

1935

8. Appetites and hungers in animal motivation. *Jour. Comparative Psychol.*, 20:75–83.
9. Individual psychology and the social behavior of monkeys and apes. *Int. Jour. of Individ. Psychol.*, 1:47–59. Reprinted in German translation in *Internationale Zeitachrift für Individual Psychologie*, 1936, I, 14–25.

1936

10. The role of dominance in the social and sexual behavior of infra-human primates. I. Observations at Vilas Park Zoo. *Jour. Genetic Psychol.*, 48:261–277.
11. (With Sydney Flanzbaum) II. An experimental determination of the dominance behavior syndrome. *Jour. Genetic Psychol.*, 48:278–309. Reprinted in

W. Dennis (Ed.), *Readings in General Psychology* (Englewood Cliffs, NJ: Prentice-Hall, 1949).

12. III. A theory of sexual behavior of infra-human primates. *Jour. Genetic Psychol.*, 48:310–38.

13. IV. The determination of hierarchy in pairs and in groups. *Jour. Genetic Psychol.*, 49:161–98.

1937

14. The comparative approach to social behavior. *Social Forces*, 15:487–90.

15. The influence of familiarization on preferences. *Jour. Experimental Psychol.*, 21:162–80.

16. Dominance-feeling, behavior and status. *Psychological Review*, 44:404–29.

17. Personality and patterns of culture. In Stagner, Ross, *Psychology of Personality* (New York: McGraw-Hill, 1937). Reprinted in S. Britt (Ed.), *Selected Readings in Social Psychology* (New York: Rinehart, 1950).

18. (With Walter Grether) An experimental study of insight in monkeys. *Jour. Comparative Psychol.*, 24:127–34.

1938

18a. *Cases in Personality and Abnormal Psychology* (New York: Brooklyn College Press, 1938).

1939

19. Dominance-feeling, personality and social behavior in women. *Jour. Social Psychol.*, 10:3–39.

1940

20. Dominance-quality and social behavior in infra-human primates. *Jour. Social Psychol.*, 11:313–24.

21. A test for dominance-feeling (self-esteem) in college women. *Jour. Social Psychol.*, 12:255–70.

1941

22. (With Bela Mittelmann) *Principles of Abnormal Psychology: The Dynamics of Psychic Illness.* (New York: Harper and Brothers, 1941). Recorded as Talking Book for the Blind.

23. Deprivation, threat and frustration. *Psychol. Review*, 48:364–66. Reprinted in T. Newcomb and E. Hartley (Eds.), *Readings in Social Psychology*

(New York: Holt, Rinehart & Winston, 1947). Reprinted in Marx, M., *Psychological Theory: Contemporary Readings* (New York: Macmillan, 1951). Reprinted in C. Stacey & M. DeMartino (Eds.). *Understanding Human Motivation* (Cleveland: Howard Allen Publishers, 1958).

1942

24. Liberal leadership and personality. *Freedom*, 2:27–30.

25. *The Social Personality Inventory: A Test for Self-Esteem in Women* (with manual). (Palo Alto, Calif.: Consulting Psychologists Press, 1942).

26. The dynamics of psychological security-insecurity. *Character and Personality*, 10:331–44.

27. A comparative approach to the problem of destructiveness. *Psychiatry, 5* 517–22.

28. Self-esteem (dominance-feeling) and sexuality in women. *Jour. Social Psychol. 16* 259–94. Reprinted in M. DeMartino (Ed.), *Sexual Behavior & Personality Characteristics* (New York: Citadel Press, 1963).

1943

29. A preface to motivation theory. *Psychosomatic Medicine, 5,* 85–92.

30. A theory of human motivation. *Psychological Review, 50,* 370–96. Reprinted in P. Harriman (Ed.), *Twentieth Century Psychology* (New York: Philosophical Library, 1946). Reprinted in H. Remmers et al. (Eds.), *Growth, Teaching and Learning* (New York: Harpers, 1957). Reprinted in C. Stacey & M. DeMartino (Eds.), *Understanding Human Motivation* (Cleveland: Howard Allen Publishers, 1958). Reprinted in W. Lazer & E. Kelley (Eds.), *Managerial Marketing* (Homewood, Ill.: Richard D. Irwin, Inc., 1958). Reprinted in W. Baller (Ed.), *Readings in Psychology of Human Growth and Development* (New York: Holt, Rinehart & Winston, 1962). Reprinted in J. Seidman (Ed.), *The Child* (New York: Holt, Rinehart & Winston, 1958). Reprinted in L. Gorlow & W. Katkowsky (Eds.), *Readings in the Psychology of Adjustment* (New York: McGraw-Hill Book Co., Inc., 1959). Reprinted in R. Sutermeister (Ed.), *People and Productivity* (New York: McGraw-Hill Book Co., Inc., 1963). Reprinted in J. A. Dyal (Ed.), *Readings in Psychology: Understanding Human Behavior* (New York: McGraw-Hill Book Co., Inc., 1962). Reprinted in H. J. Leavitt & L. R. Pondy (Eds.), *Readings in Managerial Psychology* (Chicago: University of Chicago Press, 1964). Reprinted in J. Reykowski (Ed.), *Problemy Osobowsci I Motywacji W Psychologii Amerykanskiej* (Warsaw: Panstwowe Wyndawnictwo Naukowe, 1964). Reprinted in T. Costello & S. Zalkind (Eds.), *Psychology in Administration: A Research Orientation* (Englewood Cliffs, N.J.: Prentice-Hall, 1963). Reprinted in P. Hountras (Ed.), *Mental Hygiene: A Test of Readings* (Columbus, Ohio: Charles E. Merrill Co., 1961). Reprinted in I. Heckman &

S. Huneryager (Eds.), *Human Relations in Management* (Cincinnati, Ohio: South-Western Publishing Co., 1960).

31. Conflict, frustration and the theory of threat. *Jour. of Abnormal and Social Psychology, 38*, 81–86. Reprinted in S. Tomkins (Ed.), *Contemporary Psychopathology: A Sourcebook* (Cambridge, Mass.: Harvard University Press, 1943).

32. The dynamics of personality organization I. & II., *Psychological Review, 50*, 514–39, 541–58.

33. The authoritarian character structure. *Jour. of Social Psychol., 18*, 401–11. Reprinted in P. Harriman (Ed.), *Twentieth Century Psychology; Recent Developments in Psychology* (New York: Philosophical Library, 1946).

1944

34. What intelligence tests mean. *Jour. of General Psych.,* 31:85–93.

1945

35. (With Birsh, E., Stein, M., and Honigman, I.) A clinically derived test for measuring psychological security-insecurity. *Jour. of General Psychology,* 33:21–41.

36. A suggested improvement in semantic usage. *Psychological Review,* 52:239–40. Reprinted in *Etc., A Journal of General Semantics,* 1947, 4, 219–20.

37. Experimentalizing the clinical method. *Jour. of Clinical Psychology,* 1:241–43.

1946

38. (With I. Szilagyi-Kessler.) Security and breast-feeding. *Jour. of Abnormal and Social Psychology,* 41:83–85.

39. Problem-centering vs. means-centering in science. *Philosophy of Science,* 13:326–31.

1947

40. A symbol for holistic thinking. *Persona,* 1:24–25.

1948

41. "Higher" and "lower" needs. *Jour. of Psychology,* 25:433–36. Reprinted in C. Stacey & M. DeMartino (Eds.), *Understanding Human Motivation* (Cleveland: Howard Allen Publishers, 1958). Reprinted in K. Schultz (Ed.), *Applied Dynamic Psychology* (Berkeley: University of California Press, 1958).

42. Cognition of the particular and of the generic. *Psychological Review,* 55:22–40.

43. Some theoretical consequences of basic need-gratification. *Jour. of Personality,* 16:402–16.

1949

44. Our maligned animal nature. *Jour. of Psychology,* 28:273–78. Reprinted in S. Koenig and others (Eds.), *Sociology: A Book of Readings* (Englewood Cliffs, N.J.: Prentice-Hall, 1953).

45. The expressive component of behavior. *Psychol. Review,* 56:261–72. Condensed in *Digest of Neurology and Psychiatry,* Jan., 1950. Reprinted in Howard Brand (Ed.), *The Study of Personality: A Book of Readings* (New York: John Wiley & Sons, 1954).

1950

46. Self-actualizing people: a study of psychological health. *Personality Symposia:* Symposium #1 on Values, 1950, pp. 11–34 (New York: Grune & Stratton). Reprinted in C. Moustakes (Ed.), *The Self* (New York: Harper & Row, 1956). Reprinted in G. B. Levitas (Ed.), *The World of Psychology* (New York: George Braziller, 1963). Reprinted in C. G. Kemp (Ed.), *Perspectives on the Group Process* (New York: Houghton Mifflin Co., 1964).

1951

47. Social Theory of Motivation. In M. Shore (Ed.), *Twentieth Century Mental Hygiene* (New York: Social Science Publishers, 1950). Reprinted in K. Zerfoss (Ed.), *Readings in Counseling* (New York: Association Press, 1952).

48. (With D. MacKinnon.) Personality, in H. Helson (Ed.), *Theoretical Foundations of Psychology* (New York: D. Van Nostrand Co., 1951).

49. Higher needs and personality, *Dialectica* (University of Liege, 1951), 5, 257–65.

50. Resistance to acculturation, *Jour. of Social Issues,* 1951, 7, 26–29.

51. (With B. Mittelman) *Principles of Abnormal Psychology* (Rev. Ed.) (New York: Harper & Row, 1951). Recorded as Talking Book for the Blind. Chapter 16 reprinted in C. Thompson et al. (Eds.), *An Outline of Psychoanalysis* (New York: Modern Library, 1955).

52. Volunteer-error in the Kinsey study. (With J. Sakoda.) *Jour. Abnormal & Social Psychology,* 1952, 47, 259–62. Reprinted in J. Himelhoch and S. Fava (Ed.), *Sexual Behavior in American Society* (New York: W. W. Norton Co., 1955).

53. *The S-I Test* (A measure of psychological security-insecurity.) (Palo Alto, Calif.: Consulting Psychologists Press, 1951). Reprinted in Spanish translation, Instituto de Pedagogia, Universidad de Madrid, 1961. Polish translation, 1963.

1953

54. Love in Healthy People. In A. Montagu (Ed.), *The Meaning of Love* (New York: Julian Press, 1953), pp. 57–93. Reprinted in M. DeMartino (Ed.), *Sexual Behavior & Personality Characteristics* (New York: Citadel Press, 1963).

55. College teaching ability, scholarly activity and personality. *J. Educ. Psychol.*, 1953, *47*, 185–189. (With W. Zimmerman.) Reprinted in *Case Book: Education Beyond the High School, 1* (Washington, D.C.: U.S. Department of Health, Education, & Welfare, 1958).

1954

56. The instinctoid nature of basic needs. *Jour. of Personality*, 1954, *22*, 326–47.

57. *Motivation and Personality* (New York: Harper & Row, 1954). (Includes papers 23, 27, 29, 30, 31, 32, 39, 41, 42, 43, 44, 45, 46, 49, 50, 54, 56, 59.) Spanish Edition, 1963, Sagitario, Barcelona.

58. "Abnormal Psychology" (National Encyclopedia.)

59. Normality, health and values, *Main Currents*, 1954, *10*, 75–81.

1955

60. Deficiency motivation and growth motivation in M. R. Jones (Ed.), *Nebraska Symposium on Motivation: 1955* (Lincoln: University of Nebraska Press, 1955). Reprinted in *General Semantics Bulletin*, 1956, Nos. 18 and 19, 33–42. Reprinted in J. Coleman *Personality Dynamics & Effective Behavior* (Chicago: Scott, Foresman & Co., 1960). Reprinted in J. A. Dyal (Ed.), *Readings in Psychology: Understanding Human Behavior* (New York: McGraw-Hill Book Co., Inc., 1962). Reprinted in R. C. Teevan and R. C. Birney (Eds.), *Theories of Motivation in Personality and Social Psychology* (New York: D. Van Nostrand, 1964).

60a. Comments on Prof. McClelland's paper in M. R. Jones (Ed.), *Nebraska Symposium on Motivation, 1955* (Lincoln: University of Nebraska Press, 1955), pp. 65–69.

60b. Comments on Prof. Olds' paper in M. R. Jones (Ed.), *Nebraska Symposium on Motivation, 1955* (Lincoln: University of Nebraska Press, 1955), pp. 143–47.

1956

61. (With N. Mintz.) Effects of esthetic surroundings: I. Initial effects of three esthetic conditions upon perceiving "energy" and "well-being" in faces. *J. Psychol.*, 1956, *41*, 247–54.

62. Personality problems and personality growth in C. Moustakas (Ed.), *The Self* (New York: Harper & Row, 1956). Reprinted in J. Coleman, F. Libaw, and W. Martinson, *Success in College* (Chicago: Scott, Foresman & Co., 1961).

63. Defense and growth. *Merrill-Palmer Quarterly*, 1956, *3*, 36–47.

64. A philosophy of psychology, *Main Currents*, 1956, *13*, 27–32. Reprinted in *Etc.*, 1957, 14:10–22. Reprinted in J. Fairchild (Ed.), *Personal Problems and Psychological Frontiers* (New York: Sheridan House, 1957). Reprinted in *Manas*, 1958, *11*, Nos. 17 & 18. Reprinted in S. I. Hayakawa (Ed.), *Our Language and Our World* (New York: Harper & Row, 1959). Reprinted in L. Hamalian and E. Volpe (Eds.), *Essays of Our Times: II* (New York: McGraw-Hill Book Co., 1963). Reprinted in *Human Growth Institute Buzz Sheet*, 1964. Reprinted in F. Severin (Ed.), *Humanistic Viewpoints in Psychology* (New York: McGraw-Hill Book Co., Inc., 1965).

1957

65. Power relationships and patterns of personal development in A. Kornhauser (Ed.), *Problems of Power in American Democracy* (Detroit: Wayne University Press, 1957).

66. (With J. Bossom.) Security of judges as a factor in impressions of warmth in others. *J. Abn. Soc. Psychol.*, 1957, *55*, 147–8.

67. Two kinds of cognition and their integration. *General Semantics Bulletin*, 1957, Nos. 20 & 21, 17–22. Reprinted in *New Era in Home and School*, 1958, *39*, 202–5.

1958

68. Emotional Blocks to Creativity. *Journal of Individual Psychology*, 1958, *14*, 51–56. Reprinted in *Electro-Mechanical Design*, 1958, *2*, 66–72. Reprinted in *The Humanist*, 1958, *18*, 325–32. Reprinted in *Best Articles and Stories*, 1959, *3*, 23–35. Reprinted in S. Parnes and H. Harding (Eds.), *A Source Book for Creative Thinking* (New York: Chas. Schribner's Sons, 1962).

1959

69. Psychological data and human values in A. H. Maslow (Ed.), *New Knowledge in Human Values* (New York: Harper & Row, 1959).

70. Editor, *New Knowledge in Human Values* (New York: Harper & Row, 1959).

71. Creativity in self-actualizing people in H. H. Anderson (Ed.), *Creativity & Its Cultivation* (New York: Harper & Row, 1959). Reprinted in *Electro-Mechanical Design*, 1959 (Jan. and Aug.). Reprinted in *General Semantics Bulletin*, 1959, Nos. 24 and 25, 45–50.

72. Cognition of being in the peak experiences. *J. Genetic Psychol.*, 1959, *94*, 43–66. Reprinted in *Internat. Jour. Parapsychol.*, 1960, 2, 23–54. Reprinted in B. Stoodley (Ed.), *Society and Self: A Reader in Social Psychology* (Glencoe, Ill.: Free Press of Glencoe, 1962). Reprinted in W. Fullagar, H. Lewis and

C. Cumbee (Eds.), *Readings in Educational Psychology,* 2nd Edition (New York: Thomas Y. Crowell, 1964).

73. Mental health and religion in *Religion, Science and Mental Health,* Academy of Religion and Mental Health (New York: University Press, 1959).

74. Critique of self-actualization. I. Some dangers of Being-cognition, *J. Individual Psychol.,* 1959, *15,* 24–32. (Kurt Goldstein number.)

1960

75. Juvenile delinquency as a value disturbance (with R. Diaz-Guerrero) in J. Peatman & E. Hartley (Eds.), *Festschrift for Gardner Murphy* (New York: Harper & Row, 1960).

76. Remarks on existentialism and psychology. *Existentialist Inquiries,* 1960, *1,* 1–5. Reprinted in *Religious Inquiry,* 1960, No. 28, 4–7. Reprinted in Rollo May (Ed.), *Existential Psychology* (New York: Random House, 1961).

77. Resistance to being rubricized in B. Kaplan and S. Wapner (Eds.), *Perspectives in Psychological Theory* (New York: International Universities Press, 1960).

78. (With H. Rand and S. Newman.) Some parallels between the dominance and sexual behavior of monkeys and the fantasies of patients in psychotherapy. *Journal of Nervous and Mental Disease,* 1960, *131,* 202–212. Reprinted in M. DeMartino (Ed.), *Sexual Behavior and Personality Characteristics* (New York: Citadel Press, 1963).

1961

79. Health as transcendence of the environment. *Jour. Humanistic Psychology,* 1961, *1,* 1–7.

80. Peak-experiences as acute identity experiences. *Amer. Journ. Psychoanalysis,* 1961, *21,* 254–260. Reprinted in A. Combs (Ed.), *Personality Theory and Counseling Practice* (Gainesville, Fla.: University of Florida Press, 1961). Digested in *Digest of Neurology and Psychiatry,* 1961.

81. Eupsychia—The good society, *Journ. Humanistic Psychology,* 1961, *1,* 1–11.

82. Are our publications and conventions suitable for the Personal Sciences? *Amer. Psychologist,* 1961, *16,* 318–19. Reprinted as *WBSI Report* No. 8, 1962. Reprinted in *General Semantics Bulletin,* 1962, Nos. 28 and 29, 92–93.

83. Comments on Skinner's attitude to science. *Daedalus,* 1961, *90,* 572–73.

84. Some frontier problems in mental health. In A. Combs (Ed.), *Personality Theory and Counseling Practice* (Gainesville, Fla.: University of Florida Press, 1961).

84a. *Notes Toward a Psychology of Being. WBSI Report* No. 7, 1961 (includes 89, 98, and Appendix I in 102).

85. Some basic propositions of a growth and self-actualization psychology. In A. Combs (Ed.), *Perceiving, Behaving, Becoming: A New Focus for Education.* 1962 Yearbook of Association for Supervision and Curriculum Development, Washington, D.C. Reprinted in C. Stacey and M. DeMartino (Eds.), *Understanding Human Motivation*, Revised Edition (Cleveland: Howard Allen, 1963). Reprinted in G. Lindzey and C. Hall (Eds.), *Theories of Personality: Primary Sources and Research* (New York: John Wiley & Sons, 1965).

86. *Toward a Psychology of Being* (Princeton, N.J.: D. Van Nostrand Co., 1962). Includes papers 60, 62, 63, 69, 71, 72, 74, 76, 77, 79, 80, 82, 85, 93. Japanese translation, 1964, by Y. Ueda (Tokyo: Charles Tuttle Co.).

87. Book review: John Schaar, *Escape from Authority. Humanist,* 1962, *22*, 34–35.

88. Lessons from the peak-experiences. *Journ. Humanistic Psychology*, 1962, *2*, 9–18. Reprinted as *WBSI Report* No. 6, 1962. Digested in *Digest of Neurology and Psychiatry*, 1962, p. 340.

89. Notes on Being-Psychology. *Journ. Humanistic Psychology*, 1962, *2*, 47–71. Reprinted in *WBSI Report* No. 7, 1961. Reprinted in H. Ruitenbeek (Ed.), *Varieties of Personality Theory* (New York: E. P. Dutton, 1964).

90. Was Adler a disciple of Freud? A note. *Journ. Individual Psychology*, 1962, *18*, 125.

91. Summary Comments: Symposium on Human Values (L. Solomon, Ed.), *WBSI Report* No. 17, 1961, 41–44. Reprinted in *Journ. Humanistic Psychology*, 1962, *2*, 110–11.

92. *Summer Notes on Social Psychology of Industry and Management* (Delmar, Calif.: Non-Linear Systems, Inc., 1962). Includes papers 97, 100, 101, 104.

1963

93. The need to know and the fear of knowing. *Journ. General Psychol.*, 1963, *68*, 111–25.

94. The creative attitude. *The Structurist*, 1963, No. 3, 4–10. Reprinted as a separate by *Psychosynthesis Foundation*, 1963.

95. Fusions of facts and values. *Amer. Journ. Psychoanalysis*, 1963, *23*, 117–31.

96. Criteria for judging needs to be instinctoid. *Proceedings of 1963 International Congress of Psychology* (Amsterdam: North-Holland Publishers, 1964), 86–87.